영유아 인성교육

CHILDREN HUMANITY

영유아 인성교육

안영진·양수영·장희선·이옥자 공저

동문사

머리말

인성(人性)은 인간으로 하여금 동물, 나아가 미래의 인공지능과도 구분될 수 있도록 하는 것으로, 좋은 인성을 갖추는 것은 인간이 살아가야 하는 삶의 근간이 되는 것이라 할 것이다. 인성교육이란 좋은 인성을 갖추기 위하여 자신의 내면을 바르고 건전하게 가꾸고 타인, 공동체, 자연과 더불어 살아가는 데 인간다운 성품과 역량을 기르는 것을 목적으로 하는 교육을 말한다. 인성교육을 통하여 개인은 자유 민주시민으로서 좋은 사회를 이루고, 합의된 약속에 따라 서로 이해하고 배려하면서 공동체를 유지해 살아가는 근간을 함양하여야 할 것이다.

주지하는 바와 같이, 현대사회는 고도로 발달한 과학문명생활을 인성교육이 뒷받침하지 못하여 타인을 배려하지 않는 행위들이나 이른바 '묻지마' 범죄 등으로 인해 사회 구성원들이 고통을 겪는 일들이 급증하고 있는 실정이다. 이러한 사회적 현상은 좋은 인성을 갖추지 못한 개인의 문제만으로 한정짓기보다는 사회가 내적으로 병들어가고 있다고 보아야 할 것이다. 이를 시정하기 위하여는 위와 같은 사회현상을 구조적으로 접근해야 한다는 문제 인식과 함께 그러한 문제해결을 위한 보다 적극적인 사회적·국가적 노력이 요구된다 할 것이다.

국가는 이러한 문제의 해결책을 인성교육에서 찾고자 하였다. 이에 따라 1995년 교육개혁위원회에서 제시한 「신교육체제 수립을 위한 교육개혁 방안」의 실천과제 중 하나로 인성교육을 강조하였고, 이를 뒷받침하기 위해 2015년 건전하고 올바른 인성을 갖춘 시민 육성을 목적으로 하는 「인성교육 진흥법(법률 제13004호)」이 제정·공포되어 현재까지 시행되고 있다. 이 법은 인성교육을 의무로 규정한 세계 최초의 법으로, 고도로 발전해가는 과학기술 및 정보화 시대에서 인간의 건전하고 올바른 인성 여하에 따라 그 기술의 의미와 가치가 달라진다고 보고, 현대와 미래사회에 보다 장기적이고 진정한 경쟁력을 갖추기 위해서는 인성교육이 중요하다고 강조하였다. 국가는 이러한 법의 제정을 통해 인성교육을 활성화할 수 있는 국가·사회적 기반을 구축한 것이며, 인성교육의 틀을 가정의 문제로만 인식하기보다는 가정·학교·사회가 협력할 수 있는 구조로 개편한 것이라고 할 수 있다. 이러한 국가의 정책과 법의 제정은 인성교육이 우리의 행복하고, 성공적인 삶에 얼마나 중요한 것인지를 증명한 것이라고 할 수 있다.

본 책은 이러한 인성의 원론적 의미에서부터 국가적 노력에 기초하여 생애 초기, 성격형성의 민감기라고 할 수 있는 영유아 시기부터의 인성교육을 강조하고, 효과적인 교육을 안내하고자 저술하였다. 구체적으로 1장에서는 영유아 인성교육의 의의로서 영유아를 대상으로 한 인성교육의 개념과 중요성, 발달에 따른 인성교육의 필요성을 제시하였다. 이를 통해 영유아 대상 인성교육이 얼마나 중요한지를 이해하고, 발달에 적합한 교육을 실천할 수 있는 지식과 태도를 형성할 수 있게 했고, 2장에서는 인성교육 관련 이론을 제시하여, 이론적으로 합의된 인성교육과 관련된 주요 이론의 내용을 이해하여 인성교육의 기초 지식을 형성할 수 있게 하였다. 3장에서는 영유아 인성교육 운영과 관련하여 인성교육의 교육목적 및 목표, 인성교육내용, 인성교육방법을 제시하였다. 이를 통해 실제 영유아 대상 인성교육을 구체적으로 계획하고 설계, 실천하는 능력을 기를 수 있다. 마지막으로 실제편에서는 1~3장에서 제시한 내용들을 바탕으로, 최근의 인성교육 흐름을 반영하여 인지적 접근 방식이 아닌 실천적이고 체험적인 인성교육의 활동 예시들을 인성교육의 내용별로 제시하였다. 이를 통해 실제 교육의 예시를 확인해볼 수 있고, 자신의 교육에도 적용해볼 수 있을 것이다.

따라서, 본 책은 예비유아교사들을 대상으로 인성교육의 방법을 강의하는 교재로 사용될 수 있을 것이며, 영유아교육기관에서 교사교육을 위한 자료로도 사용될 수 있을 것이다. 또한 영유아를 둔 가정에서 자녀교육을 위한 지침서로 활용함으로써 영유아가 적절한 교육을 통해 훌륭한 인성을 갖추며 성장하도록 도울 수 있을 것이다.

끝으로, 막상 출판을 하고자 하니 공동저자들은 아직도 부족한 점이 많은 것을 절감하며 앞으로 더욱 연구하여 내용을 보완할 것을 다짐한다.

또한, 이 책이 나오기까지 함께 노력해주신 동문사 직원 여러분들께 감사의 마음을 전한다.

2021년 2월

저자 일동

차 례

PART

I 이론편

CHAPTER

01

영유아 인성교육 의의

1 영유아 인성교육 개념

1) 인성의 개념

인성(人性)의 사전적 의미는 '사람의 성품'이라고 정의할 수 있다. 다시 '성품(性稟)'은 품격과 성격이 합쳐진 합성어로 '품격'은 품위 혹은 기품으로 정의되며, 품위와 기품은 사회생활 과정에서 형성되는 사회적 관념으로서 사회 구성원들이 각각의 지위나 위치에 따라 갖추어야 한다고 여기는 고상함과 교양정도를 의미한다. 이와 다르게 '성격'은 사람이 본래 지니는 독특한 바탕이라고 정의할 수 있다.

이러한 사전적 의미에 기초하여 인성은 사람들이 살고 있는 문화권에 따라 다르게 정의될 수 있다. 서구적 전통에서의 인성개념은 대체로 charakter/character로 표현된다. 독일어권에서 charakterbildung, 영어권에서 character education이라는 용어가 '인성교육'을 의미하는 것으로 보편적으로 쓰이고 있는 것을 통해 이를 확인할 수 있다. 하지만 그동안 국내학계에서는 영어의 personality와 character를 문맥에 따라 인격, 성격, 인성 등으로 다양하게 번역해 왔다. 그러나 두 용어의 어원으로 거슬러 올라가보면, character는 철학적, 문화적, 종교적 함의를 지닌 '인격' 또는 '인격성'으로, personality는 심리학적 함의를 많이 지닌 '성격'으로 번역되는 것이 적합하다고 할 수 있다(조강모, 2010). 요컨대 서구 전통의 인성개념인 character의 의미는 인간특성의 선천적인 부분뿐만 아니라 후천적인 부분을 포함하며, 비경험적 부분뿐만 아니라 경험가능한 부분을 아우르는 개념이다. 즉, 교육을 통해 접근될 수 있는 부분인 후천적이고 경험적인 부분을 포함하고 있어, character의 개념을 사용하는 서구적 인성교육은 인성이라는 것이 교육을 통해 경험적으로 바람직한 것으로 형성할 수 있는 것이라고 믿고, 사회적으로 바람직하다고 인정되는 인간특성을 형성시키려는 노력으로 나타난다.

그런데 우리 사회에 남아있는 동양적 전통에서는 선천적인 측면이 더 강조되고 있는 것으로 보인다. 유가적 관점에서 인성이란 심(心), 성(性), 정(情), 의(意)를 모두 포함하는 개념으로서, 지적 능력과 정의적 능력, 도덕성을 모두 아우르는 개념이다. 그중에서도 인성의 핵심은 본연지성(本然之性)인 사단(四端), 즉 인의예지(仁義禮智)로 본다(강선보, 박의수, 김귀성, 송순재, 정윤경, 김영래, 고미숙, 2008). 도가적 관점에서 인성이란 정(精), 기(氣), 신(神)을 포함하는 개념으로서, 인위(人爲)를 가하지 않은 인간의 본원적 자연성(無爲自然)을 말한다. 불교적 관점에서 인성의 핵심은 현상적 자아(몸과 의식)의 바탕을 이루고 있는 불성(佛性)이며, 이러한 불성을 자각하고 발현(發現)해야 진정한 인간성을 갖추게 된다고 한다. 이러한 인성에 대한 동양 사상의 이해를 종합하면, 인간에게 바람직한 인성은 이미 인간이 지닌 본성으로 정의되며, 이러한 본성을 발현시키려는 노력을 강조하고 있으며, 모두가 바람직한 인성이 내재되어 있다는 신뢰를 갖게 한다.

그리고 여러 학자들이 정의한 인성의 개념을 살펴보면 다음과 같다(이지호, 2020).

- 아리스토텔레스(Aristotles): 인성이란 자신뿐만 아니라 다른 사람과의 관계에서 바르고 옳은 행동을 하며 살아가는 것
- 파빈(Parvin): 인성이란 다양한 상황에 대하여 사람들이 독특하게 반응하는 구조적이며 역동적인 특징
- 존 로크(Locke): 인성이란 어떤 사람이 자신의 욕구와 기분을 억제하고 이성의 명령에 따르는 것
- 리코나(Lickona): 인성이란 도덕적으로 선을 인식하고 선을 바라며 선을 행하는 것
- 올포트(Allport): 인성이란 환경에 대한 개인의 독특한 적응을 결정하는 정신적, 물질적인 모든 체계의 역동적 조직

- 길포드(Guilford): 인성이란 인간의 모든 개인적 특성으로서 신체적 특성, 지능, 정서, 지식, 동기, 흥미 등을 모두 포함하는 것

따라서 인성의 개념을 종합하면, 인성이란 개인의 독특한 바탕 위에 길러지는 것이며, 사회관계 속에서 요구되는 바람직한 사람됨이라고 할 수 있다(교육과학기술부, 2011). 그리고 이러한 인성은 Nelson(2001)에 따르면, 교육에 의해 길러지는 것으로 적절한 교육적 경험을 통해 그 사회에서 요구하는 인성을 가르쳐야 한다고 주장하였다. 좋은 인성을 형성하는 것은 개인에게는 소속감, 안정감, 자율성, 행복감을 주며, 더 나아가 행복한 사회 구현에도 공헌하게 된다.

2) 인성교육의 개념

인성교육의 시작은 "character education"으로서 도덕성 교육을 중심으로 미국에서 시작되었다. 도덕교과가 존재했던 우리나라에서는 이것을 도덕교육의 한 패러다임으로서 "인격교육"이라는 이름으로 도입하였다(추병완, 1995). 그런데 미국의 인성교육(character education)은 학교 외 전문 교육기관들이 주도하는 교과 외 활동 프로그램으로서만 수행되었다. 그것은 「정의란 무엇인가」로 유명한 샌들(M. Sandel)이 비판적으로 지적한 바와 같이, 가치중립성을 중시여기는 미국 공공기관의 정체성 때문이었다.

한국에서는 인성교육이 도입되면서 정규 교육과정 내의 한 교과목인 도덕교육의 한 방향으로서 도입되었다. 그러나 인성교육(character education)은 그 방법론상 하나의 교과로 국한되기 어려운 것이었다. 좋은 인성을 함양하는 것은 모든 생활의 제반 국면에서 이루어지는 것인데, 학생의 일상생활은 학교와 학교 외의 모든 활동에 걸쳐 있기 때문이다. 더욱이 교과의 성격상 좋은 인성요소 중 몇몇 가지는 도덕교과가 아닌 다른 교과에서 더 잘 함양할 수 있는 경우도 존재하였다. 이러한 이유로 인성교육 활성화를

위한 방안 연구는 도덕교과뿐 아니라 국어, 사회, 한문, 예체능, 기술·가정, 환경 등 다양한 교과와 비교과활동을 중심으로 진행되었다(이명준, 진의남, 서민철, 2011; 이미숙, 양정실, 김현미, 황인표, 2012). 따라서 인성교육이란 그 성격상 학교 내외 및 교과 내외를 아우르는 총체적, 혹은 종합적 성격을 갖는다고 할 수 있다.

인성교육 개념은 시대에 따라 그 성격을 달리해 왔다. 1960년대 중반 이후 미국에서의 인성교육은 도덕적 가치나 인성덕목을 직접 가르치기보다는 합리적 의사결정 과정, 도덕적 추론, 가치 명료화 교육이 주류를 이루었다. 1980년대 이후 산업화와 더불어 전통가치의 붕괴, 가정 해체, 청소년들의 일탈행동의 증가는 미국사회를 보수사회로 회귀시키면서 전통적 인성 덕목에 대한 교육이 이루어지도록 하였다. 그러나 미국사회의 도덕성이 과거에 비해 뒤떨어졌다고 판단하여 1990년대부터는 다시 인성교육이 합리적 의사결정 과정, 도덕적 추론, 가치 명료화 교육으로 복귀하게 되었다.

하지만 현대사회에 들어서는 인성교육에서 도덕적 추론교육과 가치 명료화 교육 등 인지적 접근방법이 다시 비판을 받게 되었다. 즉, 오히려 인성 덕목에 대한 가치 주입식 교육이 될 수 있다는 우려와 비판이 제기되었다. 따라서 대안으로 과거로부터 전승되어 온 전통적 인성덕목 살리기 교육이 다시 강조되고 있다. 또한 보편적 가치 추구와 더불어 인성에 대한 정의적 접근이 강화되었고, 협동학습, 프로젝트 학습 등 협동과 협력을 요구하는 교육방식이 강화되었다. 또한 가정과 학교, 지역사회가 연계된 지역사회 봉사활동 및 자원봉사 등 실천과 체험 위주의 인성교육이 강화되고 있다.

국내에서는 1995년 5.31 교육개혁안에서 시작된 인성교육에 대한 공식적 요구가 2009년 '창의·인성교육'이라는 이름으로 다시 떠올랐다. 우리말 '인성교육(人性敎育)'은 그것의 외국어 표현에서부터 미묘한 차이가 있을 정도로 개념 규정에 대한 견해가 분분하지만, 간추려 보면 크게 세 가지로 구분할 수 있다.

첫째, 심리학 방향의 규정으로서 인성을 영어의 "personality"와 대응시키고 개인의 성격적 특징을 나타내는 것으로 이해한다. 이 관점에서는 인성을 가치중립적인 것으로 해석하므로, 좋은 인성을 갖도록 하는 것을 인성교육이라 한다(이계학, 1996; 최신일, 2008).

둘째, 인성교육의 영어 표현을 굳이 찾지 않는 경향을 보이는 견해로서, 인성을 인간성과 같은 것으로 보아 인성교육을 전인교육과 비슷한 것으로 이해한다(강선보 외, 2008; 김신일, 2001).

셋째, 인성교육을 도덕성 교육으로 이해하면서 그것의 영어 표현을 "Character Education"으로 설정하는 견해이다(윤영돈, 2009; 이명준, 진의남, 서민철, 2011; 조강모, 2010; 조난심, 2010).

우리나라 5.31 교육개혁안과 '창의 · 인성교육'에서 말하는 '인성교육'은 사실상 세 번째 의미에서의 인성교육이다. 그리고 한국교육학회(2001)에서는 인성교육에 대해 인간의 본성과 관련한 것으로 학습자로 하여금 건강한 전인적 민주시민으로 성장하고 생태적인 본성을 실현함으로써 보다 풍부하고 자유로운 삶을 살 수 있도록 하기 위한 교육적 경험을 제공해 주는 것으로 정의하였다. 그리고 교육과학기술부(2010)에 따르면, 인성교육은 사회에 적응하기 위해 필요한 바람직한 인간상 함양을 의미하며, 타인을 배려하고, 다름을 인정할 수 있는 소양을 기르며 긍정적인 자아감을 형성하여 타인과 더불어 즐겁게 삶을 살 수 있는 품성을 배양하는 것이라고 제시되어 있다. 교육과학기술부(2010)가 정의하는 인성교육은 물질보다는 인간을, 자신보다는 이웃과 나라와 세계를 더 생각할 줄 아는 이타적 정신과 기본 생활 습관, 민주시민의식 및 세계시민의식을 함양하고 건전한 가치관을 가지고 성장하도록 강조하고 있다.

최근에는 건전하고 올바른 인성을 갖춘 시민 육성을 목적으로 「인성교육진흥법」이 제정되었다(인성교육진흥법, 법률 제13004호). 이 법은 인성교육을 의무로 규정한 세계 최초의 법으로 2015년 7월부터 시행되고 있다. 이 법이 제정된 이유는 오늘날 고도로 발전해가는 과학기술 및 정보화 시대에서 국가의 발전을 도모하기 위해서는 정보기술의 발전과 활용능력을 육성하는 것이 가장 필요하다고 보았고, 이러한 능력의 원천은 인간에게 있으며, 그 무엇보다도 인간의 건전하고 올바른 인성 여하에 따라 그 의미와 가치가 달라진다고 보았다. 따라서 현대와 미래사회에 보다 장기적이고 진정한 경쟁력을 갖추기 위해서는 인성교육이 중요하다고 보았다. 따라서 이러한 법의 제정을 통해 인성교육을 활성화할 수 있는 국가·사회적 기반을 구축하고, 인성교육의 틀을 가정·학교·사회가 협력할 수 있는 구조로 개편하여 효과적으로 인성교육을 수행할 수 있도록 한 것이다. 이러한 정책과 법의 제정은 인성교육이 우리의 행복하고, 성공적 삶에 얼마나 중요한지를 증명하고 있다고 할 수 있다.

「인성교육진흥법」에 제시된 인성교육의 개념은 자신의 내면을 바르고 건전하게 가꾸며 타인·공동체·자연과 더불어 사는 데 필요한 인간다운 성품과 역량을 기르도록 하는 것을 의미한다.

유아 인성교육과 관련하여서는 그 개념을 '도덕성, 사회성, 정서를 포함한 바람직한 사람으로서의 성품을 기르는 교육'으로 정의하고 있으며, 2010년부터 창의적이고 배려심 있는 인재 육성을 위해 유치원과 초·중·고교 교육과정에 '창의·인성교육과정'을 마련하여 연계성을 가지고 교육을 지속적으로 실행하도록 강조하고 있다(교육과학기술부, 2010). 그리고 교수학습방법으로서 실천적 교육을 강조하고 있다. 특히, 유치원의 교육과정에서는 기초인성 확립과 체험·놀이 중심의 교육과정을 구성하여 실행하도록 강조하며, 배려와 공동체 의식, 창의성, 개방성 등을 자연스럽게 배울 수 있도록 유아 대상의 교육 프로그램도 개발하여 현장에 보급하였다.

2 영유아 인성교육 중요성

우리나라 「교육기본법」 제2조에서 '교육은 홍익인간의 이념 아래 모든 국민으로 하여금 인격을 도야하고 자주적 생활능력과 민주시민으로서 필요한 자질을 갖추게 함으로써, 인간다운 삶을 영위하게 하고 민주국가의 발전과 인류공영의 이상을 실현하는 데에 이바지하게 함을 목적으로 한다.'라고 교육을 정의하고 있다. 이를 볼 때, 교육의 궁극적인 목적은 인간다운 인간을 양성하는 것으로 인성교육은 교육의 핵심가치를 실현하는 교육임을 알 수 있다(이희영, 최영미, 김문정, 윤미숙, 2016).

그런데 최근 들어 인성교육이 더욱 강조되는 것은 다양한 사회문제가 그 배경이 되고 있다. 교육기관에서도 학교폭력, 왕따 등과 같은 일들이 일어나고 있으며, 가족 간의 갈등으로 인해 일어나는 각종 사건들까지 많은 국민들은 불안감을 호소하면서 우리 사회에 대한 위기의식을 느끼고 있어 이에 대한 근본적인 해결책 모색을 강구하게 되었다. 그리고 그러한 문제들의 근본적인 원인과 해결책은 인성과 인성교육이라는 것에 많은 전문가들이 동의하게 되었다. 따라서 인성교육은 개인의 삶뿐만 아니라 사회구성원으로서 공동체에 기여할 수 있는 삶을 위해 그 중요성이 강조된다(정창우, 2015).

인성교육의 중요성을 발달 심리적 측면, 개인적 측면, 사회·국가적 측면, 시대적 측면, 국제적 측면에서 살펴보면 다음과 같다.

1) 발달 심리적 측면

개인이 엄마의 배 속에서 잉태되는 순간부터 엄마는 태아를 하나의 인격체로 존귀하게 여기면서 좋은 음식을 먹고, 행복한 생각을 하며 열 달을 보내게 되는데, 이러한 태교를 통한 상호작용을 기초로 태어난 이후에는 외부 환경과의 다양한 상호작용 경험을 바탕으로 인성이 형성되는 것이다. 따라서 태아기부터 어떤 경험을 하느냐에 따라 인성은 다르게 형성되며, 도덕적 행동과 삶의 방향의 질적 수준이 결정된다. 따라서 태아기를 포함한 영유아기부터 바람직한 도덕적 경험을 통해 삶의 방향이 되는 그 기준을 올바르게 습득하도록 해야 한다(우영효, 2010).

2) 개인적 측면

개인은 인성교육을 통해 인간의 존엄성 중시, 긍정적 사고방식, 책임감, 배려심 등을 함양함으로써 주체성을 가진 하나의 인격체로 성장해 나간다(임혜숙, 2012). 그리고 사회관계 속에서 타인의 입장을 고려하고 타인의 감정을 이해하며, 예의를 지키고 규칙을 준수하며 질서를 지킴으로써 원만한 관계를 형성해가면서(우영효, 2010; 임혜숙, 2012) 소속감과 행복감을 느끼게 된다(우영효, 2010). 따라서 사회관계를 시작하는 영유아기부터 자신에 대한 긍정적 사고와 더불어 타인과 더불어 살아가기 위해 필요한 덕목을 이해하여 원만한 대인관계를 유지하도록 돕는 교육적 경험이 필요하다(우영효, 2010).

생각해보세요.

질서를 지키지 않는 사람과 질서를 지키는 사람 중 누가 더 행복할까?

3) 사회 · 국가적 측면

인성이 형성되는 세 가지 축을 가정, 교육기관 그리고 사회로 보고, 사회와 국가는 그 속에 포함된 공동체가 살아가는 문화적 특성이 독특하다고 할 수 있다. 전 세계는 세계화 · 개방화에 따라 국경이 없는 시대를 살아가고 있다. 이러한 측면에서 우리 영유아들에게 우리의 전통 문화를 계승 · 발전시키고 민족의 동질성을 높이며 우리만의 공동체의식을 높이기 위한 인성교육은 매우 중요해졌다(우영효, 2010). 따라서 영유아기부터 우리의 문화적 특성을 이해하고, 우리 정서에 맞는 고유의 정신적 가치를 소중하게 여기고 올바르게 실천하며 살아갈 수 있도록 해야 한다(임혜숙, 2012). 이를 통해 한 사회와 국가에서 요구하는 바람직한 시민의식을 형성하도록 할 수 있으며, 국가에 대한 긍정적 소속감을 가지고, 사회에 공헌할 수 있는 성숙한 가치관을 가지도록 할 수 있다(김영옥, 2014).

4) 시대적 측면

현대와 미래사회는 지식기반사회이다. 지식기반사회는 수많은 정보가 범람하며, 이러한 많은 정보 중에서 사회에 긍정적 가치를 주는 올바른 지식을 선택하고, 선택한 지식을 공공의 선을 위해 올바르게 활용하고, 또한 올바른 지식을 새롭게 창출해내는 능력이 무엇보다 중요해졌다. 따라서 이런 지식을 활용하고, 창출해내는 데 요구되는 것이 바로 인성이라고 할 수 있다. 지식기반사회에서 요구되는 것은 모든 시민이 건전한 정신을 갖는 것이며, 이를 통해 올바른 지식만이 사회에 영향을 미쳐 사회는 결국 긍정적 방향으로 변화할 수 있기 때문이다.

또한, 미디어의 활용비율이 점차 증가하는 현대와 미래사회에서는 미디어를 통한 간접적 의사소통이 활발해지고, 인공지능을 통한 생활이 가능해지면서 점차 비대면의 삶의 양식을 통해 사회가 기능해 갈 것이다. 이러한 사회가 원활히 기능하고, 사회 구성원들이 행복해지기 위해서는 더더욱 서로를 존중하고, 배려하는 인성교육은 더욱 중요시된다고 할 수 있다. 이에 따라 2015 초중등 교육과정에서는 미디어 리터러시 관련 교육이 인성교육의 하나로 추가되었다(교육부, 2018).

생각해보세요.

미디어 리터러시와 관련하여 어떤 인성교육이 이루어져야 할까?

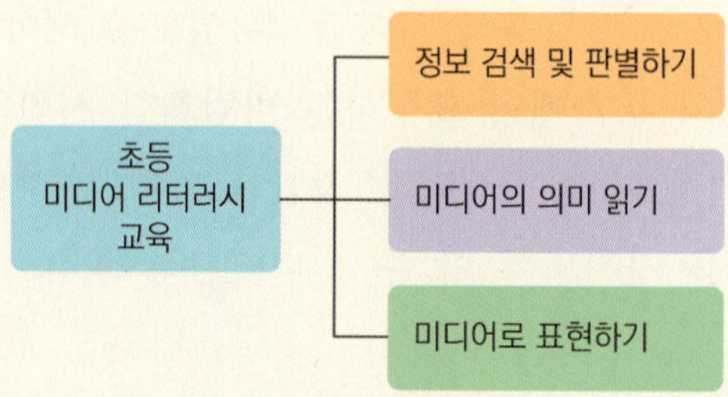

출처: 교육부(2015)

초등학교에서는 미디어로 전달되는 정보를 비판적으로 이해하는 능력을 길러 가짜뉴스를 걸러내고, 가짜뉴스를 만들지 않도록 교육한다. 또한, 미디어를 활용한 의사소통에서 타인을 존중하며, 미디어를 활용해 다수에게 유용할 수 있는 정보를 책임감 있고, 솔직하게 전달하도록 학습한다. 유아를 대상으로는 어떻게 교육이 이루어져야 할까?

5) 국제적 측면

국제사회는 환경오염, 각종 바이러스 등 전지구적 문제들로 인해 공동의 문제인식과 해결능력이 필요해졌다. 이에 따라 국제적 문제를 우리의 문제로 인식하고, 적극적으로 대응하는 자세가 필요하다고 할 수 있다. 즉, 나 자신의 이익보다 사회와 국가, 전세계를 위한 최고의 선을 지향하는 가치관을 가진 글로벌 시민의식 형성이 필요하다고 할 수 있다. 이러한 세계시민의식은 영유아기부터의 반편견교육 등을 기초로 시작된다고 할 수 있다. 따라서 영유아기부터 건전한 세계시민의식을 형성하도록 돕기 위한 인성교육은 매우 필요하다(임혜숙, 2012).

생각해보세요.

환경오염으로 인한 대기오염으로 인해 지표면 오존이 증가하여 조기 사망은 2000년보다 2030년에는 4배로 증가될 전망이다. 하지만 현재도 일부 국가에서는 자국의 경제적 이익에만 초점을 두고, 화학물질 생산량이 계속 증가하고 있으며, 제품 내 존재하는 화학물질의 위해성을 정확하게 평가하기 위한 정보는 충분하지 않은 실정이다.

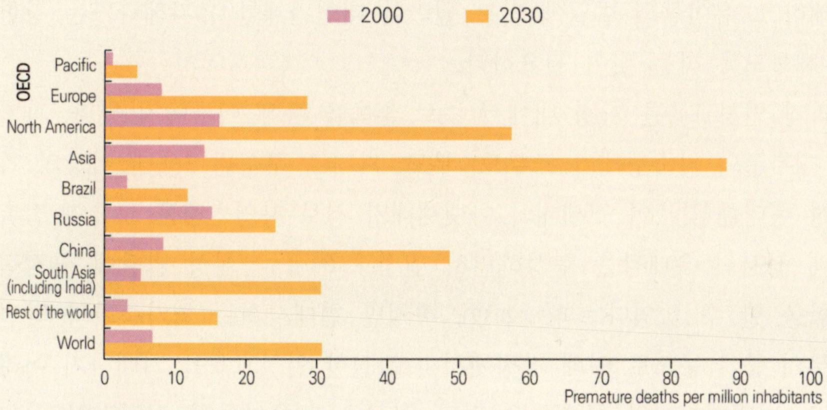

출처: OECD(2008) 2030 환경전망보고서

이러한 범세계적 문제를 극복하기 위한 근본방안은 무엇이 되어야 할까?

인성교육은 자연적으로 형성되거나 몇 마디의 훈화나 질책, 짧은 시간의 단기 교육으로 이루어지는 것이 아니다. 영유아기부터 장기적 교육을 통해 올바른 인성이 형성되고, 유지 및 지속된다고 할 수 있다. 따라서 영유아기는 인성교육의 시작이고, 기초가 형성되는 중요한 시기라고 할 수 있다(장재경, 2013).

인성교육을 통해 유아는 자신의 내면을 바르고 건전하게 가꾸고 타인·공동체·자연과 더불어 살아가는 데 필요한 인간다운 성품과 역량을 기를 수 있다. 또한 인성교육을 통해 지·정·의를 고루 갖춘 전인발달을 도모할 수 있다. 그리고 인성교육을 통해 유아들은 이후 삶의 방향과 도덕적 행동의 수준을 결정할 수 있는 능력을 기를 수 있다(우영효, 2004). 따라서 영유아 시기부터의 인성교육을 통해 자기감정을 조절하며 타인의 감정을 이해하고, 유아들의 발달에 맞는 원만한 대인관계를 유지해나가는 경험들을 해보도록 하는 것이 필요하다.

과거 인성교육은 가정 내에서 주로 훈육을 통해 이루어져 왔다. 과거에는 대부분의 가족형태가 조부모, 부모, 자녀로 구성된 3세대 이상의 가족 구성 형태를 갖추어 윗세대와 아랫세대가 서로 자연스러운 교류와 접촉을 통해 정서적 유대감을 형성하면서 인성교육 등 사회성 발달에 긍정적인 역할을 할 수 있었다(최미선, 2017). 하지만 현대사회는 핵가족화와 맞벌이 부부의 증가 등으로 인해 가정에서의 적절한 인성교육을 기대하기 어려워졌고, 멀티미디어의 급속한 발달과 확산으로 유아들의 직접적인 사회적 관계 경험의 기회도 점점 감소하고 있다(이경미, 2014). 따라서 유아교육기관에서 인성교육을 담당하는 것은 더욱더 중요해졌고, 부모 역시 인성교육을 유아교육기관에서 가장 중요하게 다루어주길 바라고 있다(최민수, 2011). 따라서 유아 인성교육에 대한 유아교육기관의 책임은 막중하다고 할 수 있다.

3 영유아 발달에 따른 인성교육 필요성

영유아의 발달적 측면에서 영유아 시기부터 인성교육의 필요성을 살펴볼 수 있다.

1) 정서발달 측면의 필요성

정서란 외부로부터의 자극을 개인이 내부적으로 평가하고 주관적으로 경험함으로써 나타나는 신체적, 생리적 반응 상태라고 할 수 있다(박찬옥, 서동미, 엄은나, 2010). 심리학적 용어로서 세부적으로는 공포, 분노, 질투, 울음, 애정, 기쁨, 호기심 등으로 구분되며, 태어나면서부터 어떤 행동을 일으키는 원동력이 되며 일생동안 행동의 기저를 이루는 중요한 요소가 된다. 자신의 정서를 조절하고 감정을 이입하는 능력은 자신과 다른 사람 간에 일어나는 갈등상황을 긍정적으로 해결하고 다른 사람을 돕고자 하는 이타행동을 가능하게 함으로써 바람직한 인간관계를 형성하는 데 도움을 준다(이순원, 문정숙, 김영희, 2012).

유아는 정서가 발달하면서 자신의 감정을 타인에게 표현하려고 하며, 다양한 감정의 변화를 경험하고, 부정적 감정도 표출한다. 즉, 유아기가 되면 영아기의 단순한 정서 표현에서 벗어나 거의 성인 수준의 다양하고 복잡한 정서를 표현할 수 있게 되며, 타인의 정서도 파악하려고 하고, 그에 대한 적절한 정서적 반응도 표현할 수 있게 된다(강문희, 신현옥, 정옥환, 정정옥, 2004). 다른 사람의 정서를 이해하고, 반응하는 것은 원만한 대인관계 형성과 유지를 위해 필요한 능력으로, 가정을 시작으로 교육기관, 이웃 등으로 사회적 환경이 확대되면서 이러한 정서 능력도 점차 발달하게 된다(Denham, 1998). 유아는 일상생활에서 접하게 되는 정서 표출 상황에 대한 단서를 사용하여 왜 기쁘고 슬픈지, 왜 화가 나는지 알아낼 수 있게 되며,

이를 통해 타인의 정서에 감정이입하고, 자신의 정서를 조절하는 능력도 발달하기 시작한다(이병석, 이찬숙, 김경윤, 2010). 이러한 감정이입 및 정서 조절능력은 인성교육과 관련이 있다고 할 수 있다(박성연, 이은경, 배주희, 2011).

자기 자신과 타인의 정서를 인식하고, 이해하며, 조절하는 능력을 포함하는 정서 발달은 대인관계에 필요한 사회적 기술, 협동, 공감 등과 관련되고, 이는 인성발달과 매우 관련이 있다(유경숙, 2009). 자기 자신과 타인의 정서를 정확히 인식하는 것은 자신의 정서를 잘 표현하게 하고 타인의 정서에 공감하고 이해하는 능력을 발달시켜, 또래와의 관계에서 긍정적인 사회적 상호작용이 가능하게 한다(Denham, Blair, DeMulder, Levitas, Sawyer, Auerbach-Major, & Queenan. 2003). 이러한 영유아기 정서 발달은 생물학적으로 태생부터 결정된 부분이 있기도 하지만, 유아의 성장 과정에서 사회, 문화적 환경의 영향을 받게 된다(박찬옥, 서동미, 엄은나, 2010). 김정원, 민희숙, 방승연(2014)과 변정원(2016)은 기관의 인성교육이 유아의 정서지능, 즉 자기정서인식, 자기정서조절, 타인정서인식, 타인정서조절과 유아의 친사회적 행동, 즉 협동성, 타인 이해성, 자율성, 또래 간 상호작용 향상에 긍정적 효과가 있다고 보고하였다. 따라서 영유아의 정서발달 측면에서 인성교육은 필요하다고 할 수 있겠다.

2) 사회성 발달 측면의 필요성

유아의 사회성이란, 유아가 사회의 한 구성원으로 성장하는 과정에서 그 사회에서 공인하는 언어, 감정행동, 사고 등의 생활양식을 습득하여 원만한 사회생활을 할 수 있는 능력을 의미한다(한국유아교육학회, 2003). 이러한 사회성은 성장하는 과정에서 접촉하는 많은 사람들과의 관계 속에서 발달한다(육아정책연구소, 2012). 인간은 태어나 처음 접하는 양육자에게 대인행동의 기초가 되는 표현행동 즉, 울기, 옹알이, 응시하기, 미소 짓기, 모방하기 등의 행동을 시작으로 양육자나 주변사람들과 애착을 형성하고 관계를 맺으면서 사회성 발달이 시작된다. 이때 영유아는 양육자의 영향을 많이 받게 되는데, 주(主) 양육자와 격리되거나, 상실된 경우 정서적, 성격적 발달에도 문제를 보일 뿐만 아니라 신체적, 인지적 발달에도 지체현상이 나타나 성인이 되어도 사회관계에 대한 부적응과 원만한 관계형성도 하지 못하게 된다(서봉연, 이순형, 1996). 그리고 교육기관에서 만나는 또래나 교사와의 사회적 상호작용을 통해 사회성이 발달하게 된다. 처음에는 혼자놀이 또는 병행놀이를 점차 또래를 인식하고 또래와 함께 놀이하기 시작하며, 언어가 발달하면서 자신의 생각을 표현하고, 또래의 말에 귀를 기울이며, 직면한 문제를 함께 해결해 나가게 된다. 이러한 과정을 통해 대인관계 요령을 습득하고, 또래와 우정을 지속적으로 맺을 수 있는 기초가 형성되며, 사회성을 발달시키게 된다(교육과학기술부, 2012). 영유아 시기 또래 관계를 통해 자아 개념과 자아존중감이 긍정적으로 형성되며, 대인관계에서 발생하는 문제 해결력과 친사회적 행동이 발달되어 향후에도 원만한 대인관계를 형성할 수 있게 된다. 이를 위해서는 교사의 교육적 지원과 상호작용이 중요하다고 할 수 있다.

따라서 영유아의 사회성 발달 측면에서 인성교육은 필요하다고 할 수 있겠다.

3) 인지발달 측면의 필요성

인지는 인간의 정신적 사고과정을 의미하는 것으로 생물학적 성숙뿐만 아니라 경험의 영향을 받는다(정옥분, 2007). 이러한 경험은 인간으로 하여금 주변 환경을 이해하여 적응할 수 있도록 돕는다(송길연, 장유경, 이지연, 정윤경, 2005). 인간은 홀로 존재하는 것이 아니라 사회를 이루어 다른 사람과 함께 공존하여 살아가면서 많은 사회적 문제들에 당면하게 되는데, 타인과 원만하게 살아가기 위해서는 타인의 감정을 이해하고, 문제를 원만하게 해결하는 능력이 필요하다(박유미, 2007). 구체적으로 원만한 인간관계를 유지하기 위해서는 자기중심적인 관점에서 탈피하여 타인의 감정이나 느낌을 이해하고 그것을 수용하려는 태도인 조망수용능력이 중요하다고 할 수 있다(권순미, 2006). Piaget는 구체적 조작기 이전의 영유아는 자신의 관점에 몰입되어 자기중심적이고 타인의 생각이나 느낌을 알아내는 인지구조가 미성숙하여 친사회적 행동을 할 수 없지만, 연령이 증가함에 따라 사회적 인지가 정교화되고, 타인에 대한 공감적인 이해가 포함되는 조망수용능력이 발달하며 친사회적 행동이 가능하다고 보았다(고정곤, 김규수, 2005). 하지만 최근의 마음이론을 통해 영유아도 타인의 마음을 이해하는 능력이 있다고 보고되어 구체적 조작기 이전의 영유아도 다른 사람이 가지고 있는 심리적 특성인 목적, 의도, 동기 등이 자신과 다를 수 있음을 인식할 수 있다고 밝혀졌다(Gopnik, Meltzoff, & Kuhl, 2001; Iacoboni & Dapretto, 2006). 그리고 영유아는 연령이 증가하면서 다양한 사회적 상호작용 경험을 통해 다른 사람의 생각이나 감정을 이해하는 인지능력이 더욱 발달해간다. 마음이론에 대한 자세한 설명은 뒤에 뇌발달 측면에서의 필요성에 제시하였다.

따라서 영유아의 인지발달 측면에서 인성교육은 필요하다고 할 수 있겠다.

4) 언어발달 측면에서의 필요성

언어발달과 관련하여 인성교육 측면에서 구체적으로 의사소통능력 발달에 근거하여 인성교육의 필요성을 살펴볼 수 있다. 의사소통이란 사회적 관계에서 서로의 생각, 희망, 의도, 욕구, 필요 등을 상대방에게 전달하는 수단적 행위를 의미하는 말로(서봉연, 유영분, 강길례, 2001), 언어적 및 비언어적 수단을 통하여 서로의 생각이나 느낌을 나누는 과정을 의미한다(추석호, 1987). 여기서 언어적 의사소통이란 '음성이나 부호를 상징화하여 언어나 문자로 의사를 교환하는 것'을 말하며, 비언어적 의사소통이란 '언어나 문자가 아닌 표정이나 행동을 통해 소통하는 것'을 말한다(한국청소년연맹, 2001). 따라서 의사소통이란 언어 외에도 표정이나 행동과 같은 여러 가지

매체를 통하여 송신자와 수신자가 상호 생각이나 감정을 전달하면서 영향을 주고받는 순환적 과정을 의미한다. 다시 말해서 의사소통이란 정보나 메시지의 교류에서 창출된 의미를 공유함으로써 서로의 행동에 영향을 미치고 공감대를 형성하여 관계를 형성하고 유지하는 과정이라고 할 수 있다(한상철, 기영애, 2004).

상호 관계형성의 수단이 되는 의사소통의 기능을 김재현(2002)은 정보전달과 표현으로 보았다. 즉, 언어를 통해서 정보를 전달하고 수용되며, 자신의 감정이나 느낌을 표현하고, 정서적인 교류 즉, 기쁨, 분노, 불평, 요구 등을 표현하는 수단이 된다는 것이다. 이와 같이 의사소통능력은 개인적 효율성뿐만 아니라 사회적 적절성을 포함하는 개념으로 상대방과의 대화에서 상대와의 사회적 관계를 고려하면서 상대방의 말을 정확하게 해석하고 자신의 의도를 언어적 또는 비언어적으로 전달하는 능력이라고 할 수 있다(이석재, 장유경, 이헌남, 박광엽, 2003).

이러한 의사소통능력은 출생 직후부터 발달하기 시작하는데, 몸짓 및 발성 사용과 같은 비언어적 의사소통능력은 생애 초기에 자연스럽게 나타나고, 연령이 증가하면서 언어적 의사소통으로 발달한다(조순옥, 이경화, 배인자, 이정숙, 김정원, 민혜영, 2002). 만 2세 이전 영아는 부모와 얼굴표정, 몸짓, 음성과 같은 비언어적 행위를 지속적으로 주고받는 상호교류를 통해 대화의 기본적인 교환 방식을 익히게 된다(주영희, 2000). 그리고 만 2세를 전후로 언어의 사용이 증가하고, 만 3세경에는 더 긴 문장으로 대화할 수 있고 질문을 사용하기도 한다. 만 5세경이 되면 유아들은 주제를 가진 의사소통이 활발히 이루어지고, 또래와 상호작용을 통해 놀이에 대한 계획을 세우거나 역할분담을 하면서 주변 사람에게 관대하고 우호적으로 대하면서 친구들과 원만한 상호작용을 하게 된다(류송미, 2001).

이와 같이 영유아는 연령이 증가하면서 과거 자기중심적이었던 의사소통 유형과 방식이 사회화된 의사소통 유형으로 바뀌어간다. 다른 사람과 협력하여 이야기를 나누는 기초적인 의사소통능력을 습득하며, 약속하기,

공손히 청하기, 사과하기 등과 같은 효과적인 언어적 기술도 습득하게 된다(김금락, 2001; 이영자, 주영희, 홍순정, 1995). 이렇게 습득된 의사소통능력을 토대로 다른 사람과 상호작용을 하며 살아가게 되는데, 이러한 상호작용 방식이 긍정적인 유아는 높은 수준의 협상기술을 보이고, 친사회적 행동이 발달되어 있어서 또래 간에 원만한 관계를 형성하게 된다(Girolametto, Weitzman, & Greenbdrg, 2004). 즉, 자신의 생각이나 느낌, 요구 등을 언어로 표현하는 유아는 친구를 만들 수 있고, 또래와 함께 놀이함으로써 더 큰 집단에서의 놀이 참여가 가능하다(엄은나, 2006). 이러한 의사소통 기술은 다른 사람의 말을 듣고, 이해하고, 생각을 나누고, 더 많은 사회적 지식 습득을 가능하게 하므로(Seefeldt, 2004) 인성과 관련된 덕목인 배려, 존중, 나눔, 도움, 협력 등을 실천할 수 있는 토대가 됨을 알 수 있다. 따라서 영유아의 언어발달 측면에서 인성교육은 필요하다고 할 수 있겠다.

CHAPTER

02

인성교육의 이론적 배경

1 정서지능 이론

1) 정서지능의 중요성

정서지능은 사회에서 지능의 대안적인 개념으로 빠르게 확산되었다. 그것은 먼저 지능검사의 한계를 넘어서 사회에서 성공을 예측하는데 유용한 개념으로 도입이 되었기 때문이다. 20세기 동안 인지적 지능을 측정하고 이를 활용해 왔지만 IQ의 한계가 끊임없이 제기되었다. 지능검사는 한 사람의 지적 능력의 수준을 보다 객관적으로 파악하고 그 결과를 교육적으로 활용하는 데 큰 기여를 해왔다. 그러나 지능검사의 결과가 이후의 사회적인 생활에서 성공적인 삶으로 이끌어주지 못한다는 비판을 받았다. 예를 들어 지능검사의 학습에 대한 예측력은 40~50%정도로 나타났으며, 사회적 성공에 대한 설명력도 10%에 이르는 등 매우 낮은 관련성을 보이기 때문에 지능지수의 한계를 드러냈다(임정훈, 한기순, 이지연, 2014).

지능검사가 갖는 문제점에 대한 대안으로 새로운 개념을 제안하려는 시도가 있어왔다. 그 중의 하나가 Gadner(1983)의 다중지능개념이며, 지능은 언어지능, 논리-수학적 지능, 음악지능, 공간지능, 신체운동지능, 대인관계지능, 자기성찰지능, 자연탐구지능 등으로 구성되었다고 하였다. 이 중 자기성찰지능과 대인관계지능에서 자신과 타인의 감정을 인식하고 배려하는 능력과 관련이 있다. 이렇게 IQ개념의 한계를 넘어 새로운 인간능력을 설명하기 위한 대안으로 정서의 개념이 도입되기 시작하였다.

정서지능은 사회에서의 성공을 결정하는 매우 중요한 요인이 될 수 있다고 밝혀졌다. Mischel 박사의 마시멜로우 실험은 어린 아동을 대상으로 정서지능의 하위 요소로 알려진 만족지연능력을 확인하기 위한 것이었다. 이 실험에서 전통적인 지능검사로 측정하는 것이 도저히 불가능한 어린 유아의 정서지능이 사회에서의 성공을 결정하는 유아의 미래에 큰 영향을 미칠 수 있는지를 알려주는 중요한 실험이다. 이 실험의 결과로 정서지능이 높은 유아들은 원만한 대인관계를 형성하고, 인내심과 지구력을 바탕으로 학교생활에도 잘 적응하는 것으로 나타났으며, 학업성취도도 우수하여 학교와 사회에서 성공하는 데 영향을 미치는 매우 중요한 요인으로 밝혀졌다.

> Mishel 박사는 네 살 유아들을 대상으로 말랑말랑하고 달콤한 마쉬멜로우 한 봉지씩 나눠주고 유아들에게 이것을 지금 당장 먹을 수도 있고, 30분 뒤에 먹을 수 있다고 말을 하였다. 만약 30분 동안 참고 기다렸다가 먹으며, 상으로 한 봉지씩을 더 준다고 약속을 했다. 그러고 나서 실험실을 나선 뒤 밖에서 아이들이 어떤 반응을 보이는 지 관찰하였다.
> 유아들은 배고픔과 달콤함을 참지 못하고 바로 먹어버리는 유형과 먹고싶은 욕구를 참으며 견디는 유형으로 나누어졌다. 먹고싶은 욕구를 참지 못한 유아 유형은 Mishel 박사가 실험실을 나서자 마자 곧바로 먹어버렸고, 10분을 끙끙대고 참다가 더 이상 못 참을 것 같으며 허겁지겁 먹은 유아가 있었다. 욕구를 참은 유아는 마쉬멜로우를 보지 않으려고 눈을 감고 있거나 먹고 싶은 마음을 참을 수 있게 해 달라고 하나님께 도움을 청하는 기도를 하기도 하였다. 30분이 지난 후 참고 기다렸던 유아들은 약속대로 마쉬멜로우 한 봉지를 더 받았다.
> 실험을 한 후 10년 후 유아들이 10대가 되었을 때, 학교생활을 어떻게 수행하는 지 관찰하였는데, 마쉬멜로우를 먹고 싶은 욕구를 참지 못한 유아와 욕구를 참은 유아 즉 만족을 지연시킨 유아는 다른 양상으로 나타났다. 욕구를 참지 못한 유아는 작은 일에도 쉽게 좌절하고 고집을 잘 부리며, 친구가 없는 등 대인관계에도 문제가 있었다. 이들은 외부로부터의 스트레스에 약하였으며, 겁도 많았고, 도전하려는 의지도 약했다. 반면에 욕구를 이긴 유아들은 자신과 세계에 대해 긍정적인 가치관을 갖고 있으며, 대인관계도 원만하였다.
> 이 두 집단은 미국의 대학수학능력시험인 SAT에서도 차이를 보였다. 욕구를 참지 못하였던 유아 집단과 욕구를 참은 유아 집단의 평균점수가 210점 이나 차이가 나타나 욕구를 참았던 유아 집단이 훨씬 높은 점수를 받았다.
>
> *출처 : 문용린(1997)

2) 정서와 유사한 개념

정서(情緖, emotions)는 감정(感情, feelings), 정의(情意, affect), 기분(氣分, moods) 등의 단어와 함께 혼용되어 왔다. 이자드(Izard, 1972, 1991)에 의하면, 정서는 신경생리학적인 면과 운동표현 그리고 현상학적인 면을 포함하는 복잡한 과정이라고 하였다. 그리고 정서는 지각, 사고, 행동을 유발하고 구성하고 안내하는 하나의 느낌으로 경험되는 것이라고 하였다. 이와 같은 여러 견해를 정리해보면, 정서란 "어떤 원인이나 상황을 지각하고 지각한 바가 그 인간 내에서 어떤 과정을 거치면서 작용하여 나타나거나 변화되어 가는 상태를 의미하는데, 그 상태가 보통 행동으로 나타나는 것"을 의미한다고 할 수 있다.

정서(情緖, emotions)는 감각(感覺, sensations)과 개념적으로 뿐 아니라 인과적으로도 서로 간에 관련되어 있지만 구분되는 개념이다. 감각은 예를 들어 '뼈마디가 욱신거린다', '발바닥이 간지럽다', '등골이 오싹하다'는 것과 같은 것으로 '어디가' 아프다, '어디가' 간지럽다 등 특정한 신체의 부위, 즉 장소와 관련이 있다. 그러나 정서는 '놀라다', '무섭다', '화나다', '후회하다', '미워하다'와 같은 것으로 특정한 신체의 부위와 관련을 가지지 않지만, 정서는 대상이나 목표를 가진다. 예를 들어 ~에 대하여 놀라거나 화나거나 미워하는 것을 의미한다.

정서(情緖, emotions)는 감정(感情, feeling)과 구분이 되는 개념으로 감정(感情, feeling)은 정서와 감각적인 것 모두에 활용이 될 수 있다.

정서는 지각(知覺, perceptions)과도 구별된다. 지각은 우리에게 외부 세계에 대한 정보를 제공해 준다. 그러나 정서는 우리에게는 지각 기관(器官)은 있으나 정서 기관은 없다.

정서는 기분(氣分, moods)과도 구별될 수 있다. '달려드는 개를 보고 놀랐다', '실수한 것에 대해 후회 한다', 그'에게' 화가 났다 등에서와 같이 정서는 목표나 대상을 가진다. '그것은 나를 기쁘게 해준다, 슬프게 해준다, 실망스럽게 해준다, 언짢게 해준다'에서와 같이 기분('마음의 상태')은, 정서처럼 원인을 가진다. 그러나 기분은 목표를 가지지는 않는다. 우리는 어떤 것에 '의해' 행복해질 수는 있지만 어떤 것에 '대해' 행복해질 수는 없다.

정서는 태도(態度, attitudes)와도 구별된다. 정서에 비해 태도는 다른 사람에게 보여지거나 기대되는 것과 더 관련된다고 생각한다. 태도는 특히 외부세계에 직면해서 취하는 자세나 입장과 관련된다. 울리는 '당당한 태도', '적대적인 태도', '친절한 태도', '강경한 태도',라고 말할 수 있다. 특정한 태도는 특정한 정서와 기분의 특징일 수 있다. 그러므로 '겁먹은 태도', '낙심한 태도', '단념한 태도'와 같은 특정한 활동의 특징일 수 있다. 태도에 비해 정서는 어떤 의미에서 보다 원초적이고 사적이다 우리는 적대적인 태도를 취하지 않고도 화를 낼 수 있다. 두려움을 느끼면서도 용감한 태도를 취할 수 있다. 태도와 정서는, 전자는 '보여져야 하는 것인 데' 비해 후자는 그럴 필요가 없다는 점에서 구별된다.

예를 들어, 어떤 사람이 그에게 뱀이 다가오는 것을 보고 있다(지각). 그는 뱀을 보고 놀라는 감정을 가진다(정서). 그는 등골이 오싹하고 진땀이 나며 다리가 후들후들 떨림을 느낀다(감각, 두려움의 징후). 그는 겁에 질려 그 자리에서 꼼짝 못하고 움츠려 있다(태도). 이러한 가운데 그는 괴로움을 느낀다(기분). 어떤 사람이 그의 연주가 끝난 후 박수치는 소리를 듣는다(지각). 그는 그의 성취에 자부심을 느낀다(정서). 그는 만족감과 함께 긴장을 풀림을 느낀다(감각). 그는 똑바로 서서 자랑스러워하며 관객들을 내려다본다(태도). 그는 행복을 느낀다(기분)(안영진, 2010 재인용).

3) 정서지능의 개념

1990년대에 들어와 인간의 성공, 건강, 행동 등에 정서적 요인의 중요성이 강조되면서 정서지능이란 새로운 개념이 등장하게 되었다. 정서지능은 자신과 타인의 정서를 점검하고 변별하며 이러한 정서관련 정보를 자신의 사고와 행위를 결정하는 데에 적절하게 사용하는 능력과 관련되는 일종의 사회적 지능이다. Salovey와 Mayer는 정서지능에 관한 개념적 정의를 하나의 능력 특히 정서의 의미를 인식하고 이러한 지식을 토대로 문제를 추론하고 해결할 수 있는 능력의 개념으로 이해되며, 특성이나 재능과는 구분되어야 한다고 보았다. 정서지능은 일상생활에서의 정서적 사건에 대한 정서적 추론(smotional reasoning)으로 이루어진 복합적이고 지능적인 개인의 능력이라고 보았다.

초기의 Salovey와 Mayer(1996)는 정서지능을 “정서를 정확하게 지각하여 평가하고 표현하는 능력, 정서의 사고촉진능력, 정서 및 정서와 관련된 지식을 이해할 수 있는 능력”이라고 정의하고 있다. 후기의 Salovey와 Mayer(1997)는 “정서의 반성적 조절 능력”을 포함하여 4개의 정서지능요소를 구성하였다. 이를 설명하면 다음과 같다.

첫째, 정서의 인식, 평가, 표현하는 능력은 정서를 정확하게 파악하고 적절하게 표현하는 능력이다. 예를 들어 유아가 거울을 보고 자신의 표정의 정서를 인식하고, 그림책에 나오는 주인공의 표정을 보고, 정서를 평가하고 따라함으로 표현하는 등의 방법이 있다.

둘째, 정서 및 정서와 관련된 지식을 이해하는 능력은 정서지식 활용능력으로 정서간의 관계를 이해하고, 정서 발생의 원인과 결과를 평가하는 능력을 의미한다. 예를 들어 “사랑하는 강아지가 사라질 때 드는 감정이 ‘슬픔’이야”와 같이 어떤 정서의 발생에 대한 원인과 결과를 평가하는 것을 말한다.

셋째, 정서 및 정서의 사고촉진능력은 기분으로 인지처리과정과 인지능력에 영향을 미치는 능력을 말한다. 예를 들어 기분이 좋으면, 공부가 더 잘 되는 상황을 의미한다.

넷째, 정서의 반성적 조절 능력은 정서적, 지적 성장을 위해 정서를 의식적으로 관리하고 통제하는 능력을 말한다. 예를 들어 유아에게 “화가 나면 어떻게 하면 해결이 될까?” 라고 질문하면 “잠을 자요”나 “내가 좋아하는 음악을 들어요.”와 같은 정서에 따라 대처하는 방식을 알고 행동하는 것을 의미한다.

정서를 대중화한 사람인 Goleman은 정서지능을 능력으로만 보지 않고 특정 개인의 다른 재능이나 성격적 특성까지도 포함하는 보다 포괄적인 개념으로 제시하였는데, 이러한 관점을 혼합 모델의 관점에서 정서지능을 개념화한 것이다(정옥분 외, 2007). Goleman(1995)은 혼합모델의 관점에서 정서지능을 "정서를 지각하고, 정서를 조절하며, 스스로에게 동기를 부여하고, 타인의 정서에 대해 인식하며, 대인관계를 다루는 능력"으로 보았다. Goleman은 정서지능을 정서와 관련된 능력으로 만 부는 것이 아니라 동기를 부여하거나 다른 사람과의 원활한 관계맺음과 같은 성격특성이 포함된 개념으로 본 것으로 대중화에 크게 기여하였다.

4) 정서지능의 구성요소

초기의 Salovey와 Mayer(1990)는 정서지능의 구성요소를 3영역 10요소 모형으로 설명하였다. 여기에는 정서의 인식과 표현, 정서의 조절, 정서의 활용의 세 영역으로 구분하여 설명하였다. 이후 후기 정서지능의 모형에서 Salovey와 Mayer(1997)는 정서지능의 구성요소를 4영역 4수준 16요소 모형으로 설명하였다. 여기에는 정서지능의 구성요소를 정서의 인식과 표현, 정서를 통한 사고의 촉진, 정서의 이해와 분석(정서적 지식의 활용), 정서의 반영적 조절의 네 영역으로 구분하여 각 영역별 4수준으로 파악할 수 있도록 수준별로 정리하였다.

영역	수준
영역 1 정서의 인식과 표현	수준 1 : 자신의 정서를 정확하게 인식하기 수준 2 : 타인의 정서를 이해하기 수준 3 : 정서를 정확히 표현하고 그 정서와 관련된 욕구를 표현하기 수준 4 : 표현된 정서를 구별하기
영역 II 정서에 의한 사고 촉진	수준 1 : 정서를 사용하여 중요한 정보에 주의집중함으로써 사고의 우선순위 결정하기 수준 2 : 생생한 정보를 불러일으킴으로써 관련된 판단이나 기억하기 수준 3 : 정서와 사고에 도움을 줄 수 있도록 정서를 보다 효율적으로 활용하기 수준 4 : 정서 상태에 따라 다른 문제해결 접근하기

영역	수준
영역 III 정서적 지식의 활용	수준 1 : 정서 간의 관계를 이해하고 명명하기 수준 2 : 정서가 전달하는 의미를 이해하기 수준 3 : 복잡하고 복합적인 정서를 이해하여 활용하기 수준 4 : 정서의 전환에 대한 변화 양상 추론하기
영역 IV 정서의 반영적 조절	수준 1 : 정서에 대해 개방적으로 수용하기 수준 2 : 정서의 유익성과 실용성을 반영하여 그 정서를 지속시키거나 그 정서에서 벗어나기 수준 3 : 자신과 타인의 관계 속에서 정서를 반영적으로 조절하기 수준 4 : 정서가 전달하는 정보를 축소, 과장, 왜곡하지 않고 자신과 타인에 대한 정서를 관리, 조절하기

그림 2-1 정서지능의 구성요소(Salovey와 Mayer, 1997)

정서지능을 대중화한 Goleman은 정서지능의 하위 구성요소를 다섯 가지로 제시하였는데, "정서의 자기인식, 자기동기화, 자기조절, 감정이입, 대인관계 기술"이다. <표 2-1>과 같다.

표 2-1 D. Goleman은 정서지능 구성요소(D. Goleman, 1996)

구성요소	개념
정서인식능력	자신의 기분, 감정, 취향 등과 이러한 것이 타인에게 미치는 영향을 분명히 인식하고 이해하는 능력
정서조절능력	부정적인 충동과 기분을 통제하거나 바꿀 수 있는 능력
자기동기화	타인의 감정/시각을 헤아리고 관심을 보일 수 있는 능력
감정이입	타인의 입장에서 생각해보고 그들의 감정을 있는 그대로 자신의 감정으로 느낄 수 있는 능력
대인관계기술	인간관계를 형성하고 관리하는 능력으로 공통의 입장을 발견하고 친밀한 관계를 형성하는 능력

문용린(1997)은 이를 한국적인 정서에 맞게 정서지능을 "자기 정서의 인식과 표현, 감정 조절 및 충동억제, 자기 정서의 이용, 타인 정서의 인식

및 배려, 대인관계(교사와의 관계, 또래와의 관계)" 등의 다섯 가지로 구성요소를 재구조화하였다. 구체적인 내용을 살펴보면 다음과 같다.

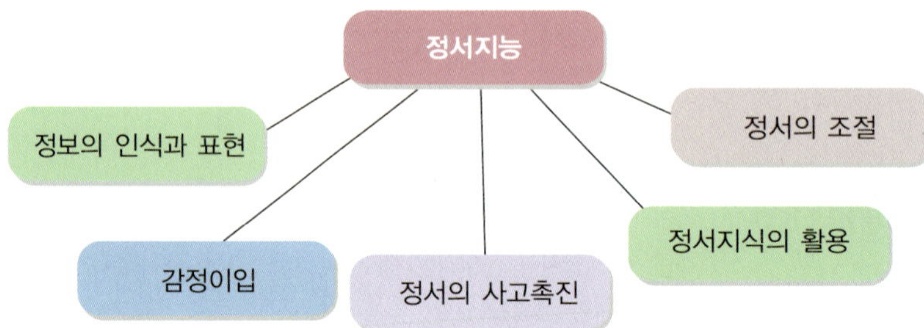

그림 2-2 정서지능의 구성요소

출처: 안영진, 영유아인성, 2010

① 정서인식 및 표현

정서인식 및 표현은 자신에게 일어나는 정서를 명확하게 인식하는 능력이다. 이것은 정서지능의 기초가 되며 자기 자신을 이해하는 데 중요한 역할을 한다. 3~4세경의 유아는 기쁨, 슬픔, 분노, 놀람 등의 비교적 단순한 정서와 이러한 정서를 야기하는 원인에 대한 이해도 증가한다. 유아는 정서를 인식함으로써 자신의 정서뿐 아니라 타인의 정서반응을 이해하고 해석할 수 있으며, 상황에 적절한 정서를 표현할 수 있는 능력도 갖추게 된다.

따라서, 교사는 유아가 어떤 감정을 느끼는 순간을 잘 포착하여, 자연스럽게 유차의 감정에 이름을 붙여주고, 유아들에게 상처를 주지 않고 교사 자신의 감정을 알릴 수 있는 기술도 익혀야 한다. 이러한 경우에는 "나 전달법"(I message)을 이용해서 교사의 감정을 객관적으로 정확하게 인식시켜 주는 것이 교사의 감정을 알리면서도 기본적으로 유아에게 사랑과 신뢰의 감정은 계속 유지하게 할 수 있다.

② 감정조절 및 충동억제

감정조절 및 충동억제는 유아가 부정적 정서를 잘 조절하고 침착하고 계획적이며 인내심을 갖고 자신의 충동을 억제할 수 있는 능력이다. 이는 유아가 분노에 의해 방해받지 않으면서 자신의 감정을 잘 조절할 줄 아는 것을 의미한다. 정서조절은 자신의 정서를 균형있게 조절할 줄 아는 것이며, 이는 자신에 대한 인식을 기초로 형성된다(문용린, 1997).

긍정적인 사회적 상호작용의 유지와 건강한 또래관계의 발달에 결정적인 영향을 미치는 부정적인 정서표현을 조절하는 능력은 부정적인 감정의 강도와 지속을 막아준다. 교사는 유아에게 자신의 억눌린 감정을 놀이를 통하여 표출할 수 있도록 놀잇감을 제공하여 유아들이 놀이를 통하여 정서를 순화할 수 있도록 돕고, 유아가 부정적인 감정을 가졌을 때 부정적인 감정의 원인, 결과, 바람직한 표현방법 등에 대해 유아들과 함께 이야기함으로써 점진적으로 자신의 부정적인 정서를 다룰 수 있도록 지도하여야 한다(최옥현, 2007).

예를 들어 규칙을 정할 때에는 유아들과 함께 충분히 이야기한 후에 유아들의 의견을 반영해서 정하도록 한다. 자신의 욕구나 감정을 억제하고 남들에게 규칙을 지켜야 하는 경우에 왜 규칙을 지켜야 하는지의 이유를 정확하게 알거나, 자기 자신도 그 규칙을 정할 때 참여한 경우라면 더욱 쉽게 규칙을 지킬 수 있게 될 것이다.

③ 자기 정서의 이용

삶의 목표를 달성하기 위해 정서를 다스리고 이용하는 것이 정서의 이용이다. 따라서 자기 정서의 이용은 스스로 성취를 위해 노력하며 실패하더라도 여러 번 시도하고 좋은 결과를 얻기 위해 노력하는 자기 동기화의 능력이라고 볼 수 있다.

교사는 유아들이 자신감을 갖고 과제에 임할 수 있도록 도와주어야 하며, 유아 개개인을 있는 그대로 받아들이고 유아들이 자신의 흥미나 관심에 따라 원하는 것을 할 수 있도록 선택할 수 있는 기회를 제공하고, 유아기부터 내적동기에 의해 스스로 무엇인가를 할 수 있도록 하는 것이 중요하다(Stroufe, 1997).

유아들이 실생활 속에서 자신의 정서를 적극적으로 활용하는 활동을 해보게 함으로써 이런 습관을 몸에 익히도록 한다. 친구의 생일에 카드나 생일 파티를 준비해 주면서 자신의 감정을 친구에게 전달하고 같이 즐거움을 나눌 수 있는 경험을 하고 적절한 행동을 통해 실생활에서 적용 하는 체험을 하는 것도 사회적 관계형성에 도움을 줄 것이다.

④ 타인 정서의 인식 및 배려

타인 정서의 인식 및 배려는 유아가 타인의 감정 상태를 이해하여 이에 적절하게 반응하며 도움이 필요한 사람들을 배려할 수 있는 감정이입 능력이다. 감정이입은 타인의 감정을 이해하고 그 감정을 자신의 내부에서 재 경험해 볼 수 있을 뿐 아니라 상황에 따른 감정과 기분의 학습을 가능하게 한다. 따라서 이러한 정서적 능력은 일반적으로 다른 사람의 정서 상태나 정서적 상황에 같이 어울릴 수 있어야 하므로 자신의 정서를 다룰 수 있는 능력이 획득된 후에 형성된 다고 볼 수 있다(황의명, 박찬옥, 1997).

교사는 자기 자신부터 항상 즐거운 마음과 태도록 유아들을 대하고, 유아들을 인정하고 사랑하는 것이 필요하다. 유아들은 긍정적인 경험을 많이 할수록 정서가 안정된다. 교사는 평소에 유아들이 자신에 대해 자부심을 갖고 긍정적인 자아상을 만들 수 있도록 칭찬을 많이 해주고, 성공 경험을 할 수 있는 활동들을 준비해 주는 것이 좋다.

⑤ 교사 및 또래와의 관계

교사와의 관계는 유아가 교사에게 친근감을 표현하고 잘 따르며, 긍정적인 상호작용을 할 수 있는 능력이다. 교사와 좋은 관계를 형성하기 위해서는 교사와의 상호작용을 먼저 시작하는 능력과 원하는 것을 정확하게 전달할 수 있는 의사소통능력, 그리고 친사회적 행동을 할 수 있는 능력 등이 있어야 한다. 이러한 사회적 상호작용이 교사와의 관계 기술을 발달시킨다(황의명, 박찬옥, 1997).

또한 놀이행동의 양적, 질적 증가를 위해서는 교사는 유아의 놀이에 적극적으로 참영하고 개입하는 것이 유아의 정서조절 기술과 대인관계 형성 기술의 향상에 도움이 된다.

또래와의 상호작용은 친구와 쉽게 사귀고 어울릴 수 있는 능력을 의미한다. 또래와 상호작용을 하는 과정에서 도움을 주고받는 평등한 수평적 관계 속에서 사회적 비교와 사회적 지지를 통한 상호 모델링의 효과를 얻을 수 있다. 또래와의 관계는 유아가 사회생활에서 다른 사람들과 어울려 지내는 데 필요한 기술을 습득하기 위한 기초적 관계형성이라고 불 수 있다. 유아기의 또래관계는 유아들에게 커다란 영향을 미친다. 인간관계 기술을 비롯한 사회성 발달, 성격 및 정서발달에 영향을 주고 또래를 단순한 놀이친구가 아닌 신뢰와 공감의 대상으로 삼고 있으며, 또래의 지지는 유아의 사회적 적응에 도움이 된다(안영진, 2010).

5) 정서지능을 높여주는 실천적 방법

정서지능은 교육과 훈련으로 상당 부분 길러질 수 있는 능력이다. 정서지능을 높이려면 정서조절과 표현의 체험을 해야 하며 연습과 훈련을 받아야 한다. 정서지능을 높이는 방법으로 정서발달에 영향을 미치는 요인을 중심으로 살펴보면 다음과 같다.

① 지도방법

유아기부터 감정의 표현을 통해 풍부한 정서 생활을 할 수 있도록 하고, 올바른 감정의 표현은 좋은 인간관계를 형성할 수 있도록 해준다. 따라서 자신의 감정표현은 남을 배려하면서 자신이 기쁘고 즐거움을 느낄 수 있는 표현을 하도록 지도해야 한다.

<정의적 측면>

- 인물사진이나 그림을 보고 그 사람의 감성 상태를 설명해 보도록 한다.
- 아동 동화책에 나오는 주인공의 감성 상태를 설명하도록 한다.
- 거울을 보고 희노애락의 감성 상태를 표현해 보도록 한다.
- 매일 매일의 감성 상태를 여러 가지 색깔로 표현해 보도록 한다.
- 우울할 때나 기분 나쁠 때 기분 전환하는 방법을 가르쳐 준다.
- 성취하고 싶은 성적이나 하고 싶은 일을 정해 놓고 스스로 해내도록 한다.

<인지적 면>

- 만화영화에 나오는 등장인물이 되어 그들의 느낌을 느껴 보도록 한다.
- 모든 일이 잘 될 것이라는 신념을 갖도록 한다.
- TV에서 방영되는 연속극 중 인물들의 생각과 느낌을 설명해 보도록 한다.
- 사람들이 화가 나거나 슬플 때 어떻게 행동하는지에 관해 설명해 준다.
- 자신의 느낌을 자신에게 고백하는 식으로 내면적 대화를 하도록 지도한다.

<행동적 측면>

- 몸짓, 얼굴표정, 언성 등 비언어적인 행동을 적절하게 표현하는 연습을 시킨다.
- 사어대방이 말하는 동안 그의 표정이나 언성 등을 통해 상대방의 감성 상태를 읽어내는 연습을 시킨다.
- 자신의 감성 상태를 말로 표현해 보는 기호를 준다(안영진, 2010).

② 부모관계

부부간에 화목하고 사랑과 민주적인 양육을 할 때 유아는 정서적으로 안정되고 사랑 등 긍정적인 정서를 형성할 수 있다. 부모의 불화는 자녀에게 심한 불안을 야기한다. 즉, 자녀는 자신감과 용기를 잃고 위축되며 여러 가지 부적용 상태에 빠지기 쉽다. 부부 사이에 다툼이 있을 수도 있으나 가능하면 자녀들 앞에서는 이성을 잃지 않고 의견을 교환하는 방향으로 힘쓸 필요가 있다.

③ 가정과 교육환경

유아는 행복을 느낄 수 있는 가정환경에서 성장할 때 쾌의 정서를 느낄 기회가 많아진다. 즐거운 정서를 갖고 일상생활을 할 수 있도록 미리 부정적 정서 발생 원인을 제거해주도록 한다. 유아에게 관심을 갖고 다음과 같은 점을 고려하여야 한다.

깨끗하고 잘 정리된 환경과 풍부한 놀잇감의 제공은 유아에게 안정감을 주고 즐거움을 준다. 놀이를 통하여 마음속에 쌓여 있는 감정을 풀어낼 수 있도록 놀이환경을 조성한다. 특히 호기심이 강한 시기의 유아가 주위의 사물을 관찰하고 탐색할 수 있는 위험하지 않은 환경이 되도록 한다. 이와 같은 탐색활동은 유아에게 만족감과자신감을 갖게 한다. 따라서 부모들은 철저히 감독하면서도 자유로운 영역을 확대시켜 주어야 한다.

6) 정서지능 측정도구

문용린의 정서지능 측정도구는 성인용, 유치원과 초등학교 저학년용, 초등학교 고학년과 중학생으로 구분되어 있다(1997).

〈성인용〉

1. 설악산에서 겨울등반을 하다 폭설 때문에 하산을 하지 못하고 조그만 동굴에 피신하게 되었다. 이미 날이 어두웠고 워낙 깊은 산 속이라 구조대도 찾아올 것 같지 않다.
   이 때 당신이라면 어떤 행동을 될 것 같은가?

   ① 느긋하게 마음먹고 날이 밝을 때까지 잠을 자도록 노력한다.
   ② 어떻게 해서든지 조난 사실을 알리고자 할 만한 행동을 무엇이든 해 보려고 한다.
   ③ 무섭고 겁이 나서 바들바들 떨기만 하고 별로 도움이 되는 행동은 못 한다.
   ④ 동굴 속에 갇혀 있기보다는 위험을 무릅쓰고라도 하산길을 찾아 나선다.

2. 당신은 인기 있는 의사라서 사무실 밖에 10여명의 환자가 언제나 차례를 기다리고 있다. 어느 날 진료 중에 창 밖을 내다보니 오래 전에 헤어져 소식이 궁금했던 친구가 긴 줄의 끝에 서 있다. 이 때 당신을 어떤 행동을 하는가?

   ① 반가운 김에 뛰어 가서 인사를 하고 사무실로 안내해서 우선 먼저 진료를 해 준다.
   ② 차례가 되면 자연히 만나게 될 것이므로 환자들 순서대로 진료해 나아간다.
   ③ 밖으로 나가 친구에게 인사를 한 후에 돌아와 순서대로 진료해 간다.
   ④ 일부러 잠시 휴식 시간을 만들게 하여 친구를 불러 인사를 하고 친구가 급하다고 하면 그 시간에 진료해 준다.

3. 당신은 주사가 조금 있는 편이다. 엊저녁에도 상사와 부하직원이 함께 있는 회식 자리에서 술주정을 상당히 심하게 했단 소리를 들었으나 전혀 기억이 나지 않는다. 아침에 출근 해서 당신은 주로 어떤 행동을 하는가?

   ① 술자리에서 벌어진 일을 운운하는 것은 웃기는 일이므로 그냥 가만히 있는다.
   ② 미안하고 창피하므로 찾아다니면서 사과를 한다.
   ③ 우선 무슨 내용의 술주정을 했는지 알아본 후 무엇을 할 지 생각한다.
   ④ 술주정을 한 것이 창피하고 부끄러워서 두 번 다시는 취하도록 먹지 않겠다고 결심한다.

4. 당신의 대학생 딸아이가 배꼽티를 입고 다닌다. 몇 차례 입지 말라고 권유를 했지만 여전히 입고 다니는 것을 우연히 먼 거리에서 보게 되었다. 심하게 나무랐더니 남들 다 입고 다니는데 왜 말리느냐고 반발하면서 자신은 계속 입고 다니겠다고 외치며 자기 방으로 뛰쳐 들어갔다. 이럴 경우 당신은 어떻게 하겠는가?

   ① 부모 말을 우습게 여기는 버릇을 고쳐야 하기 때문에 외출 금지 또는 용돈 금지를 심각

히 생각해 본다.
② 다 큰 아이의 버릇을 고치기는 어렵기 때문에 그 정도 수준에서 그치고 하자는 대로 내버려둔다.
③ 배꼽티를 입고자 애쓰는 딸아이의 심정이 무엇일까 생각해 본다.
④ 딸아이를 그렇게 키운 부모로서의 책임을 통감하면서 왜 그렇게 되었는지 생각해본다.

5. 당신은 A라는 일류기업에 입사하기를 오래 전부터 꿈꾸어 왔다. 1차 시험 결과가 별로 신통하지 않아서 2차 시험을 여간 잘 보지 않는 한 합격하기란 실제적으로 어려워 보인다. 이럴 때 당신은 어떻게 행동할 것인가?

① 마지막까지 해 보아야 하므로 2차 시험에 때한 준비에 철저히 매달린다.
② 1찰 시험의 영향력이 얼마나 큰지 알아보고 별 가능성이 없어 보이면 일찌감치 포기 한다.
③ 1차 시험의 후유증 때문에 2차 시험 준비는 잘 안될 것이 뻔하다고 생각한다.
④ 1차 시험 실패에서 야기되는 심리적 타격을 최대한 감소시키면서 2차 시험에 여전히 희망을 건다.

6. 당신은 어느 직장의 상사이다. 직장 내에서 영호남 등 지역 차별의식이 생기면 직장이 망하고 국가가 망한다고 굳게 믿고 있다. 그래서 직원들에게 그런 자신의 입장을 널리 알린 바 있다. 어느 날 당신은 직원 몇 명이 지역 차별적 농담을 하며 희희낙락하는 것을 우연히 듣게 되었고 대단히 불쾌하게 여겼다. 당신은 이제 그들에게 어떻게 할 것인가?

① 아무리 그래도 농담을 한 것에 지나지 않으므로 모를 체 한다.
② 후에 정식으로 호출해서 나무란다.
③ 즉석에서 그들의 잘못을 나무라고 왜 그것이 나쁜 일인지 설명한다.
④ 그 사람들에게 징계조치를 내린다.

7. 당신은 어느 보험회사의 설계사이다. 오늘 하루 종일 고교 동창생을 중심으로 15명에게 전화를 걸어 모집 권유를 했으나 모두 거절당했다. 그래서 지금 당신은 매우 기분이 저조한 상태이다. 당신은 어떤 행동을 하게 되는가?

① 오늘은 거절을 많이 당했으니 내일은 오히려 더 좋아질 것이라고 스스로 위로하면서 내일은 어느 친구에게 전화를 걸지를 챙긴다.
② 친구들에게 공연히 부담을 주고 사이만 멀어지게 한 것 같으므로 내일부터는 친구가 아닌 다름 사람들에게 모집 권유를 하기로 마음먹는다.
③ 보험 설계사 자체가 나의 적성과 맞는지 아닌지에 대해서 다시금 심각하게 생각해보고 필요하면 몇 일을 걸려서라고 따져본다.
④ 친구들에 대한 원망과 실망이 크지만 그들이 결국 보험을 들어 줄 가능성이 가장 큰 집

단이므로 속마음을 진정시키고 계속 전화한다.

8. 어느 날 밤늦게 귀가하던 중 골목에서 뺑소니 차량 사고가 발생했다. 우연히 목격한 뺑소니 운전사는 같은 마을 친구였다. 당신은 어떻게 할 것인가?

① 친구를 찾아가서 자수하라고 권유한다.
② 전혀 모르는 체한다.
③ 피해자의 다친 정도에 따라 다르게 행동한다.
④ 뺑소니는 나쁜 행동이므로 피해자에게 알려준다.

9. 당신은 오늘 아침 부인(남편)과 돈 문제로 심한 언쟁을 벌이고 출근했다. 하루 종일 그 일이 마음에 걸려 일손이 잡히질 않는다. 자존심을 잔뜩 긁어 놓은 욕에, 가까운 인신공격 때문에 아직도 그에 대한 분은 풀리지 않고 있다. 당신은 이럴 때 어떻게 하는가?

① 이 상태로 집에 들어갈 마음이 들지 않기 때문에 퇴근 후 어디를 갈지 이리저리 생각해 본다.
② 집으로 돌아가서 상대방이 한 말을 어떻게 따져들고 내 입장이 다른 것을 어떻게 설명할지 곰곰이 생각한다.
③ 배우자와의 이런 갈등이 두 사람 모두에게 얼마나 손해인지를 생각하면서 어떤 방식으로든 화해를 할 필요가 있다고 생각한다.
④ 집에 있는 아내(남편)도 오늘 하루 매우 언짢게 보냈을거라는 생각에 미안한 마음을 갖고 빨리 집에 돌아가야겠다고 생각한다.

10. 당신은 지금 인천 공항으로 가는 택시 안에 있다. 30분 내로 도착하지 않으면 비행기를 놓칠 것이다. 그러나 워낙 차가 많아서 택시는 꼼짝도 못하고 있다. 이럴 때 당신이 하게 되는 행동은?

① 마음을 졸여 보았자 소용이 없으므로 책을 읽거나 라디오를 듣는다.
② 조바심이 나서 딴 생각은 전혀 할 수 없다.
③ 늦어서 비행기를 놓치게 되면 그 대신 무엇을 어떻게 할 것인지 곰곰이 생각해 본다.
④ 가면 가고 못가면 못가는 것이라고 느긋하게 생각하고 편한 마음을 갖도록 한다.

※ EQ점수 이렇게 채점하세요.
1. ① = 10, ② = 20, ③ = 0, ④ = 0
2. ① = 5, ② = 0, ③ = 20, ④ = 5
3. ① = 0, ② = 10,③ = 20, ④ = 5
4. ① = 0, ② = 0, ③ = 20, ④ = 5

5. ① = 10, ② = 5, ③ = 0, ④ = 20
6. ① = 0, ② = 10, ③ = 20, ④ = 5
7. ① = 20, ② = 0, ③ = 5, ④ = 0
8. ① = 20, ② = 0, ③ = 5, ④ = 0
9. ① = 0, ② = 0, ③ = 10, ④ = 20
10. ① = 5, ② = 0, ③ = 20, ④ = 5

※ 이제 각 문항에 대한 점수를 모두 합해 보십시오.
- 200점 : 당신은 EQ의 천재, 완벽한 정서지능의 소유자입니다.
- 175점 이상 : 당신은 대단히 높은 정서지능의 소유자, 타인의 감정에 예민하고 자신의 정서와 감정통제 능력이 있습니다.
- 150점 이상 : 당신의 정서지능은 높은 편입니다. 신념을 향해서 나가되 대인관계능력이 좋아서 인기를 얻을 수 있습니다.
- 125점 이상 : 당신의 정서지능은 평균이상입니다. 감정의 절제와 타인의 처지에 예민한 편입니다.
- 100점 이상 : 당신의 정서지능은 평균수준입니다.
- 75점 이상 : 당신은 정서와 감정능력의 부족으로 문제를 겪으실 우려가 약간 있습니다.
- 50점 이상 : 당신 자신과 타인의 정서에 무딘 편입니다. 정서지능 계발에 관심을 가지시오.
- 25점 이상 : 당신은 자신과 타인의 정서는 물론 그 상황과 처지에 대단히 무감각한 편입니다. 타인에 대한 관심을 크게 증대시킬 필요가 있습니다.
- 0점 : 당신은 자신의 감정과 타인의 입장을 고려하지 못하는 정서적 장님입니다.

(문용린, 1997성인용 정서지능 측정도구)

〈초등학교 저학년, 유치원 아동〉

1. 나는 지금 내 기분이 어떤지 정확하게 알고 있다.
   ① 항상 그렇다
   ② 가끔 그런 편이다.
   ③ 그렇지 않다.

2. 나는 화가 난 것과 짜증이 난 것은 다르다고 생각한다.
   ① 그렇다.
   ② 아니다(모르겠다.)

3. 나는 슬프다는 것과 부끄러운 것이 다르다고 생각한다.
   ① 그렇다.
   ② 아니다(모르겠다.)

4. 내 짝이 상을 받거나 칭찬을 받아서 좋아한다. 나는 속으로는 축하해 주고 싶지만 그렇지 못나 적이 있다.
   ① 항상 그렇다.
   ② 가끔 그런 편이다.
   ③ 그렇지 않다.

5. 길에서 평소에 좋아하는 선생님을 보았다. 나는 속으로는 달려가서 인사를 하고 싶지만 그렇지 못한 적이 있다.
   ① 항상 그렇다.
   ② 가끔 그런 편이다.
   ③ 그렇지 않다.

6. 나는 얼굴 표정만 보고도 그 사람이 화가 났는지 알 수 있다.
   ① 항상 그렇다.
   ② 가끔 그런 편이다.
   ③ 그렇지 않다.

7. 나는 목소리나 말투만 들어도 그 사람이 기분이 좋은지, 나쁜지 알 수 있다.
   ① 항상 그렇다.
   ② 가끔 그런 편이다.
   ③ 그렇지 않다.

8. 친구도 없이 외톨이로 혼자 다니는 아이를 보면 불쌍하게 느껴진다.
   ① 항상 그렇다.
   ② 가끔 그런 편이다.
   ③ 그렇지 않다.

9. 육교나 지하철에서 구걸하는 사람을 보면 마음이 아프고 불쌍하다.
   ① 항상 그렇다.
   ② 가끔 그런 편이다.
   ③ 그렇지 않다.

10. 나는 내가 원하는 것을 엄마가 사 줄 때까지 떼쓰고 조른다.

① 항상 그렇다.
② 가끔 그런 편이다.
③ 그렇지 않다.

11. 놀이터에서 친구가 나를 밀어 화가 났다. 이럴 때에는 나도 그 친구를 밀어버린다.
① 항상 그렇다.
② 가끔 그런 편이다.
③ 그렇지 않다.

12. 내 짝이 선생님께 야단을 맞고 기분 나빠하고 있다. 이럴 때 나는 짝의 기분을 좋게 해 주기 위해 노력하다.
① 항상 그렇다.
② 가끔 그런 편이다.
③ 그렇지 않다.

13. 나는 기분이 나쁘더라도 친구가 말을 걸면 정답게 말을 들어 줄 수 있다.
① 항상 그렇다.
② 가끔 그런 편이다.
③ 그런 적이 없다.

14. 나는 선생님이 기뻐하시도록 얌전하고 똑똑하게 행동한다.
① 항상 그렇다.
② 가끔 그런 편이다.
③ 그렇지 않다.

15. 나는 친구가 울 때 그의 기분을 바꾸어 주기 위해 노력 한다.
① 항상 그렇다
② 가끔 그런 편이다.
③ 그렇지 않다.

※EQ 점수 이렇게 채점하세요
▶문항 번호 4, 5, 10, 11번의 경우
①의 경우는 0점
②의 경우는 1점
③의 경우는 2점으로 채점한다.

▶문항 번호 1, 2, 3, 6, 7, 8, 9, 12, 13, 14, 15의 경우
①의 경우는 2점

②의 경우는 1점
③의 경우는 0점으로 채점한다.

채점을 끝냈다면, 각 문항별 점수를 모두 합하여 총점을 낸다. 이렇게 했을 때 만점은 30점이 되고, 최하점은 0점이 된다. 점수대별 평가는 다음과 같이 할 수 있다.

※평가
◎30~26점 : 당신 자녀의 EQ점수는 매우 높습니다.
◎25~21점 : 당신 자녀의 EQ점수는 높은 편입니다.
◎20~16점 : 당신 자녀의 EQ점수는 보통입니다.
◎15~11점 : 당신 자녀의 EQ점수는 낮은 편입니다.
◎10점 이하 : 당신 자녀의 EQ점수는 매우 낮습니다.

(문용린, 1997 유아용 정서지능 측정도구)

	1	2	3	4	5
1. 나는 슬픈 영화를 보면 쉽게 울고 만다.					
2. 어떤 음악을 들으면 감동을 받는다.					
3. 길가에서 다친 짐승을 보면 마음이 동요된다.					
4. 남의 감정에 대해서는 별로 생각하지 않는다.					
5. 서로 다정하게 지내는 사람을 보면 나도 행복해진다.					
6. 다른 사람이 고통을 당하는 것은 나를 불안하게 만든다.					
7. 나는 언제나 주변 사람들과 기분을 맞추려고 노력한다.					
8. 천대받는 아이를 보면 마음이 어지러워진다.					
9. 애완동물들은 너무 많은 고통을 당한다.					
10. 누군가 불안해하면 나도 불안해진다.					
11. 함께 있는 사람들이 웃으면 나도 따라 웃는다.					
12. 어떤 사람이 부당한 대우를 받는 것을 보면 화가 난다.					
13. 사람들이 서로 당정하게 대하는 것을 별로 눈여겨보지 않는다.					
14. 서로 즐거워하며 웃고 있는 사람들을 보면 나도 행복해진다.					

	1	2	3	4	5
15. 나는 다른 사람들의 감정에 쉽게 빠져든다.					
16. 내 감성은 내 것을 분 남에게 영향을 주지 않는다.					
17. 많은 사람들이 무언가에 흥분하면 나도 그렇게 된다.					
18. 다른 사람을 위해 좋은 일을 하거나 도와주었을 때 기분이 좋다.					
19. 나는 다른 사람들에 대해 깊이 생각한다.					
20. 나는 쉽게 울지 않는다.					
21. 나는 다른 사람들의 고통을 느낄 수 있다.					
22. 다른 사람들이 웃으면 나도 웃게 된다.					
23. 행복한 사람들과 함께 있으면 나도 행복해진다.					
24. 다쳤거나 아픈 아이들에 대해 Tv나 이야기로 들으면 마음이 아주 동요된다.					
25. 책을 읽다가 슬픈 대목이 나오면 울게 된다.					
26. 우울한 사람들 가운데 내 기분도 우울해진다.					
27. 사람들 가운데 누가 울고 있는 것은 귀찮은 일이라고 생각한다.					
28. 다른 사람이 고통스러워하는 것을 보는 것은 괴로운 일이다.					
29. 남을 도와주는 사람을 보면 친근감을 느낀다.					
30. 다른 사람이 즐거워하면 나도 즐겁다.					

〈김언주의 감정이입 측정도구〉 (김언주 외, 2000)
이 검사는 30개의 문항으로 되어 있으며 5단계 척도로 응답할 수 있다. 얼마만큼 남의 감정과 공감할 수 있는가를 검사하는 도구이다. 각 문항에서 반응한 점수의 합계가 이 검사의 점수가 된다(단, 4, 13, 16, 20, 27번 문항은 반대로 채점함). 따라서 이 검사의 최고 점수는 150점이고 최저 점수는 30점이된다. '전혀 아니다'에서 '아주 그렇다'까지 5점의 척도로 되어 있다.

2 자아실현 이론

1) 자아개념의 발달

"나는 누구이며, 무엇인가?" 의 질문에 대하여 스스로 자신에게 답을 제시하는 것이 자아개념이다. 유아에게 자아개념(Self concept)은 내가 '나'에 대해 가지는 모든 지각을 의미한다. 유아가 자신을 유능하고, 가치 있는 중요한 사람이라고 생각하는 것이다. 즉, 존재로서 자신의 신체, 정서, 행동, 능력 등에 대해 가지는 신념과 태도, 견해와 환경과의 상호작용으로 축적된 경험의 총체를 의미한다(이경화, 고진영, 2003). 이와 같은 자아개념은 학교에서 학업성취나 적응상태에 밀접하게 관련되어 있기 때문에 교육에서 중요하게 다루어야 할 개념이다.

자아개념(Self concept), 자아존중감(Self-esteem), 자아가치(Self value), 자아지각(Self perception) 등의 개념 모두 밀접한 관련을 갖는 개념으로 자신에 대한 개념을 정의할 때 활용된다.

누리과정에서는 유아의 자아존중감을 높이며 스스로 선택하여 놀이할 수 있는 기회를 많이 줄 것을 권하고 있다. 유아가 궁극적인 행복하기 위해서는 높은 자아존중감이 필수적인 요건이라고 보고 있다. 유아들은 자존심이 높고, 목표를 달성하고, 학업을 수행하고, 부모 및 동료와 원만한 관계를 맺을 수 있는 자신의 능력을 믿고 있다. 그러나 자아개념은 전체적으로 볼 때에는 그렇지만 구체적인 능력들을 하나 하나 살펴보면 차이가 난다. 예를 들어, 유치원 생활에서 자존심이 높은 아이라도 다른 친구들과 인기면에서는 자신이 없을 수도 있다.

자아개념은 유아가 자신을 어떻게 지각하고 있는가에 관한 것으로 유아의 행동을 유발시키고, 이해하는 데 매우 중요한 개념이다. 타인과의 상호작용을 하고 자신의 목표를 얼마나 성취했는지에 대한 평가에 의해 형성되는 것으로 유아가 발달함에 따라 점차 분화되어가며 유아의 주변 환경과의 상호작용을 통해 형성된다.

예를 들어 자아개념이 높은 어린이는 일을 하거나 다른 사람을 대할 때 인정을 받고 성공을 거두리라는 기대를 가진다. 따라서 자기의 판단대로 따르고, 확신을 내세우고, 새로운 생각을 표현할 수 있다. 그러나 대체적으로 자신이 없는 어린이는 엉뚱하고 이상한 생각을 한다는 말을 들을까봐 겁을 내고 남의 주목의 대상이 되는 것을 피하려고 한다. 이러한 어린이는 사회집단의 그늘 속에서 살려고 하며, 참여하기보다는 듣는 쪽에 서고, 참여하는 의견을 주고받기보다는 이를 피하여 고독을 택한다(Mussen · Rutherford, 1961).

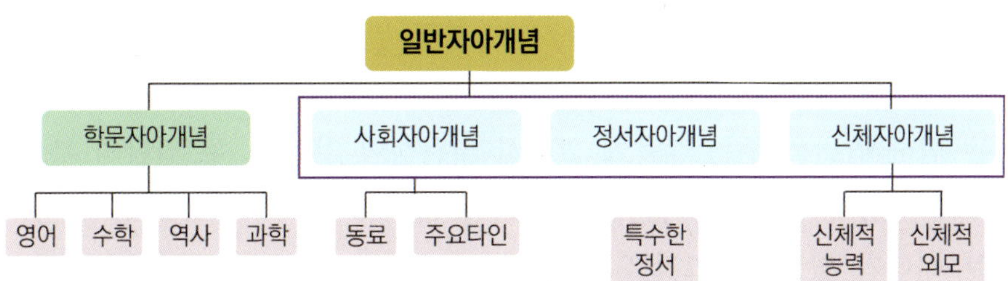

그림 2-3 자아개념의 위계적 구조 모형(Shavekson 외, 1976)

유아의 자아개념은 부모와의 동일시뿐만 아니라 주로 가정내에서의 경험에 의해 형성된다. 이러한 사실은 청년전기의 소년과 부모에 대한 연구에서 분명하게 드러났다(Colemen 외, 1996). 이 연구에서는 청소년들에게 자기 자신과 학교 및 공부와 인간관계에 대해 어떻게 느끼고 있는지 묻는 질문에 답하게 하는 간단한 자기 보고서를 작성하게 하였다. 그리고 부모들도 이 연구에 참여시켜 그들의 성격적 특성, 자녀의 양육방법, 부부생화에 대해 묻는 질문에 답하게 하였다.

이 자료를 모면 자존심이 높은 아이의 부모는 자신감이 있고 정서가 안정되어 있고, 자립심이 강하고, 쾌활하고, 자녀의 양육방법이 훌륭하고, 부부가 서로 조화를 이루고 있었다. 그리고 자존심 높은 아이의 어머니는 아들과 관계에 있어서 수용적이고 지지적인 자세를 가지고 있었으며, 날마다 관심과 애정을 통해 이러한 감정을 표현하고 있었다. 그리고 규칙을 일관성있게 강화시켜 주었고 아들의 행동을 수정하는데 보장과 비강제적인 방법을 사용하였다. 필요한 때는 적절하게 벌을 주었지만 보통 아버지를 통해서였다. 의사결정을 할 때 아들의 의견을 물었고 그 의견을 존중했으며, 견해차가 잇을 때에는 양보도 했다. 그들의 가정에서는 토론의 자유가 주어져 소년들도 자신이 가정문제에 진정한 참여자라고 확신하고 있었다. 따라서 그들은 자기 자신의 견해에 대해 신뢰를 가지고 있었고, 이러한 신뢰는 다른 상황에서도 자신감을 불러 일으켰다.

이와는 대조적으로 자신감이 부족한 어린이 아버지는 자식들을 짐으로 생각하고 자식들을 거칠고 무례하게 다루고 별도 지도를 하지 않았다. 그리고 자식이 잘못된 행동을 할 때 어떤 때는 무관심하게 지나치다가 어떤 때는 심하게 벌을 주는 훈육에 있어서 일관성이 없었다. 두 집단의 부모들 사이에 가장 큰 차이가 나는 것은 "어린이는 자기 자신의 견해를 가징 수 있는 진리가 있고 또 그것을 표현할 수 있어야 한다"는 문항이었는데 자존심 높은 어린이 부모는 93%가 찬성한 반면 자존심이 낮은 아이의 부모는 9.7% 밖에 찬성하지 않았다.

아동 초기에는 신체활동이 활발하고 호기신도 왕성해서 아동이 잠시나마 가만히 정지해 있는 시간이 없으며 깨어나서 잠들 때까지 계속 움직이는 것이 일과이다. 이러한 움직임이 어떠한 방향을 갖는 것이 여러 가지 활동으로 나타나는데, 이렇게 하는 것이 아동의 '일이다'. 이시기의 일을 주로 '놀이'이다. 2019년에 개정된 유아 누리과정에서 '놀이중심 교육과정'이 도입되어 적용되는 것이 이러한 아동의 자아존중감과 자아개념을 형성하는 데 매우 긍정적인 역할을 한다. 놀이를 통해서 아동을 운동기술을 숙달시키고, 성취감을 키우며, 사회적 관계를 알게 되고, 타인의 역할도 수용하고 현실에서 경험하는 좌절을 해소하기도 한다. 이와 같은 놀이는 심리적, 교육적, 사회적 의미를 가지기 때문에 발달 상 대단히 중요한 것이다.

2) 자아개념과 자아인식

자아개념(self-concept)은 자아인식에서 출발하는데, 자아인식의 발달은 영아가 다른 대상과 구분되는 독립되는 실체로서 자신을 인식하는 것에서부터 시작한다. 외부환경에서 다른 사람들과 구분되는 자아를 이해하는 것이 자아인식이라고 하면, 다른 사람들과 자신을 구분하는 속성, 능력, 행동, 태도, 가치 등을 조합하여 자신을 정의하는 것이 자아개념이다(Sheffer, 2005). 따라서 생애 초기에 부모와의 관계에서 형성되는 기본적 신뢰감은 부모뿐 아니라 친척, 교사, 또래, 이웃 등과의 관계를 통해 개인적 자아와 사회적 자아로 발달해 간다.

일반적으로 자아개념의 수준이 높은 유아들은 낮은 유아들보다 인지적, 정의적 성취도가 더 높은 것으로 알려져 있다. Wattenbury와 Clifford의 연구에 의하면, 아동 및 유치원의 유아들도 자아에 대한 느낌이 학습의 발달을 예견할 수 있는 지표가 될 수 있다고 하였다(Walsh, 1980).

자아인식(self-awareness)은 자아에 대한 건강성을 의미한다. 건강한 자아개념은 자기중심적이거나 이기적인 것이 아니라 자신을 가치 있는 인간으로 보는 관념이다. 즉, 자신을 긍정적인 관점에서 대상화하는 첫 단계이기 때문에, 이러한 자기인식은 다른 사람들을 이해하고 좋은 관계를 형성하는데 기초가 된다.

이기숙(2000)은 자아인식에 대한 전개 과정을 다음과 같이 소개하고 있다.

① 자아에 대한 개념

유아가 자신과 자신의 능력에 대한 생각 및 미래에 대한 자신의 기대감과 자신과 다른 사람들의 특징의 다름 점 혹은 차이점을 인식하는 것을 의미한다. 영아는 18개월 경에 자신과 타인을 구분하면서 자아개념을 발달시키는데, Levine(1983)은 거울과제를 통해 자기인식을 관찰하였다. 5~18개월 영아는 거울 속의 자기 모습을 보며 좋아하고, 빨간 물감이 묻은 자신의 코를 만지는 것이 아니라 거울 속의 코를 만지는 것으로 보아 아직 자신을 인식하지 못하였다. 9~18개월 영아는 거울 속 자신의 모습이 거울에 반영됨을 이해하고 자신의 코를 만지고 사진이나 녹화된 자신의 모습을 알아보는 것으로 나타났다. 유아는 자신이 타인과 다르다는 것을 알게 되고, “내꺼야.”라고 말하며, 자신의 이름을 부르거나 말로 할 수 있게 되면서 자기에 대한 이해를 하게 된다.

② 공동체의 구성원으로서의 자아개념

자기 자신을 한 개인이라는 의식에서의 자아라는 개념에서 사회적인 관계를 의식한 집단에 포함된 자아라는 개념을 갖게 되는 것을 의미한다. 2~4세 유아는 자신을 매우 구체적이고 관찰가능한 용어로 정의하였다. 예를 들어 자신의 신체적 속성(몸, 키 등), 능력(“달리기를 잘해요”), 사회적 관계(“엄마, 아빠와 저 이렇게 살아요.”), 선호(“사과를 좋아해요”)와 관련해서 묘사한다.

③ 자아존중에 대한 개념

자아존중감이란 자기 자신이 남으로부터 승인을 받고 가치가 있으며, 소중한 사람인가를 스스로 평가하는 느낌을 의미한다. 이러한 개념은 유아에 대해 다른 사람이 느끼고 반응하는 판단에 의해 형성된다.

3) 자아존중감

자아존중감(Self-esteem)은 자신을 바라보는 관점에 따라 달라지는 것으로 자신을 가치있고 사랑받을 만한 존재라고 생각하며 자신의 능력을 믿는 것이다. 예를 들어 '나는 얼마나 사람들로부터 사랑받고 있는가?', '나는 내가 중요하다고 생각하는 일을 할 수 있는 능력이 있는가?' 또는 '나는 얼마나 다른 사람에게 영향을 미치고 있는가?'와 같이 자신에 대한 긍정적인 신념의 집합이다(Campbell, 1990; Coopersmith, 1967).

자존의 가장 중요한 핵심 두 가지는 자기가치(self-worth)와 자신감(self-confidence)로 보았다(오정요, 원윤선, 2009). 자기가치는 '나는 다른 사람의 사랑과 관심을 받을 만한 가치 있는 사람'이라는 생각이며, 자신감은 자기가치를 토대로 '나는 주어진 일을 해낼 수 있다'고 믿는 것이다. 이 두 요소가 함께 어우러져 자존감을 발현시키거나 상승시킨다(김광수 외, 2017).

자존감은 자신에 대한 긍정적인 마인드로서 스스로 자신을 인정할 줄도 알고 용서할 줄도 알며 실패와 어려움 속에서도 포기하지 않고 자아 발전을 위해 꾸준히 노력을 하는 힘이다(조세핀 김, 2014).

자존감이 높은 영유아의 특성은 자신이 매우 가치있다고 생각하고 자신의 능력에 대한 믿음이 있다. 그렇기 때문에 자신의 판단을 믿고 신뢰한다. 비록 실패하더라도 자신의 능력이 부족해서 그렇다고 좌절하거나 자괴감을 느끼기보다는 그 상황을 더 정확하게 이해하고 실패의 원인을 찾은 후 문제를 해결하면 된다고 생각한다. 그리고 실제로 그 해결책을 찾아서 문제를 해결해 나간다. 반면, 자존감이 낮은 영유아의 특성은 자신의 판단 능력을 믿지 못하고 의심하며, 결정을 내리는 것을 주저하고, 결정할 때에도 부모, 교사, 또래 등의 타인의 영향을 많이 받는다. 실패하게 되는 경우에는 그것을 인정하기 힘들기 때문에 남을 탓하는 등 책임에서 벗어나려고 할 뿐 문제를 해결하려고 하지 않고 쉽게 포기한다.

영유아의 자존감을 증진하기 위한 지도방안을 다음과 같다(김은실, 손현동, 2010; 정종진, 이형선, 2013; 조세핀 김, 2014).

① 존중해주기

유아를 하나의 인격체로 소중하게 여기면서 비판하지 않고 수용하는 것이다. 유아는 수용적인 교사의 태도를 통해 타인에게 인정받고 사랑받고 있음을 알게 되고 자신이 그럴만한 가치가 있다고 느끼게 될 것이다. 예를 들어 “네가 원하는 것은 중요하다. 너는 제 자신에 대해 누구보다도 더 잘 알고 있으니, 네 일은 네가 잘 알아서 하리라고 믿는다”와 같이 유아를 인정하는 것이 자존감을 형성하는 가장 효과적인 방법이다. 조건없이 학생을 진심으로 받아들이고 인정하는 것이 필요하다. 유아를 존중한다는 것은 규칙에 내포되어 있는 이유를 설명해 줄 정도로 학생을 존중한다는 것을 의미하기도 한다.

② 격려해주기

유아는 칭찬과 인정을 받으면 신이나서 자신의 일을 더 열심히 하게 된다. 자신의 강점과 장점, 능력을 찾아서 격려해주면, 자신이 몰랐던 힘이 있음을 알게 된다. 격려하기는 학생의 행동을 평가하거나 비판하는 것이 아니라 영유아의 내적 자원(노력, 끈기, 좌절에 대한 내성, 시도 등)에 관심을 보이는 것이다. 그러나 무조적인 칭찬보다는 격려를 해야한다. 무조건적인 칭찬은 학생이 한 행동의 결과에만 초점을 두거나 구체적이지 않은 칭찬을 말한다. 결과에만 초점을 둔 칭찬은 결국 성공 혹은 실패에만 주목하기 때문에 유아에게 ‘성공해야만 사랑받을 수 있구나’라는 생각을 심어주게 된다. 구체적이지 않은 칭찬은 칭찬받을 행동은 무엇이고 왜 칭찬하는지 말하지 않고 그저 잘했다거나 착하다는 말은 무의미하다. 그러므로 무조건적인 칭찬보다 격려를 해주는 것이 학생의 자존감에 도움이 된다(나미연, 오익수, 2011; Kottman, 2003).

표 2-2 자존감을 높이는 데 도움이 되는 방법(나미연, 오익수, 2011; Kottman, 2003)

- "어려운 일이지만, 네가 그것을 해낼 것이라고 믿는다" 와 같이 학생의 가치와 잠재력을 신뢰한다.
- "그런 상황에서 네가 열심히 노력했다는 것이 정말 중요해" 와 같이 결과보다 노력을 인정한다.
- "너의 노력으로 친구들과의 관계가 점점 더 좋아지고 있구나"와 같이 과정이나 향상을 강조한다.
- "용기를 내서 그건 부당하다고 말도 하고, 게다가 그 결과가 좋으니 뿌듯하겠구나" 와 같이 행동 수행의 결과로 학생이 자신에 대해 가질 수 있는 자긍심 또는 긍정적 감정에 초점을 둔다.
- "과제에 집중하려고 주변 청소까지 했구나"와 같이 학생의 행동 중의 좋은 부분을 인정한다.
- "네가 과제를 해결하는데 도움이 되는 방법을 친구에게 알려주어서 친구들이 어렵지 않게 해낼 수 있었겠구나"와 같이 행동의 기능적인 가치보다 사회적인 유용성을 강조한다.

③ 공감해주기

공감은 유아가 이야기하고자 하는 바와 전하고자 하는 감정과 생각을 이해하는 것이다. 교사의 정확한 공감은 유아의 자존감을 증진시킨다. 이들은 자신이 속한 집단과의 긍정적 관계를 통해서 유아-교사의 밀접한 관계를 맺을 수 있게 하며 학생에게 타인으로부터 존중과 수용을 받는 느낌을 줄 수 있기 때문에 자신이 가치 있는 사람이라고 느낄 수 있다(김광수 외, 2017).

공감하는 방법으로 유아의 입장에서 생각하는 것이다. 유아의 다양성과 다름을 인정하고 이야기하는 것을 그대로 들어주는 것이다. 또 다른 방법으로 경청하는 것이다. 유아의 말을 듣는 것이라기 보다 이야기하고자 하는 내용을 정확하게 파악하고 이해하는 것이다. 또한 교사는 자신이 유아의 이야기를 잘 듣고 있다는 것을 적절하게 알려주는 것도 포함된다. 예를 들어 "응", "그렇구나", "너의 말은 이런 뜻이니?"와 이 표현함으로써 유아는 자신의 이야기가 수용되고 있다는 느낌을 주며, 자신을 좀 더 잘 표현할 수 있도록 자신감을 갖도록 한다. 교사가 자신의 이야기를 잘 들어주면 학생은 다른 사람에게 사랑받고 있다는 마음을 가지기 때문에 자존감이 높아진다.

4) Maslow의 자아실현욕구 위계론

Maslow(1954, 1968, 1971)는 인간은 개인적 발달을 위한 잠재력을 지니고 있으며, 기본적으로 선하고 자아실현(self-actualization)을 위해 노력하는 존재라고 믿었다. 유아들은 스스로 삶의 방향을 결정하여 현재의 사건과 미래에 대한 희망을 가지고 발달하려고 하는 경향이 있다고 보았다. 즉, 유아는 자신의 잠재적인 능력을 성취하기 위해 보다 나아가는 존재이다. Maslow(1954, 1968, 1971)는 유아는 기본적인 욕구(하위 욕구)와 성장 욕구를 지니고 있다고 가정하였다. 한편, 자아 실현의 욕구는 성장 욕구이다. 그것은 유아는 성장하는 과정에서 자신이 가진 능력과 잠재력을 충분히 발휘할 수 있도록 사고로 사고하고 행동하도록 하는 동시에 정의를 실현하고 진실과 질서 그리고 통합을 추구하도록 유도한다. 2019 유아 누리과정 교육과정에서도 이러한 인간이 가진 자아실현의 욕구를 바탕으로 자신의 잠재능력을 발휘하며, 행복하고 놀이를 통해 성장하도록 구성되었다.

다음 <그림 2-4>는 Maslow의 자아실현욕구 위계의 5단계이다.

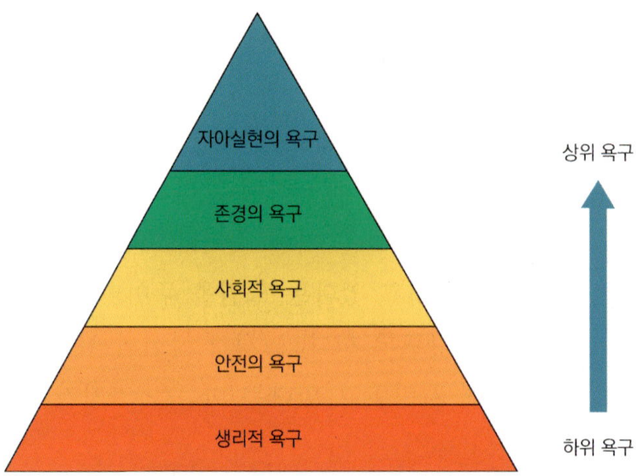

그림 2-4 매슬로우의 욕구 5단계모형

① 생리적 욕구

음식, 물, 공기, 수면 및 성과 같은 명백한 욕구이며, 이들 욕구의 만족은 생존을 위해서 필수 불가결한 것이다. 그렇기 때문에 생리적인 욕구는 모든 욕구 중에서 가정 강력하다.

② 안전의 욕구

우리의 생리적인 욕구가 잘 처리되고 나면 안전의 욕구에 의해 동기가 유발된다. 안전의 욕구에는 안정, 보호, 질서 및 불안과 공포로 부터의 해방 등과 같은 욕구가 포함된다. 그러나 건강한 성격을 가진 사람들에게 있어서 안전의 욕구는 엄청난 것도 아니며 꼭 가져야할 욕구도 아니다.

집에 이는 모든 돈을 저축하지 않고 집에 둔다든지, 새로운 직업에 도전하고자 안정된 직업을 버리기도 한다. 우리들 대부분은 안정의 욕구를 위하여 모든 것을 희생하거나 포기하지는 않으나 안정과 안전이 전혀 없다면 우리는 불안하게 된다.

③ 소속의 욕구

우리는 안전과 안정을 어느 정도 이룩했을 때 소속과 애정의 욕구를 만족시키고자 노력하게 된다. 어떤 단체나 클럽에 가입하기도 하고, 어떤 특정한 사람 혹은 모든 사람과의 친밀하고 아껴주는 관계를 이룩함으로써 애정의 욕구를 만족한다.

④ 존중의 욕구

애정과 소속의 욕구를 충분히 만족시키게 되면 자아존중감을 필요로 하게 된다. 자아존중감은 '다른 사람들이 자기를 존중하게 여겨 주기 때문에 갖게 되는 가치존중'과 '스스로 자기를 존중하게 여기는 자기존중'이 있다. 전자는 다른 사람들이 우리를 훌륭하게 생각해주지 않는다면 우리는 우리 자신을 훌륭한 사람이라고 생각하기 어려우므로 이는 일차적이다.

명성, 존경, 지위, 평판, 위신 혹은 사회적인 성공에 기초를 두며 다른 사람들이 우리를 어떻게 생각하며 우리에게 어떻게 반응하는가의 총체적인 특성이다. 그리고 후자를 가질 때 우리는 자신에 대해 자신감과 안정감을 가지고 자신이 가치 잇고 적절한 사람이라고 생각한다. 우리가 자기존중을 가지고 있지 못할 때는 열등감을 느껴 용기를 잃고 삶을 엮어 나가는 데에 무력하게 된다.

⑤ 자아실현의 욕구

지금까지 언급한 욕구들은 모두 만족시켰다며, 가장 높은 욕구인 자아실현의 욕구로 향하게 된다. 자아실현은 우리의 모든 능력의 최대한 개발과 사용이며 또한 소질과 재능의 발휘로 정의할 수 있다.

우리는 지니고 있는 잠재력을 최대한 발휘하지 않으면 안 된다. 비록 낮은 수준의 욕구가 만족된다 하더라도 자아실현의 욕구를 만족시킬 수 있는 기회를 가지지 못한다면 좌절감과 불안감과 불만을 느끼게 될 것이다. 만약 그렇게 된다며, 우리는 자신을 평온하게 유지시킬 수도 없고 심리적으로 건강하다고 말할 수도 없다(안영진, 1997).

3 도덕성 발달이론

1) Piaget의 도덕성 발달이론

Piaget는 도덕성을 옳고 그름에 대한 판단, 즉 어떤 규범을 근거로 행동을 결정하고 판단하는 도덕적 판단능력이라고 보았다. 그는 도덕성 발달이 인지발달의 순서에 병행하여 발달한다고 보았다.

Piaget(1965)는 5~13세의 유아들이 구슬놀이하는 모습을 관찰함으로써

규칙 준수의 발달을 연구하였고, 아동의 도덕성 발달단계를 규명하였다. 피아제는 유아에게 누가 게임 규칙을 만들었는지, 모든 사람이 규칙을 반드시 지켜야하는 지, 이 규칙을 바꿀 수 있는 지 등에 대해 질문을 하였다. 이와 함께 행위의 의도와 결과가 다양한 이야기를 아동에게 들려주고, 누가 더 나쁘며, 그 이유가 무엇인지를 물었다(Piaget, 1983).

Piaget와 그의 동료들은 놀이규칙을 스스로 만들어 대대로 전해내려 온 구슬놀이 연구를 통해서 놀이규칙 실천에 대해 네 가지 단계를 다음과 같이 정리하였다.

① 첫 번째 단계 : 단순한 개인적 규칙성

첫 번째 단계는 도덕적 규칙 실천의 확증에 대해 단지 아주 작은 흥미를 지닌다. 왜냐하면 유아들은 엄격한 의미에서 결코 규칙을 유도하는 놀이를 하지 않기 때문이다. 유아들은 놀이에 열중하지만 유아들끼리 가능한 한 주의를 기울여 대화하거나 논의하지 않기 때문에 규칙을 확인할 수는 없다. 물론 Piaget는 이미 규칙 실천의 이 첫 번째 단계의 진행에서 유아가 어느 정도 의식적인 것을 따르고 취득하는 어떤 규칙성이 나타난다는 것을 강조했다. 그러나 이 규칙성을 결코 의무적인 특성을 갖춘 규칙성과 달라서 도덕적 규칙과는 구분된다(Garz, 이효선 역, 1999).

② 두 번째 단계 : 큰 아이들의 모방과 자아중심주의

두 번째 단계에서 중심적 성격으로 Piaget는 이기주의 개념을 "사회화된 행동과 순수한 개인적 행동 사이의 중간 단계로서 선택했다"(Piaget, 1989). 개념 자체에서 두 개의 상반된 행동양식을 포함한다. 하나는 유아들이 놀이와 놀이 이해를 더 나이 많은 유아들로부터 알게 된다는 것이고 다른 하나는 완전히 자기 자신에게만 관심을 둔다는 것이다. 즉, 자기 자신의 생각들과 필요나 요구에 고착되어 있다고 볼 수 있다.

- 소년(6세) 자주 놀이하니? - 네 누구와? - 혼자. 왜 혼자 노니? - 둘이 필요치 않아요. 혼자 놀이 할 수 있어요(Piaget, 1938)

규칙적으로 서로 놀이하는 친구에게조차 각자 자기 자신의 놀이를 하며 서로의 이해에 대해서는 거의 언급이 없다는 것이 나타난다. "아이들은 아주 다른 규칙을 언급할 뿐 아니라 함께 놀 때 서로서로 감시하지도 않으며 그들의 그때그때의 규칙들을 놀이하는 동안에 단 한 번도 통일하지 않는다. 그로 인해 실제 놀이에서도 다른 아이들에 대해 이기려 하지 않는다는 결론이 나온다. 각자 단순히 자신을 즐겁게 하려고 추구한다. 그것으로 놀이의 흥미는 운동적인 힘의 형성을 통해서이지 상대와의 논쟁을 통해 행해지는 것이 아닌 것이 분명하다고 볼 수 있다(Piaget, 1983).

③ 세 번째 단계 : 공동작업

이 단계의 중심적 특징은 유아들의 '사회적 흥미'이다. 더 이상 운동적인 능숙함만이 놀이를 교정하는 것이 아니라 규칙의 공동 확립과 실행이 거기서 등장해서 놀이는 비로소 상대편과 서로 관계된 것 안에서 그 의미를 발견하게 된다. 그러나 이 기기의 유아들은 여전히 규칙에 대한 이해가 매우 일반적이며 개개의 것들은 상이하게 확립되었다는 것을 제한적으로 이해한다. 놀이에서조차 유아들은 최고의 정보자들을 따르거나 혹은 가장 단순한 놀이 변형에 합의하게 된다. 그러나 앞 단계와 달리 유아들의 사회적 교환에 대한 흥미가 높아지고 규칙은 확고하게 고정되어 있다고 할지라도 그러한 규칙의 적용은 관계에 따라 상대적으로 작용하게 된다.

④ 네 번째 단계 : 규칙에 대한 흥미

규칙들은 사회적인 상호작용을 유도하고 유아들은 근본적이거나 단지 방법적 방식을 다루는 것으로 인해 생겨날 수 있는 법적인 논쟁에 관심을 가진다. Piaget는 10~11의 8명의 아이들의 놀이행동을 예를 들어 서술하였다. 아이들은 눈뭉치 던지기 놀이를 하기 위해 먼저 대장을 선출하고 대장 선출을 위해 규칙을 정하고 그 다음 두 진영으로 나누고 던지는 순서와 간격을 정하고 마지막으로 반칙의 경우 벌을 정하는 데 약 15분의 시간의 보냈다(Piaget, 1983). 이도덕성의 네 번째 단계에 이르러 비로소 서로 놀이를 하는 것이 익숙해 질 뿐 아니라 그들의 흥미로 인해 스스로 규칙을 발견하고 확정하고 방어할 수 있는 능력을 가질 수 있게 되는 것으로 볼 수 있다.

이러한 구슬놀이 규칙에 대한 유아의 응답을 근거로 피아제는 도덕성 발달 단계를 5세 이전까지는 전도덕성 단계, 5세에서 10세까지는 타율적 도덕성(heteronomous morality)단계와 10세 이후의 자율적 도덕성(autonomous morality)단계로 구분하였다.

표 2-3 Piaget의 도덕성 발달

단계	특징	연령
전도덕기	• 5세 이전의 유아기 아이들은 규칙을 의식하지 않거나 관심이 없다. • 이 시기의 아이들은 이기려고 게임을 하기 보다는 나름대로 규칙을 만들어 번갈아 차례를 지켜가며 재미있게 노는 것으로 생각한다. • 옳고 그름을 판단하는 데 있어서도 일관된 기준을 적용하지 않는다.	5세 이전
타율적 도덕성 단계 (heteronomous morality)	• 강제의 도덕성(morality of constraint) • 규칙은 변경할 수 없는 절대적인 것으로 생각하며, 규칙에 대한 존중이 나타난다. • 행위자의 의도와 관계없이 행동의 결과만을 가지고 판단한다. • 어른들의 권위에 대한 복종에서 시작된다. • 부모, 목사, 교사 등의 권위적 존재가 규칙을 만들 것으로 그 규칙은 지켜야 하고, 변경될 수 없기 때문에 이를 위반하면 벌을 받아야 한다.	5~10세 (전조작기 후기)

단계	특징	연령
	• 예를 들어 어머니의 설거지를 돕다가 컵을 여러 개 깬 유아가 사탕을 훔쳐 먹다가 하나 깬 아동보다 더 나쁘다고 판단하는 것이다.	
자율적 도덕성 단계 (autonomous morality)	• 협동의 도덕성(morality of cooperation) • 규칙은 협의에 의해 수정 가능하다는 것을 알게 된다. • 옳고 그름에 대한 판단을 행위의 결과가 아닌 의도성에 의해 판단된다. • 규칙을 어겼다고 반드시 처벌되는 것은 아니며 정상참작이 필요함을 인정한다.	10세 이후 (구체적 조작기 후기)

첫 번째 타율적 도덕성 단계(heteronomous morality)는 강제의 도덕성(morality of constraint)이다. 유아는 성인의 권위에 맹목적인 복종하는 것이 도덕적인 것이라고 여긴다. 즉, 옳고 그름이라는 도덕성은 절대적인 것이며 부모가 그것을 알려 줄 것이라고 생각한다. 이 단계에서 유아는 부모님으로부터 벌을 받는 것은 도덕적으로 나쁜 것이며, 칭찬을 받는 것을 도덕적으로 좋은 것이다. 5, 6세의 유아에게 규칙은 절대적이고 불변하는 것이며, 반드시 지켜야 한다고 본다. 행위의 옳고 그름을 행동하는 자의 의도가 아니라 행위의 결과에 근거하여 판단한다. 예를 들어 어머니의 설거지를 돕다가 컵을 여러 개 깬 유아가 사탕을 훔쳐 먹다가 하나 깬 아동보다 더 나쁘다고 판단하는 것이다.

두 번째 자율적 도덕성 단계(autonomous morality)는 협동의 도덕성(morality of cooperation)이다. 이 단계에서 도덕성은 일방적인 존경에 의해서가 아니라 사회적 관계, 즉 상호성, 평등, 협동 등과 같은 것들에 의해 결정되는 것으로 규칙은 변화할 수 있다고 본다. 이런 관계들은 또래집단 내에서 드러난다. 또한 옳고 그름에 대한 판단을 행위의 결과가 아닌 의도성에 의해 판단한다. 이러한 Piaget의 관점에서 보면, 유아들은 친구들과 협동적인 상호작용을 통하여 점차로 규칙을 발달시켜 간다. 유아들은 친구들과 협동적인 상호작용을 통하여 점차로 규칙이란 맹목적으로 복종해야 하는 대상이 아니라 사회적으로 실제적인 목적을 이루는 데 도움을 주고 합의에 의해 설득하고 협상해야 하는 것으로 본다. 피아제는 인지적 성숙과 사회적 경험 모두 타율적 도덕성에서 자율적 도덕성으로 변하는 과정에 중요한 역할을 한다고 보았다.

2) Kohlberg의 도덕성 발달이론

Kohlberg는 Piaget와 마찬가지로 도덕발달은 아동의 인지가 발달함에 따라 점진적으로 이루어지는 것으로 보았다. Kohlberg의 도덕발달은 인지발달뿐 아니라 사회적 조건에 의존한다는 것을 강조하였다. 그는 사회적 조건, 즉 외적인 요인이 아동의 도덕적 사고를 조장하고 보다 높은 단계로의 발달을 도울 수 있다고 보았다. Kohlberg(1969)는 도덕적 이해의 발달은 기본적으로 정의의 개념과 옳고 그름을 판단하는 합리적 사고의 근거를 바탕으로 한다고 하였다.

① Kohlberg의 도덕성 발달 단계

Kohlberg(1969)는 도덕적 갈등상황에서 사례를 주고 이에 대한 질문에 대한 반응을 아동기에서부터 성인기까지 6단계로 도덕성 발달단계를 구분하였다.

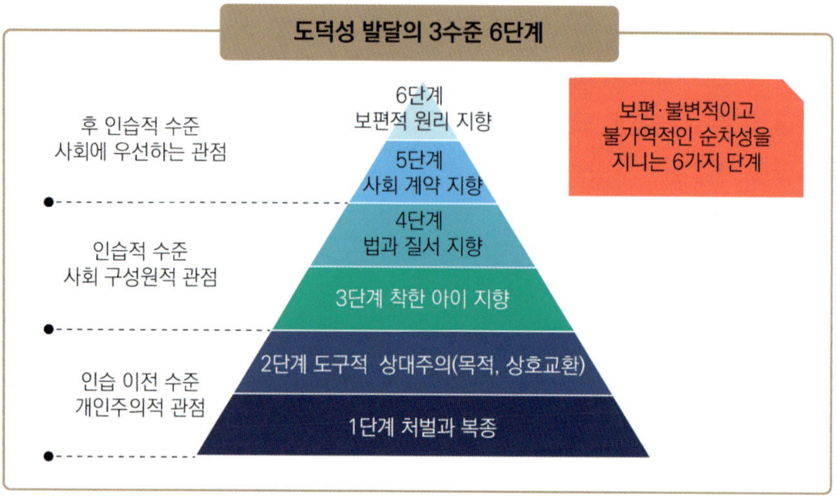

그림 2-5 Kohlberg의 도덕발달 3수준 6단계

*출처 : 학교폭력예방을 위한 도덕성 발달이론, 홍성훈, 2017

표 2-4 Kohlberg의 도덕성발달단계

도덕수준	단계	특징
전인습적 수준 (preconventional level)	1단계 : 벌과 복종 지향의 도덕 -보상을 받는 행동은 옳고, 벌을 받는 행동은 그르다고 판단함 -벌을 피하려고 규칙을 따름	자기중심적이며, 자기 욕구 충족에만 관심이 있어 사회규범이나 타인의 입장을 잘 이해하지 못함 옳고 그름을 주관적으로 판단하며, 벌을 받지 않고 보상받는 것을 옳은 것으로 이해함 자신이 좋아하면 옳은 것이며 좋아하지 않으면 그른 것으로 간주함
	2단계 : 도구적 상대주의 지향의 도덕 -자신의 욕구를 만족시키기 위해 규범을 준수하고 타인의 입장을 고려하되 대부분 자신에게 돌아올 호의를 기대하기 때문에 다른 사람에게 잘함. -보상받으려고 규칙을 따름	
인습 수준 (conventional level)	3단계 : 착한아이 지향의 도덕 -타인의 기대에 따라 행동하며, 그 목표는 타인의 칭찬을 얻기 위함	타인의 입장을 더 잘 이해하게 되고, 도덕적 추론은 사회적 권위에 기초하며 보다 내면화됨 사회관습에 맞는 행동을 도덕적 행동이라고 간주함.
	4단계 : 법과 질서 지향의 도덕 -사회질서유지를 위해서 사회적 규범과 법을 지켜야 한다고 믿음	

도덕수준	단계	특징
후인습 수준 (post-conventional level)	5단계 : 사회계약 지향의 도덕 -사회적 관계와 개인의 권리가 존중되고, 사회적 규칙은 상호합의에 의해 변할 수 있음 -다수를 위한 최대의 선을 강조	사회규범을 이해하고 기본적으로는 그것을 인정하지만, 법이나 관습보다는 사회정의, 공정성, 기본적 원리, 인간존중 등의 가치에 우선을 둠.
	6단계 : 보편원리 지향의 도덕 -도덕은 보편적 윤리기준에 입각한 것이기 때문에 정당함. -원칙에 위배될 때는 관습이나 법보다 인간의 존엄성, 인간의 평등성, 정의 등과 같은 보편원리에 따라 행동해야 함.	

Kohlberg의 도덕성발달 3수준과 6단계를 자세한 사례를 통해서 살펴보면 다음과 같다.

(a) 전인습 수준(preconventional level)

도덕적 규칙 내지 선·악의 개념을 아고 있으나 이 개념을 행위의 쾌락적 결과 또는 도덕적 규칙을 강요하는 사람의 힘과 권력에 관련해서 해석한다.

• 1단계 : 벌 회피와 복종의 도덕성

도덕적 요구를 의미에 따라서 아니라 주체에 직접적으로 영향을 미치는 벌과 복종에 초점을 둔다. 따라서 다른 사람의 의도는 알아차리지 못한다. 도덕적으로 옳다는 것을 잘 복종한다는 뜻이고 다른 경우 벌을 비행의 직접적인 결과로서 받아들이고 올바른 행위의 경우에는 자동적인 칭찬을 기대한다. 다시 말하면 힘은 올바른 것을 규정하거나 혹은 좋은 것을 나에게 이로운 것이라고 할 수 있다. 이 단계의 대답을 살펴보면 다음과 같다 (Garz, 이효선 역, 1999).

- Claudia(8세 9개월)
너 훔친거니? - 훔쳐서는 안돼요.
왜 그런지 너 아니? - 그렇지 않으면 감옥에 가요.
사람이 어떤 것을 훔치면 그것은 나쁜 것이니? - 예.
왜 그런지 아니? - 아니오.

- **2단계 : 도덕적 이기주의의 도덕성**

도덕적 목적에 초점을 맞추고 구체적인 교환에 흥미가 있는 것으로 서술할 수 있다. 자신의 이기적인 관점은 부분적으로 상호 나눔의 시작과 실행으로 인해 유리하게 돌려받을 수 있다. 자신의 욕구가 만족된다고 할지라도 동시에 흥미를 알리고 필요를 요구하는 권리가 다른 사람에게 속해 있다. 다시 말하면 네가 나인 것처럼 나도 너이다. 이 단계의 비도덕적인 행위는 나의 욕구와 이득을 위해서 저지르는 모든 행동이 된다. 피서비용이나 유흥비의 마련을 위해서 수행되는 행동들, 학생들이 용돈을 얻기 위해서 동료 학생들을 괴롭히는 행위 등 자신의 쾌락과 욕구충족을 위한 목정에서 발생되는 비도덕적 행동들이 이에 속한다(안영진, 1998). 이 단계에서 가능한 대답을 Kohlberg의 인터뷰에서 인용하면 다음과 같다(Garz, 이효선 역, 1999).

남편이 죽어가는 거의 부인을 위해 약을 훔쳐야 할까 아니면 그것을 금지되었기 때문에 훔치지 말까? - 훔쳐요. 왜냐하면 그가 그것을 하지 않으면 부인에게 약을 줄 수 있는 사람이 아무도 없어서 죽어가기 때문입니다.

(b) 인습 수준(conventional level)

개인이 속한 가정, 집단, 국가 등의 기대를 따르는 것으로 그 즉각적인 결과와는 상관없이 그 자체로서 가치를 가진다. 아동은 자기 자신에 대한 기대나 사회의 질서에 단순하게 동화되는 것이 아니라 충실히 따르고자 하며 옳은 역할을 수행하고 인습적 질서를 유지하는 것을 가치 있게 여긴다.

- **3단계 : 친애주의적 도덕성(착한 소년-소녀 지향단계)**

이 단계는 인식된 사람과의 관계를 통하여 특징지어진다. 타인의 승인을 얻고 타인을 기쁘게 하고 도움을 주고 좋은 대인관계를 유지하는 것이 올바른 행위이다. 도덕적 관계는 사람들 간의 신뢰, 존경, 그리고 감사를 통해 확실해진다. 이 시기의 비도덕적 행위의 예로는 가족, 친척, 친지, 동료, 상사 등에게 잘해 주려고 하다가 비도덕적인 행동을 하게 되는 경우가 이에 속한다. 예를 들어 몸이 불편한 부모님이 계시지만 치료비를 마련하지 못할 경우, 도둑질을 해서 돈을 마련하고자 하는 경우가 그것이다. 이 단계의 비도덕성은 덕목과 덕목 간의 비교, 분석, 판단능력을 연습시킴으로 가능할 수 있다. 흔히 착한 소년 및 착한 소녀의 지향으로 비유되는 예는 다음에서 찾아볼 수 있다.

> - Uta(17세)
> 생명을 구한다는 것이 왜 중요할까? - 만약 사람이 서로 도우면 그것을 어떻게 해서든 세상이 더 좋아져요. 그러니깐 너는 네 이웃을 사랑하라 그런 것이지요. 좋아하는 사람은 자기 자신에게 특별한 의미의 사람이 되지요. 다른 사람과는 다르게 되는 것이지요. 만약 사람을 좋아하면 조금이라도 어떻게 해서든지 보여주어야 합니다.

- **4단계 : 사회질서 유지의 도덕성(법-질서 지향 단계)**

권위나 고정된 규칙 또는 사회질서 유지의 중요성을 강조하고 포괄적인 사회구조를 위한 도덕적 관계에 집중한다. 따라서 "의무이행"과 권위에 대한 존경"을 보이고 사회질서 그 자체를 유지하려고 한다. 국가제도는 물론 예를 들어 종교의 조직들은 도덕적 사고의 표준이 된다. 주체와 체계의 관계는 물론 예를 들어 종교의 조직들은 도덕적 사고의 표준이 된다. 주체와 체계의 관계는 주체-주체에 관계한 3단계의 생각을 분리한다. 제도의 우위와 기능을 버팀목으로서 강조하는 인류학적 이론들은 이 단계에 속한다. 다시 말하면 법이냐, 질서냐의 방향 설정이라고 할 수 있다. 이 단계의 비도덕적 행위는 법질서나 사회 전체 또는 국민을 위한다는 명분

아래 발생하는 행동들을 포함한다. 다음의 예에서 4단계의 행동특성을 살펴볼 수 있다(Garz, 이효선 역 1999).

-Dennis(18세)
다시 묻겠는데, 규칙을 따르기 위해, 법을 따르기 위해 사람은 모든 것을 해야하니? - 예.
그것이 왜 그렇게 중요하니? - 법을 따르기 위해 모든 것을 행해야 해요. 법은 질서 안에서 지켜지지요. 법이 없이는 사람들은 거리를 빨리 달리고, 사람들을 죽이고, 상점에 침입하고 은행에 침입할 것예요. 그것은 혼란이에요. 정당성이 존재하지 않아요. 사람들 돕고, 사람에게 봉사하기 위해 법이 있어요. 법을 어기는 자들은 감옥에 가거나 혹은 벌에 해당하는 결과를 감수해야 해요. 그러나 법은 인간을 위해 존재해요.
돕기 위해 사람이 모든 것을 해야 한다고 말했니? 네 생각에 의하면 도둑질도 포함되니? - 아니요. 나는 그것을 하지 않을거예요. 그의 위치에서 그 역시 그것을 하지 말아야 해요. 법을 특정한 개인을 위해 깨뜨릴 수 없어요 어떤 중요한 것이라도 마찬가지예요
사람이 죽어간다 하더라도? - 사람이 죽어간다 하더라도 그것이 법이잖아요. 이유 없는 것은 존재하지 않아요. 법은 인류에 인류공영에 기여해요.

(c) 후인습 수준(post-conventional level)

도덕적 가치는 합의된 혹은 합의 가능한 표준, 권리 또는 위무를 자신이 스스로 받아들이는 데 있다. 자신의 가치관, 도덕적 원리원칙이 자신이 속한 집단과 별개임을 깨닫고 개인의 양심에 근거하여 행동한다.

- **5단계 사회계약적 도덕성**

사회관점을 나타내거나 혹은 철학적으로 형성되어 이는 사회계약의 단계로서 개인의 가치의 상대성을 인정하면서 동시에 합의에 도달하는 방법상의 원리도 강조한다. 법은 상호의 동의, 계약의 의거하는 자유로운 것이며 대다수의 의지를 표시하고 대다수의 행복을 최대로 해야 한다는 공리주의적 기반을 가져야 한다고 생각한다. 내적 도덕집단 혹은 국가에 관계된 시점은 모든 인가의 자유와 권리에 대한 생각을 통해서 이루어진다. 이 단계의 비도덕적 행동은 기존의 관습이나 실정법 등의 고정관념에 위배되거나 배치되는 행위를 뜻한다. 예를 들어 대다수의 양심법이 이 범주

에 속한다. 그리고 기존의 고정관념에 대항하여 손가락질받는 이단자적 존재 또는 기인들도 이에 속한다. 이 범주에 드는 도덕적 비행은 타인에게 신체적, 경제적 해를 주지 않는다. 이 단계의 대답을 살펴보면 다음과 같다(Garz, 이효선 역, 1999).

> -Willy(36세)
> 당신은 금방 예외에 관해 이야기 하였습니다. 예외적으로 도둑질을 해도 됩니까? 당신은 어떻게 생각합니까? - 존재적인 문제들, 즉 사람은 실제로 다른 사람과 역할을 스스로 그와 대등하게 취급할 수 있고, 동일시 할 수 있습니다. 그리고 어쩌면 단계를 넘어서 바로 문제를 갖고 있는 그 사람과 자신의 입장을 같게 하는 것을 꾀할 뿐 아니라 두 역할을 다시 관조하고 거기로부터 유효한 답을 얻기 위해 시도합니다.

- **6단계 : 보편적 윤리원칙의 도덕성**

올바른 행위는 스스로 선택한 도덕원리에 따른 양심의 결단으로 정의되며 이 도덕원리는 논리적, 구체적, 보편적이고 일관성 있는 것이라야 한다. 여기에는 공정성, 인간 권리의 상호성과 평등 개인으로서의 인간의 존엄성에 대한 존중 등이 포함된다. 이 단계의 비도덕적 행위는 이미 비도덕적이라고 말하기 어렵다. 기존의 윤리와 형이상학을 완전히 뒤집는 전혀 새로운 행위규범의 제시가 동반되기 때문이다. 그러나 마틴 루터 킹, 간디 혹은 소크라테스 등의 기록에서나 6단계에 적절한 사례를 찾아볼 수 있을 뿐이다(안영진, 1998; 최혜순, 2004).

Kolhberg의 도덕성 발달이론은 일부 경험적인 검증을 받기도 했지만 인습 이후의 도덕성 발달에 관한 경험적 연구에 대한 지지가 미약하고, 도덕적 행동과 도덕적 판단의 일치성 문제, 여아와 남아의 도덕성 발달에 대한 차이, 도덕 판단과 도덕적 행동 간의 관계 등에 대한 명확한 설명이 없어서 비판을 받고 있다.

② Kolhberg 이론의 유치원 적용

콜버그 이론은 유아들이 인지적 발달을 바탕으로 주어진 상황에서 도덕적인 추론을 통해서 발달단계를 구분하고 있다. 유치원 교육현장에 적용하면, 유아들에게 자기의 도덕적 사고를 시험해 보고 다른 친구들과 비교해 보는 등 상대방의 입장이 되어 보는 도덕적 사고를 확장하도록 하게 함으로써 도덕성을 발달 시킬 수 있을 것이다. 옳고 그름이 충돌되는 딜레마 상황에서 도덕적 판단에 대한 다양한 토론을 경험을 함으로써 유아들은 타인과의 관계 속에서 자기 자신의 도덕적 행동을 선택하고, 평가하게 될 것이다.

도덕적 딜레마에 대해 효과적으로 토론하기 위해서 교사들은 첫째, 유아들이 실제로 경험할 수 있는 도덕적 갈등 상황과 갈등 해결의 다양한 방식을 계획해야 하고, 둘째, 유아들이 타인의 역할과 관점을 생각하도록 고려하며, 셋째, 유아들이 자신들의 도덕적 행동에 대해서 나름대로의 논리를 전개할 수 있도록 하고 넷째, 찬반토론을 통해 유아들 개인은 물론 다른 친구들의 도덕적 행동과정을 분석할 수 있도록 도와주어야 한다.

③ Kolhberg 이론의 비판점

콜버그는 도덕성 발달은 단계별 순서대로 일어나며 비약이 없다고 주장하였으나 개인의 도덕적 판단에 따라 다른 단계를 반영할 수 있다. 콜버그의 이론은 유아의 도덕적 사고에 있어서 상호작용에 의해 발달한다고 밝힌 것이지 실제로 유아의 행동에 관한 내용은 아니라는 단점이 있다. 즉, 도덕적사고와 도덕적 행동이 반드시 일치한다고 할 수 없다. 예를 들어, 5단계에 있는 사람이 1단계에 있는 사람보다 실제로 도덕적으로 행동하지 않을 때도 있는 것이다. 마지막으로 문화적 보편성과 관련된 것으로 그의 이론은 남성 중심의 가치관을 반영하여 여성의 도덕적 추론과 도덕적 발달단계에 적용하기에는 부적절하다.

3) Damon의 공정성 판단 이론

공정한 분배에 관한 내용은 유아의 도덕적 성숙을 설명한 수 있는 척도가 된다. 유아들은 자신과 타인이 공평하게 분배받지 못하다고 생각하면, 도덕적인 갈등을 겪게 되는 것이다. 예를 들어 유아들이 가정이나 유치원에서 부모와 교사가 장난감이나 사탕을 공정하게 분배해 주지 않는다고 인식하면 부모와 유아 간, 교사와 유아 간 또는 형재 자매들 사이에 도덕적 갈등 상황이 일어나게 된다. 이와 같이 데이먼(Damon, 1980)은 공정성은 유아에게 있어서 사회적인 제약의 하나이며, 자신의 욕구와 타인의 기대 사이에 일어난 갈등 상황을 해결해 주는 중요한 개념으로 인식했다. 데이먼은 공정성 연구를 위한 조사에서 다음과 같은 이야기를 제시했다.

이 공정성 연구에 대한 아동들의 반응을 분석한 결과는 <표 2-5>와 같다.

표 2-5 Damon의 공정성 판단 발달단계

수 준	내 용
0수준-A (4세 이하)	공정성에 대한 객관적 인식이나 이유의 설명 없이 자기 자신의 욕구에 따른 판단에 지배되는 단계 (예: 내가 원하니까 많이 가져야 돼)
0수준-B (4~5세)	욕구에 지배되지만 키나 성별 등과 같은 외적인 특성을 기준으로 제시함(예: 여자니까 제일 많이 가져야 돼. 키가 제일 크니까 제일 많이 가져야돼). 그러나 이 기준은 욕구에 따라 변하기 쉽고 자신을 유리하게 생각하는 경향이 있음)
1수준-A (5~7세)	절대적인 공평성을 주장하는 단계(예: 모든 아이들이 똑같이 가져야 돼)공평성만이 구성원들 간의 모든 갈등을 해소하는 유일한 방법으로 생각하나 융통성이 결여됨
1수준-B (6~9세)	많이 기여한 사람이 많이 받아야 한다는 개념이 형성됨(예: 그림을 많이 그린 아이들이 많이 가져야 돼). 그러나 공정성과 관련되는 여러 변인들을 동시에 고려하는 능력은 아직 결여되어 있음

수 준	내 용
2수준-A (8~10세)	사람들은 각자 자기 입장에서 서로 다른 공정성을 주장하며 각자 나름대로 타당하다고 생각하는 도덕적 상대성에 대한 이해가 시작됨, 특수한 상황에 있는 사람의 주장을 고려할 수 있음(예: 다른 아이들의 이야기를 들어 보아야 돼. 가난한 아이가더 가져야 돼)
2수준-B (10세 이상)	여러 사람이 각자 처한 독특한 욕구와 특수상황을 전체적으로 고려할 수 있는 공평성과 상호 보완적 통합능력이 발달함. 확고하고 명확한 공정성의 개념이 확립되고 모든 사람이 각자 적당한 보상을 받아야 한다는 인식이 강화됨.

4) Lickona의 도덕성 발달이론

미국에서 도덕교육협회회장을 역임한 바 있는 토머스 리코나는 현재 뉴욕 주립대학교 교육학과 교수로 있으며 도덕교육에 많은 관심을 가지고 있다. 그는 물질주의, 폭력의 증가 등 도덕적 타락의 징후들이 미국 사회에 수십 년 동안 쌓여옴에 따라 인성위주의 덕목적 도덕교육의 필요성을 강조하였다. 리코나는 올바른 인성을 교육해야한다고 강조하며, 도덕성의 인지, 정서, 행동의 요소를 통합적으로 접근해야한다고 주장하였다.

① 인성 구성 요소

리코나는 실제로 우리의 도덕 생활에서는 다양한 인성의 구성 요소들이 복잡하게 작용하고 있다고 주장하였다. 그는 [그림 2-6]과 같이 인성의 구성 요소를 제시하였다(안영진, 2010).

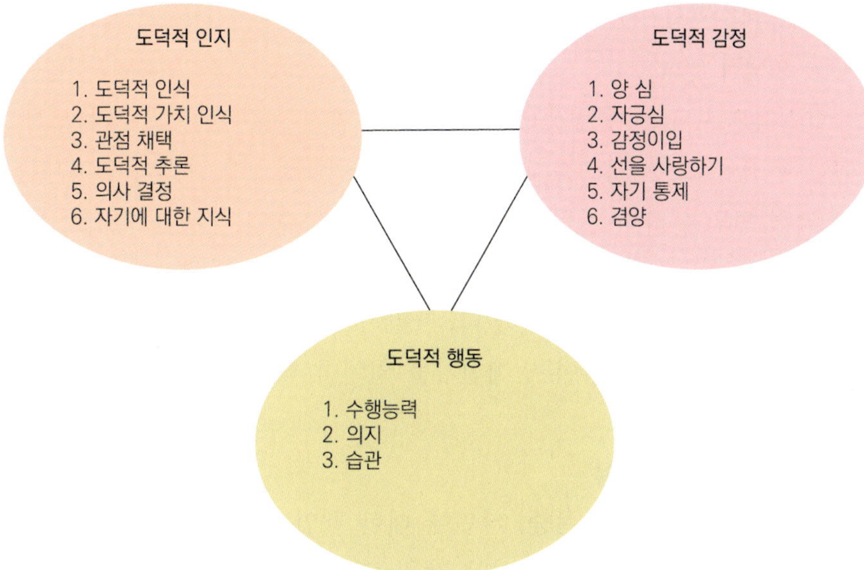

그림 2-6 인성의 구성 요소

앞의 그림은 도덕적 인지, 도덕적 감정, 도덕적 행동은 개별적으로 기능하는 것이 아니라 각기 다양한 방식으로 상호 작용한다는 것을 말해 준다. 도덕적 판단과 도덕적 감정이 도덕적 행위에 영향을 끼치는 것은 분명하다. 특히 도덕적 판단과 도덕적 가정이 동시에 작용하는 경우는 더욱 그렇다고 할 수 있다. 즉, 우리가 어떻게 행동하는가는 우리가 어떻게 생각하는가와 어떻게 느끼는가에 영향을 주기 때문에 그 작용은 양방향적인 것이다.

리코나는 올바른 인성을 발달시키기 위해서 ①도덕적으로 아는 것, ②도덕적으로 느끼는 것, ③도덕적 행위를 할 수 있도록 교육해야 한다고 주장하였다. 그는 훌륭한 인격은 선을 추구하며 선을 행하는 것이라고 하면서 이들은 각각 다음과 같은 하위 요소들로 구성되어 있다고 했다.

(a) 도덕적 인지

• 도덕적 인식

일반적으로 모든 연령층의 사람들이 공통적으로 갖는 도덕적 오류는 도덕적 무지이다. 우리는 문제의 상황이 도덕적 쟁점과 관련이 있고, 그래서 도덕적 판단을 요하는 상황인지를 잘 알지 못한다. 우리는 이러한 과오를 저지르기 쉽다. 우리는 '이것은 옳은 일인가?' 하고 생각해 보지도 않고 어떤 일을 처리하는 경향이 있다. 따라서 우리는 지성을 활용하여 도덕적 판단을 요구하는 상황이 언제인가를 알아야 하는 것이다.

• 도덕적 가치 인식

생명과 자유와 대한 존중, 타인에 대한 책임, 정직, 공정, 관용, 예의, 자기규율, 성실, 친절, 동정, 용기와 같은 도덕적 가치들은 좋은 사람이 되는 많은 방법을 말해 준다. 이것들은 한 세대가 다음 세대에게 넘겨주어야 할 도덕적 유산들이다.

• 관점 채택

관점 채택은 다른 사람의 관점을 내가 취해 볼 수 있는 능력, 상황을 다른 사람이 보는 바와 같이 보는 능력, 그들은 어떻게 생각하고, 반응하고, 느낄 것인가를 상상할 수 있는 능력이다. 이것은 도덕적 판단의 전제조건이다. 우리는 어떤 사람들을 이해하지 못하고는 그들을 잘 존중하고 그들이 필요로 하는 것에 맞게 행동하기가 어렵다. 도덕교육의 근본적인 목적의 하나는 자신과는 상이한 사람들의 관점에서 세상을 경험할 수 있게 돕는 것이다.

• 도덕적 추론

도덕적 추론은 도덕적인 것이 무엇이며, '우리는 왜 도덕덕이여야 하는가'를 깨닫는 것을 포함한다. '약속을 지키는 것이 왜 중요한가?', '내가 가지고 있는 것을 어려움에 처해 있는 사람들과 왜 나누어야 하는가?'와 같은 도덕적 추론은 피아제, 콜버그, 데이먼 등에 의해서 연구되었다.

- **의사결정**

의사결정은 도덕적 문제를 해결하는 방법을 생각해 볼 수 있는 능력이다. 도덕적 결정을 내리는 데 '내 방식은 무엇이다', '그 결과는 무엇이다'는 식의 접근방법은 유아에게도 충분히 가르칠 수 있는 것이다.

- **자신에 대한 지식**

자신을 아는 것은 가장 얻기 힘든 도덕적 지식이지만 인성의 발달을 위해서는 필수적이다. 도덕적인 사람이 되는 것은 우리 자신의 행동을 돌아보고 비판적으로 평가할 수 있는 능력을 요구한다. 도덕적 자기 지식을 개발하는 것은 개인들마다의 인격의 장·단점을 깨닫는 것이며 우리의 약점들, 그 중에서도 사람은 항상 자기가 원하는 것을 하고자 하며 그것을 정당화하려는 경향을 어떻게 보완할 것인지를 아는 것을 포함한다.

(b) 도덕적 감정

- **양심**

양심은 두 가지 측면이 있다. 무엇이 옳은지를 아는 것과 같은 인지적 측면과 옳은 것을 행해야 한다고 느끼는 정서적 측면이다. 많은 사람들이 옳은 것이 무엇인지를 알고는 있지만 그에 따라 행동할 당위성을 느끼지 못하고 있다.

- **자긍심**

우리가 건강한 자긍심을 가지고 있을 때, 우리 스스로가 자신을 가치롭게 여긴다. 우리는 우리의 몸이나 마음을 함부로 하지 않을 것이며 타인들이우리를 함부로 대하는 것을 허락하지 않을 것이다. 우리는 자긍심을 가지고 있을 때 우리는 타인들의 평가에 덜 매달릴 것이다. 우리는 자긍심을 가지고 있을 때 우리는 타인들의 평가에 덜 매달릴 것이다. 자긍심이 높은 어린이들이 자긍심이 낮은 어린이들보다 동년배 압력에 더 저항적이며 자신의 판단을 더 잘 따른다는 연구 결과가 나왔다(Coopersmith, 1977). 우리가 자신에게 긍정적인 관점을 가질 때 우리는 타인들을 더욱 긍정적으로 대우하려 한다. 만일 자신을 존중하는 마음이 없는 경우 다른 사람들을 존중하는 마음이 생기기 어렵다(Staub, 1979).

- **감정이입**

감정이입은 자신만의 감정을 뛰어넘어 다른 사람의 감정을 느낄 수 있게 된다. 감정이 입은 관점 채택의 정서적 측면이다. 감정이입은 다른 사람의 상태와 동일시 혹은 대리경험을 말한다.

- **선을 사랑하기**

선을 사랑하는 것은 최고의 인격의 형태로서 선에 대해 진정으로 애착을 느끼는 것을 말한다. 사람들이 선을 사랑할 때 그들은 선행에서 즐거움을 경험한다. 그들은 의무의 도덕성이 아니라 열망의 도덕성을 가지게 된다. 사회 봉사 속에서 자신의 충만은 찾는 이 능력은 성인에 국한된 것이 아니라 어린이들도 가지고 있는 도덕적 잠재력의 일부이다.

- **자기통제**

자기통제는 자기탐닉을 억제하는 데 필수적이다. 현대의 도덕적 타락의 근원은 사적이익 특히 수단과 방법을 가리지 않고 돈을 쫓아가는 데 정신을 잃고 있는 것이다. 특히 자라나는 젊은 세대에게는 자기 통제가 인성의 큰 부분으로 자리 매김을 해야 각종 청소년 범죄가 줄어들 것이다.

- **겸양**

겸양은 잘 다루어지지 않는 도덕적 미덕이지만 좋은 인격을 구성하는 데 필수적인 요소이다. 겸양은 진리에 대한 진정한 개방성이며 동시에 우리의 잘못을 고치고자 하는 자세이다. 또한 겸양은 우리의 오만을 극복하게 도와주며 악행을 막아주는 가장 훌륭한 안전판이다. 철학자 파스칼은 "좋은 양심과 더불어 있을 때 사악은 제 힘을 발휘하지 못한다"고 말했다.

(c) 도덕적 행동

- **수행능력**

도덕적 수행능력은 도덕적 판단과 감정을 효과적인 도덕적 행동으로 전환시킬 수 있는 능력을 가지는 것이다. 예를 들면, 갈등을 공정하게 해소시키기 위해서는 실제적인 기능들이 요구된다. 경청하기, 타인을 모욕하지 않으면서 서로의 관점을 주고받는 것, 서로가 받아들일 수 있는 해결책을 만들어 내는 것 등이다.

- **의지**

도덕적 상황에서의 올바른 선택은 언제나 힘이 든다. 좋은 사람이 되는 일은 실제로 의지가 작용할 것을 요구하는 일이다. 감정을 이성의 통제하에 놓는 일은 의지를 필요로 한다. 눈앞의 쾌락을 두고 의무를 이행하는 일도 의지를 요구한다. 각종 유혹을 견디며 또래집단의 압력에 버티며 흐름에 휩쓸리지 않는 일도 의지를 요구한다. 따라서 의지는 도덕적 용기의 중심에 자리하는 것이다.

- **습관**

많은 도덕적 행위는 습관의 덕을 입는다. 베넷(Bennett, 1980)은 훌륭한 인격의 소유자는 "그 반대의 경향에 크게 유혹되지 않고서 진실되고, 전심으로, 대담하게, 친절하게 그리고 공정하게 행동한다"고 했다. 그들이 이렇게 행동할 수 있는 것은 바로 습관의 힘 때문인 것이다. 따라서 어린이들에게 좋은 습관을 형성할 수 있는 다양한 기회와 연습과 실천상황이 주어져야 한다. 친구를 돕는 일, 정직하고 예절바르고 공정한 태도를 취하는 경험을 가져야 한다. 이렇게 형성된 습관이 바로 올바른 도덕적 행동으로 연결되는 것이다.

(d) 도덕적 추론의 발달단계

리토나(Lickona)는 콜버그(Kohlberg)의 도덕성 발달이론과 데이먼(W. Damon) 그리고 셀만(R. Selman)의 발달 이론을 결합하여 0단계에서부터 5단계까지 모두 여섯 단계로 이루어진 도덕적 추론의 발달단계를 제시하여다. 0단계는 데이먼과 셀만의 이론에 바탕을 둔 것이며, 1단계부터 5단계는 콜버그의 이론에 근거한 것이라고 할 수 있다.

리코나에 따르면, 도덕적 추론의 단계들은 유아기부터 시작하여 성인기를 통하여 계속 발달한다고 한다. 그가 제시하고 있는 도덕적 추론의 단계들은 다음과 같다.

• 0단계(자기중심적 추론)

대체로 4세 정도의 아이들이 이 단계에 속하는데 두드러지는 특징은 본성에 가까운 자기 중심성이라고 할 수 있다. 이 시기의 아이들에게 있어서 공정하다는 말은 곧 자기가 원하는 방식대로 하는 것을 의미한다. 소유물에 대한 관점도 '나는 그것을 원하고, 그것은 내 것이다'라는 방식과 같은 철저한 자기 중심성을 나타낸다. 따라서 이 단계에 속하는 아동들에게 있어서 옳고 그름의 판단 기준은 자기 생각대로 하는 것이며, 착한 일을 행하는 이유는 상을 받고 벌을 받고 벌을 피하기 위해서라고 할 수 있다. 0단계의 특징을 요약하면 <표 2-6>과 같다.

표 2-6 0단계의 특징

단계	특 징	연령
0 단 계	• 도덕적인 용어('그것은 공정하지 못하다')로 자신의 독립심을 표현하는 시기지만 그들이 말하는 '공정하다'는 의미는 그들이 원하는 방식대로 하는 것을 의미한다. • 도덕적 강들 상황에서 특히 자기 중심적이며, 자신의 관점으로만 사물을 바라본다. • 소유물에 대한 태도는 '내가 그것을 원하니깐', '그것은 내 것이야'와 같은 방식을 취한다. • 자신들의 행동이 잘못되었다라는 인식 없이는 그들이 원하는 것과 세계를 일치시키기 위하여 할 수 있는 방법을 모두 사용하려고 한다. • 자기 의도를 관철시키기 위해서 가끔 규칙을 위반한다든지, 욕설을 한다든지, 정도를 벗어나는 행동을 한다. • 자신이 원하는 것과 다른 사람이 원하는 것이 갈등하지 않는 도덕적 상황 속에서 잘발적인 협조와 동정심을 보여준다. • 도덕적 행동에 있어서 개인차가 나타난다.	4세 정도

• 1단계(무의식적 복종)

대체로 5세 아이들이 이 단계에 속하는데 두드러지는 특징은 어른들의 명령에 아무런 의심 없이 복종하는 현상이다. 이 단계에서는 독립심보다는 적응과 조화에 관심을 가지게 되며, 어른들의 권위와 사회적 권위를 존중하고 따르고자 한다. 또한 아동들은 어른들을 도덕성의 근원으로 생각하여 오직 어른들의 관점만이 옳은 것이라고 생각하게 된다. 그러므로 이 단계에서의 옳고 그름의 판단 기준은 어른들이 시키는 대로 하는 것이라고 할 수 있으며, 착해야 하는 이유를 말썽을 일으켜 처벌받는 것을 피하기 위함이다. 1단계의 특징을 요약함녀 <표 2-7>과 같다.

표 2-7 1단계의 특징

단계	특 징	연령
1 단 계	• 자기 주장의단계보다 순종적이고 협조적으로 변한다. • 다른 사람의 관점을 받아들일 수 있지만 하나의 관점, '어른들의 관점'만이 옳다고 생각한다. • 타인의 권위를 존중하고 따르고자 하는 경향이 강하다 • 어른들이 말하고 시키는 대로 하는 것이 옳은 것이다. • 순동을 해야 하는 이유는 처벌을 피하기 위해서이다. • 어른들은 전지 전능하고 아이들이 잘못한 것을 다 알아낸다고 생각한다. • 어른들을 도덕성의 근원으로 보기 때문에 자주 고자질한다. • 마음속에서 동시에 두 가지의 관점을 수용하기가 어렵다. • 규칙을 따라야 한다고 생각은 하지만 규칙이 필요한 이유를 잘 모르기 때문에 어른이나 체벌의 위험이 없으면 종종 규칙을 지키지 않는다.	5세 정도

- **2단계(이기적 공정성)**

대체로 5세부터 7세의 아이들이 이 단계에 속하는데 두드러진 특징은 아동들도 부모나 어른들처럼 나름대로의 권리를 가질 수 있다고 생각하게 되는 것이다. 즉, 아동들은 어른들과 도덕적으로 평등하도 생각하게 된다. 따라서 아동들은 더 이상 어른들의 명령에 무의식적으로 복종하지 않게 된다.

이 단계에서 나타나는 지배적인 현상 가운데 하나는 공정성을 일종의 맞받아치기로 생각한다는 점이다. 즉 이 시기의 아동들에게는 '내가 너에게 이것을 해주었을 때 너는 나에게 무엇을 해줄 수 있는지'의 여부가 매우 중요한 관심사가 되는 것이다. 그러므로 이 단계의 옳고 그름의 판단 기준은 자신의 이익을 먼저 취하고 자신에게 공정하게 대하는 사람들에게는 똑같이 공정하게 대한 것이 된다. 또한 착해야 하는 이유는 자신에게 이익이 되는 것이 무엇인가를 생각하는 이해관계에 달려 있는 것이다. 2단계의 특징을 요약하면 <표 2-8>과 같다.

표 2-8 2단계의 특징

단계	특 징	연령
2 단계	• 공정성에 대한 두 가지 생각을 갖는다. 첫째는 공정성에 대한 교환의 생각이고, 둘째는 교만한 독립심이다. 즉, 어른들의 실수에 대하여 강하여 비난한다. • 어른이 일방적으로 명령해야 한다는 생각은 지나고 동등성에 대한 강한 신념을 갖는데, 이 신념은 아동 자신의 것을 포함한 다양한 관점에 대한 존중의 결과이다. • 모든 사람은 자기 자신의 입장이 있다는 것을 인식한다. • 자기 자신에게 공정하게 대한 사람에게는 똑같이 공정하게 대하는 것이 옳은 일이라고 생각한다. • 어른들의 규칙을 따르는 것 이상으로 많은 공정성이 있다는 것을 인식한다. • 아동은 그들이 원하는 것을 얻기 위해 협상하는 과정으로서 친구나 또래집단 그리고 부모와 함께 사회적 상호작용을 하게 된다.	5~ 7세 정도

• 3단계(인간관계적 동조)

대체로 초등학교 중반부터 10대의 초기와 중기에 있는 아이들이 이 단계에 속하는데 두드러지는 특징은 타인과 일치라고 할 수 있다. 즉, 훌륭하고 착한 사람이 됨으로써 다른 사람들을 기쁘게 해줌과 동시에 다른 사람들의 기대에 보답하며 살아가는 것이 중요한 관심거리이다. 따라서 이 시기는 인습적 도덕성의 초기단계라고 할 수 있다. 2단계의 도덕성이 단지 자기 자신의 이익만을 고려하는 것인 반면에, 3단계의 도덕성을 다른 사람의 복지에도 관심을 기울인다는 점에서 큰 차이가 있다. 이 단계에서 옳고 그름의 판단 기준은 착한 사람이 되어 나를 알고 나에게 관심을 갖고 있는 다른 사람들의 기대에 부응해야 한다는 것이다. 착해야 하는 이유는 사회적 인정은 물론 자기 존중감을 동시에 얻기 위해서이다. 3단계의 특징을 요약하면 <표 2-9>와 같다.

표 2-9 3단계의 특징

단계	특 징	연령
3 단 계	• 타인이 너를 대해 주기를 원하는 방식으로 너도 남들을 대우해야 한다는 황금률을 안다. • 자기 자신의 이익뿐 아니라 타인이 필요로 하는 것에 대해서도 생각할 수 있다. • 도덕적 판단에 있어서 유연하고 간대하다. 즉, 도덕적 갈등 상황을 고려하여 생각한다. • 대체로 성인은 자기들보다 현명하고 선하며, 그들의 충고를 따름녀 착한 사람으로 성장하는 데 도움이 될 것이라고 생각한다. • 졿은 인간관계란 사람들이 서로 돕고 실뢰하는 것으로 생각한다.	초등학교 ~ 10대 중기

• 4단계(체제적에 대한 책임감)

대체로 고등학교 시기와 10대 후방에 있는 아이들이 이 단계 속하는 두드러지는 특징은 자신이 속해 있는 사회체계 속에서의 책임을 이행하려는 경향이라고 할 수 있다. 이 단계의 속하는 사람들은 진정으로 좋은 시민이 어떤 것인가를 이해하기 때문에 이 시기의 도덕성은 민주사회의 필수적인 기초가 뛰는 것이라 할 수 있다. 그러므로 이 단계에 사람들은 도덕적 문제들을 고려함에 있어서 '모든 사람들이 그렇게 행동했을 경우 우리 사회는 과연 어떻게 되겠는가?'라는 문제를 심각하게 생각하게 된다. 이 단계에서는 옳고 그름의 판단의 판단 기중은 사회체제에 대한 책임간이며, 우리가 착해야 하는 이유는 사회체제의 존속과 자기 존중감을 유지하기 위해서이다. 4단계의 특징을 요약하면 <표 2-10>과 같다.

표 2-10 4단계의 특징

단계	특징	연령
4단계	• 사회체제 내에서 자신의 책임을 제대로 수행해야만 좋은 사람이 될 수 있다고 믿는다. • 사회적 의무를 성실히 수행하는 이유는 사회체제의 존속을 돕고 '자신의 의무를 수행하는 존재'로서 자기 존중감을 유지하도록 하는 것이다. • 책임 있는 사람이 되는 것이 주위 사람들을 기쁘게 하는 것보다 더 우선 순위에 있기 때문에 그들은 3단계보다 또래집단의 압력으로부터 더 더욱 독립적이 된다. • 도둑질이나 사기, 거짓말을 할 때 '모든 사람들이 그렇게 한다면 과연 우리 사회는 어떻게 되겠는가?'라고 그것들의 파급효과를 생각할 수 있다. • 사회체제 속에서 자신을 아는 사람뿐만 아니라 알지 못하는 사람들에 대해서도 관심을 갖는다. • 서로 돕는 협력적 관계가 사회 존속에 필수적이라는 것을 믿는다. • 사회체제 속에서 사람들의 역할에 관한 질문에 대답할 수 있는 신념을 갖는다. • 좋은 시민이 되는 것이 무엇을 의미하는지 이해할 수 있다.	고등학교 ~ 10대 후반

- **5단계(양심의 원리)**

대체로 성인 초기의 있는 사람들이 이 단계에 속하는데 두드러지는 특징 중에 하나는 모든 사람의 권리를 함께 존중하는 것이라고 할 수 있다. 4단계의 도덕성은 자기가 속해 있는 사회체제 또는 그 속에서 함께 살고 있는 다른 구성원들에 대한 의무감과 책임감을 소중히 여기는 반면, 5단계의 도덕성은 자기가 속해 있는 사회체제뿐만 아니라 모든 인간들에 대한 의무감과 책임감을 중요하게 생각한다. 따라서 도덕적으로 옳은 것은 각 개인의 인권에 대해 가능한 최대한의 존중을 표현하며 그러한 개인들의 권리들을 보호하는 사회체제를 지지하는 것이 된다. 또한 우리가 착해야 하는 이유는 모든 인간을 존중하려는 양심에서 우러나오는 의무감에 충실하기 위해서이다. 그러므로 5단계에 속한 사람들은 실정법보다도 양심이 부여하는 명령을 더 중요하게 생각한다. 5단계의 특정을 요약하면 <표 2-11>과 같다.

표 2-11 5단계의 특징

단계	특 징	연령
5단계	• 사회체제는 개인의 인권을 최대한 존중해 주고 보호해 주어야 한다. • 착하게 되는 이유는 모든 인간에 대한 존중의 원리에 충실히 수행하는 것, 즉 양심의 의무라고 믿는다. • 사회체제의 행동에 도덕성을 평가하기 위해 인간종중의 원리를 적용한다. • 모든 사람을 위한 자유와 정의 그리고 평화를 추구하는 체제로서 민주주의를 평가한다. • 개인적 가치를 타인에게 강요하지 않고 모든 개인이 타인의 권리 존중에 책임이 있다고 생각한다. • 모든 인류의 복지에 관해 걱정하는 선한 사마리아인의 의무를 느낀다. • 목적이 수단을 정당화하지 못한다는 것을 믿는다. • 인간 존중의 서약 준수를 이해한다. • 모든 사람은 그들의 사회적 지위와 관계없이 도덕적으로 동등한 인간으로 대우받을 가치가 있음을 믿는다.	성인 초기

이상과 같이 리코나는 기존의 도덕성 발달에 관한 이론들을 토대로 하여 자기 나름대로의 독특한 발달단계 이론을 전개하였다. 특히 그는 도덕적 추론 단계 발달을 촉진할 수 있는 유아를 대상으로 한 교육의 10가지 원리를 다음과 같이 제시했다.

1. 도덕성의 핵심은 타인과 자기 자신을 존중하는 것이다.
2. 아동들의 도덕성을 점진적으로 각 단계를 통해서 발달한다.
3. 어른들은 아이들을 존중해야 한다. 마찬가지로 아이들에게도 어른들을 존중하도록 요구할 수 있어야 한다.
4. 아이들을 양육함에 있어서 훌륭한 도덕적 모범 사례를 통해 가르쳐야 한다.
5. 말이나 교훈적 이야기를 통해 도덕성을 가르쳐야 한다.
6. 아이들이 도덕적으로 생각하는 방법을 가르쳐야 한다.
7. 아이들이 진정한 책임 의식을 가질 수 있도록 가르쳐야 한다.

8. 아이들의 독립심과 어른들의 통제가 서로 균형과 조화를 이룰 수 있도록 노력해야 한다.
9. 아이들을 진심으로 사랑하고 그들이 긍정적인 자아개념을 형성하고 발달시킬 수 있도록 도와주어야 한다.
10. 아이들의 도덕성 발달을 촉진함과 동시에 행복한 가정생활을 영위할 수 있도록 노력해야 한다.

4 사회학습 이론

유아들은 도덕적 딜레마 갈등 상황에서 어떻게 도덕적으로 사고하는가를 아는 것도 중요하지만 유아들이 어떻게 행동하느냐가 더 중요한 것이다. 이에 반두라(Bandura, 1977)는 나누기, 돕기 불행한 친구 위로하기와 같은 여러 도덕적 행동들이 강화에 의해서만 유아기 초기에 획득되는 것을 설명하기에는 충분하지 못하다고 본다. 그보다는 유아가 도덕적 행동을 촉진시키는 모델의 특성으로 따듯함과 애정을 들 수 있다.

한 실험 연구에서 한 양육자가 한 집단의 유아들과 따듯하고 자연스럽게 여러 형태의 이타적 행동을 보이면서 행동하였고, 다른 한 집단에서는 똑같은 이타적 행동을 하였으나 차갑고 애정 없이 하였다. 그 결과 첫 번째 집단의 유아들이 모델의 행동을 더욱 많이 모방하였다(Yarrow et al,, 1973).

유아의 모방의지에 영향을 미치는 모델의 또 다른 특성은 힘과 능력이다. 물론 어머니가 주된 양육자이기 때문에 아버지의 양육은 유아의 도덕적 행동에 영향을 덜 미친다(Brody&Schaffer, 1982). 그러나 힘을 가진 인물로 유아가 알고 있는 아버지도 유아들의 도덕성 발달에 영향을 미치게 된다(Bandura, 1977).

사회학습 이론의 핵심은 유아들의 도덕적 행동발달을 촉진시키는 것은 유아들의 주변에 있는 모델의 중요한 역할을 한다는 것이다. 특히 유아시기에는 거울뉴런의 작용으로 자신과 가까운 대상자들과의 도덕적 행동에 대한 모델링을 함으로써 그들의 행동을 학습하게 된다. 따라서 교사나 부모들은 유아들의 도덕적 행동발달의 모델로서 언행에 일관성을 보여주고, 유아가 비도덕적 행동을 하지 않도록 여러 가지 유혹에 저항하는 능력을 길러 줄 필요가 있는 것이다.

1) Bandura 관찰학습 이론

Bandura는 사회적 상황에서 타인들의 행동을 단순히 관찰(observation)만 하여도 그들의 행동을 학습할 수 있다고 보았다. 이런 종류의 학습을 관찰학습(observation learning) 혹은 대리학습(vicarious learning)이라고 부른다.

관찰학습은 주의집중-파지-운동재생-동기화단계를 거쳐 이루어진다.

주의단계는 모델의 행동이나 특성에 주의를 기울이는 단계, 파지단계는 모델의 행동을 머릿속에 기억하는 단계이다. 재생단계는 모델에 대한 상징적 상을 행동으로 전환함으로써 능숙하게 수행할 수 있도록 연습하는 단계, 동기화단계는 연습한 행동을 표출하도록 동기를 형성하는 단계, 즉 동기나 유인이 주어지는 모델행동을 수행하는 단계를 지칭한다.

① 주의단계(attention phase)

주의는 어떤 대상에게 집중하기 위한 선택적 지각으로 주의는 관찰자의 욕구와 흥미 같은 심리적 특성들에 의해 좌우된다.

② 파지단계(retention phase)

흔히 모델을 관찰한 후 어느 정도의 시간이 지난 다음에 그 모델을 모방하기 때문에 모델의 행동을 상징적인 형태로 기억하는 어떤 방식을 가져야 한다.

③ 재생단계(reproduction phase)

관찰을 통해서는 단지 새로운 반응패턴은 알 수 있지만 정확한 행동재생을 위해서는 필요한 운동기술을 갖추어야만 한다.

④ 동기화단계(motivation phase)

실제 행동이 수행된다. 수행은 강화와 동기적 변인들에 의해 좌우된다.

Bandura의 연구는 아동의 사회적 발달에 관한 많은 연구에 영향을 미치고 있다. 그러나 아동발달 분야의 변화에 발마추어 그의 이론도 인지적인 면, 듣고 기억하는 아동의 능력, 모방과 학습에 영향을 미치는 추상적인 일반법칙을 받아들이게 되었다. 사실 Bandura(1989)는 최근에 와서 전통적인 사회학습이론보다는 사회인지발달을 밝혀내는 것, 즉 차동이 자신과 타인에 대해서 어떻게 사고하는가를 밝히는 데 관심이 있다. 그러나 그는 사회발달의 모든 측면의 토대로 모델링을 강조한다.

그림 2-7 보보인형실험 : 관찰학습

비록 행동주의의 기술이 가치 있는 응용도구로 증명되었지만 아동을 조건화시킴으로써 어떤 행동을 학습하는 것은 자연적 맥락에서 발달을 완벽하게 설명하는 것이 아니라는 것을 명심해야 한다(Horowitz, 1987). 많은 이론가들은 행동주의가 환경의 개념을 너무 편협하게 제시하고 있다고 비판한다. 또한 행동주의는 아동이 자신의 발달에 능동적으로 관여한다는 것을 과소평가했다는 비판을 받고 있다.

표 2-12 관찰 학습의 하위 과정 (출처 :홍순정 외 1989)

주의 과정	파지 과정	운동 재생 과정	동기화 과정
모방대상 자극 현저성 정의적 복합성 발생빈도 기능적 가치 관찰자 특성 감각적 능력 민감성 동기 지각 구조 과거의 강화 경험	상징적 코딩 인지적 체계화 상징적 재생 운동 기능적 연습	신체적 능력 반응 능력 재생(행동)에 대한 자기 관찰 정확성 피드백	외적인 강화 대리 강화 자기 강화

2) 사회정서학습 (SEL)

Brown, Jones, LaRusso & Aber(2010)는 읽기와 쓰기에 집중된 학교나 유치원의 교육에서 벗어나는 교육의 목표를 영유아의 존중(Respect)와 갈등해결(Resolution)을 포함하는 4Rs프로그램으로 수업의 질을 개선하여야 한다고 주장하였다. 미국에서는 학교급별 교육프로그램에 「아동정신건강법」을 제정하여 학교급별 교육 프로그램에 아동의 사회정서발달을 촉진하는 노력으로 사회정서학습(Social and Emotional Learning: SEL)을 포함시켰다(Merrell & Gueldner, 2011).

사회정서학습은 영유아가 자신의 정서를 인식하고 관리하며, 타인의 관점을 이해하고 긍정적인 목표를 세우고 책임있는 결정을 내리며, 대인관계 상황을 처리하는 능력을 형성하는 것이다(Merrell & Gueldner, 2011). 사회정서학습에서 사회적 측면은 유아 또래, 가족, 교사 등 타인과의 긍정적인 관계를 촉진하는 데 초점을 두며 개인의 대인적 발달을 반영한다. 정서적인 측면에서는 정서와 연결된 인지적 사고와 관련된 자시인식과 자기 지식의 증진에 초점을 두며 개인적 발달을 반영한다. 사회정서학습의 학습 측면은 유치원이나 학교에서는 학습과 마찬가지로 사회정서적 영역의 성장과 적응이 수업과 연습, 피드백을 통해 가르치고 학흡될 수 잇으며, 유치원을 비롯한 교육 장면에서 대인적 발달과 개인적 발달의 목적을 달성하기 위해 구체적인 교수 활동에 적용할 수 있음을 의미한다. 사회정서학습 프로그램이 추구하는 다섯 가지 기술을 요약하며 다음과 같다(Merrell & Gueldner, 2011).

표 2-13 사회정서학습 구성요소

요소	설명	예
자기인식	자신의 정서, 인지, 가치, 강점, 요구를 확인할 수 있는 능력	어려운 더하기의 문제를 풀면서 좌절을 느끼고 있는데, 이 좌절감이 부정적이며, 비현실적인 사고를 초래함을 인식한다.
사회적 인식	타인의 입장, 차이, 정서를 인식하는 능력	또래놀이를 할 때 칭찬을 받는 친구가 더 열심히 놀이하며 더 행복해한다는 것을 인식한다.
책임있는 의사결정	-도전을 인식하고 효과적인 문제해결 절차를 시행하는 능력 -자신의 행위를 평가하고 숙고하는 능력 -개인적 책임감을 발달시키는 능력	영유아들이 과제를 완성하기 위해 시간을 계획적으로 짠다.
자기관리	개인적 목표를 달성하기 위하여 자신의 감정, 충동, 행동을 감독, 통제하는 능력	영유아들이 어떤 일을 할 때 심한 좌절과 불안을 느낄 때 긴장을 풀기 위해 심호흡을 한다.
관계관리	만족스러운 대인관계를 이루기 위해 의사소하고 협동하며 타협하고 지지를 주고받는 능력	규칙을 둘러싸고 부모와 갈등을 겪으면서 가정에서 힘든 시간을 보내고 있는 영유아와 부모와 규칙에 대해 상의하고 타협한다.

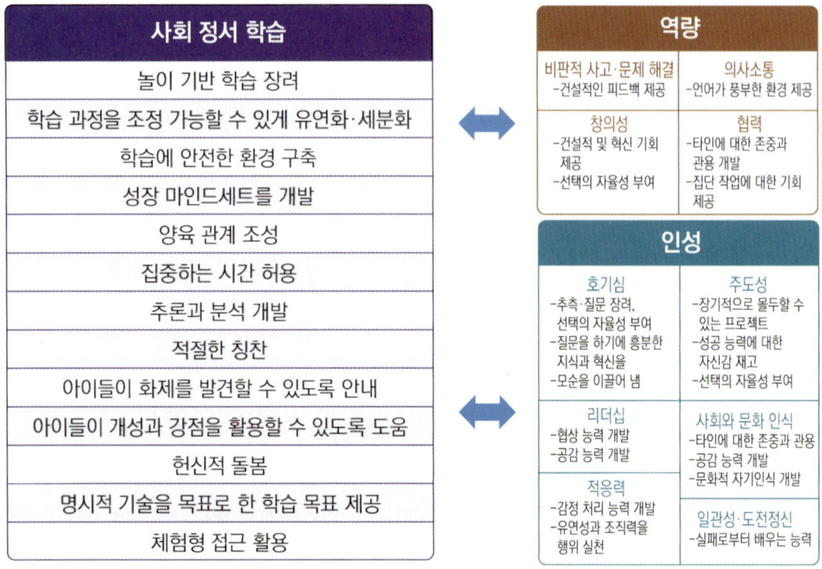

그림 2-8 사회정서학습(SEL)과 누리과정 및 역량 연결

*출처 WEF, 2009. New vision for education: Fostering social and emotional learning through technology. WEF. 8p.

그림과 같이 사회정서학습은 창의력, 호기심, 리더십, 적응력 등을 길러 줄 수 있도록 누리과정에서 제시하는 놀이 기반 학습을 장려한다. 유치원생이나 초, 중, 고등학생들을 대상으로 사회정서학습에 효과적으로 확인된 프로그램은 'Caring School Community', 'I can Problem Solve', 'Second Step'과 같이 학교폭력을 예방하거나 학교 풍토를 개선하기 위한 것이 있고, 'PATHS', 'Social Decisin Making/Social Problem Solving', 'Strong Kids'와 같이 사회적 기술과 의사결정능력을 개선하기 위한 것 등 다양하다(Merrell & Gueldner, 2011).

표 2-14 PATHS의 교육과정 내용 구성

단원	준비와 자기통제	감정	대인관계 문제해결
내용	-준비기술 -기본적인 자기 통제 기술	-정서상태 -자신과 타인의 정서 인식 -정서 변화의 이해 -타인에게 미치는 정서의 영향 -정서와 대인관계에 대한 이해	-긍정적 목표 결정 -여러 대안 발굴하기 -대안의 결과를 예측하기 -계획세우기 -대안에 따른 장애를 이해하기

이 교육과정은 유아의 정서, 행동, 인지, 언어 간의 발달적 통합이 증가하기 때문에 더 많은 정서언어의 이해를 계발하고 사용할 수 있는 기회를 제공한다. 그리고 대화, 역할놀이, 스토리텔링, 교사와 또래의 모델링, 사회적 자기강화, 인지적 귀속훈련, 언어매개와 같은 전략을 활용할 수 있다.

표 2-15 the Strong Kids(강한 아이) 학습활동예시

	학습활동	예시
분노조절하기	거꾸로 세기	침착하게 10부터 거꾸로 세는 것을 의미. 이 기술은 자신이 화가 난 것을 처음 알아차렸을 때 가장 효과적(감정적 반응단계)
	만일-그러면 진술	네가 무엇인가를 행하면 무엇이 일어날지를 자신에게 물어보는 것 이 기술은 어떤 상황에 대하여 무엇을 할지를 결정할 때 가정 유효하게 쓰일 수 있음(결심단계)
	자기대화	좋은 친구가 너를 진정시키기 위해 "진정해", "별일 아니야", "지나쳐버려"와 같이 말하듯이 너 자신에게 말하는 것을 의미(감정적 반응단계)
	자기평가	그 상황에서 자신이 원하는 것이 무엇인지, 어떻게 하면 가장 잘 이것을 얻을 것인지에 대해 생각해보는 것을 의미(결심단계)

이러한 프로그램들은 기존의 누리과정 유치원 교육 장면에서의 학습과 연계되거나 독립적인 교육과정으로 운영되며, 정서 인식 및 조절, 공감과 배려 등 친사회적 기술, 의사결정과 문제해결 등의 체계적인 전략과 기술을 활용하여 학생들의 정서능력을 향상시키고 있다.

5 친사회적 행동

1) 친사회적 행동의 정의

친사회적 행동은 공격적 행동과 대조가 되는 돕기, 나누기, 협력하기 등이다. 친사회적 행동에 대한 정의는 세 가지로 나눌 수 있다. 첫째는 자발성과 내적동기의 측면을 강조하는 정의, 둘째는 공격적 행동과 대비하여 외적으로 나타난 행동 자체를 강조하는 정의, 셋째는 내적동기와 외적행동을 모두 포함시켜 정의하는 것이다.

친사회적 행동에서 자발성과 내적동기를 중요시하는 학자들은 친사회적 행동이 사회적으로 긍정적인 결과를 가져오게 하는 행동이며 외적인 보상에 대한 기대 없이도 타인에게 도움을 주기 위해 자발적으로 하는 행동이라고 하였다(Macaulary&Berkowitz, 1970; Wispe 1972; Bar-tal, 1976; Staub, 1978).

이와 같이 친 사회적 행동(prosocial behavior)은 타인에게 긍정적인 태도를 가지고 도움을 주며 타인을 이롭게 하는 행동을 뜻하며 도와주기, 동정하기, 친절하기, 공유하기, 위로하기, 기부하기, 타인에게 관심 가지기, 협력하기 등의 행동이 포함된다. 이러한 친사회적 행동은 민주사회의 가치나 원리 그리고 규범에 적합한 행동들로서 우리 사회를 건전하게 만드는데 기여한다고 할 수 있다. 누리과정의 사회관계영역 중 도덕성의 사회적인 측면에 해당되는 내용을 정리하면 <표 2-16>과 같다.

표 2-16 누리과정의 사회관계영역 중 친사회적인 측면 내용체계와 세부내용

내용범주	내용	세부내용		인성덕목
다른사람과 더불어 생활하기	사회적 가치를 알고 지키기	3세	-다른 사람의 소유물을 존중한다.	-존중
		4세	-다른사람의 생각, 행동을 존중한다 -친구와 어른에게 예의바르게 행동한다. -자연과 자원을 아끼는 습관을 기른다.	-존중 -예절 -절약
		5세	-다른 사람을 배려하며 행동한다. -친구와 어른께 예의바르게 행동한다. -자연과 자원을 아끼는 습관을 기른다.	-배려 -예절 -절약

Eisenberg(1983)는 사회 인지적 발달 이론의 입장에서 친 사회적 행동에 대한 사회화 경험의 중요성을 지적하면서 친 사회적 도덕추론 수준을 <표 2-17>과 같이 제시하였다.

표 2-17 친사회적 도덕추론 단계

단계	특징	연령범위
욕구 중심적 자기 중심적 추론	옳은 행동은 자신의 욕구를 만족시킨다. 타인을 돕는 것이 자신에게 이익이 될 때에만 이타적임	유아기: 아동기 초기 일부
타인의 욕구지향적 추론	타인의 신체적, 물리적, 심리적 욕구에 대한 관심이 단순한 용어로 표현됨. 조망수용이나 감정이입이 없음	유아기 일부: 아동기
승인 및 대인관계적 추론	타인으로부터 칭찬받기 위한 이타성: 승인에 대한 관심이 행동을 정당화함	아동기: 청소년기
공감적 추론	공감적 반응에 기초한 이타성, 타인에 대한 조망수용과 감정 이입 강조	아동기 일부: 청년기
내면화된 추론	인식, 의무의 가치관이 싹틈: 내재적 가치, 규준, 확신, 책임감에 근거한 이타성, 모든 개인의 존엄성, 권리, 평등에 대한 신념에 기초	청년기 일부: 청년기

2) 친사회적 행동의 발달

Bar-Tal과 Raviv(1982)는 일련의 실험연구들을 통해 Piaget의 인지발달단계, Selman의 조망수용 발달단계, 그리고 Kohlberg의 도덕판단 발달단계를 분석하고 기타 추론에 대한 문헌들을 검토한 후 다음과 같이 친사회적 행동 발달 6단계를 제시하였다(이숙정, 2000).

① 1단계 : 순응-구체적으로 언급되는 강화 (compliance-concrete and defined reinforcement)

명령이나 위협을 받음으로써 다른 사람을 돕는다. 유아의 시각은 자기중심적이며, 유아의행동은 잘 언급되고 구체적인 보상과 벌에 의해 가장 잘 이루어진다.

② 2단계 : 순응 (compliance)

자신보다 힘이 센 권위자가 요구하면 다른 사람을 돕는다. 실제로 처벌하겠다는 위협은 더 이상 필요하지 않으며, 타인의 요청이나 명령을 수락할 준비가 되어 있다.

③ 3단계 : 내적 주도성-구체적 보상 (internal initiative-concrete reward)

자발적으로 행동할 준비가 되어 있지만 가능한 보상을 기대하고 있기 때문에 이기적이다.

④ 4단계 : 규범적 행동 (normative behavior)

도움행동에 관한 사회적 규범을 알고 있으며, 규범의 위반은 벌을 초래한다는 것을 알고 있기 때문에 사회적 승인을 받기 위해 다른 사람을 돕는다.

⑤ 5단계 : 일반화된 상호성 (generalized reciprocity)

도움행동은 보편적인 상호성의 영향을 받는다. 도움행동을 받은 사람이 언젠가는 보답할 것이라고 믿기 때문에 다른 사람을 도우며 상호 호혜적인 사회적 접촉이 돕기 행동을 강화한다.

⑥ 6단계 : 이타적인 행동(altruistic behavior)

순수하게 다른 사람을 위해서 돕는다. 이때의 도움행동은 보상을 바라지 않으면 그 대신 자아존중감과 자기만족감을 향상시킨다. 오로지 다른 사람에게 이익이 되도록 하기 위한 동기로 자발적으로 행동한다.

친사회적 행동 발단단계에서 아동들은 단계가 높아지면서 특별한 상황에 대한 구체적인 보상과 벌로부터 벗어나 권위자와 사회체제가 어떤지 그리고 그들이 우리에게 요구하는 것이 무엇인지를 고려하는 방향으로 나아가며 점진적으로 좀더 일반적인 사회적 관점을 취하게 된다(Lapsely, 문용린 역, 2000).

3) 조망수용능력

상대방의 입장이 되어 생각하고 상대방의 기분이나 입장을 바르게 인식해 나가며 행동할 수 있는 것은 유아나 성인 모두에게 중요하다. 만화나 영화 그리고 소설이나 연극속의 주인공의 삶의 방식이나 심정을 공감하거나, 상대방에 대해 배려하는 것이 가능한 것은 타인의 마음 상태를 이해할 수 있기 때문에 가능한 것이다.

상대방의 입장에 서서 그의 심정을 추측해 자신의 사고나 기분과 같이 타인을 받아들이고 조정해서 대인관계에 적용하는 능력을 조망수용능력(perspective-taking ability)이라 한다.

셀만(Selman, 1976)은 조망수용능력의 발달을 자신의 조망과 타인의 조망이 분화되어 조정이 행해지는 구조적 변화의 과정으로 생각하고 이것을 사회적 조망수용능력의 발달이라고 했다. 조망수용능력은 도덕적 행동과 친사회적 행동의 어느 쪽에도 필요조건이다. 예를 들어, 도덕적 판단은 타인에 대한 공감에 근거하지 않으면 안되며 도덕적 판단을 하는 사람은 공평한 관찰자의 조망이나 아니면 일반적인 타인의 조망을 수용해야한다 (Kohlberg, 1971).

Selman 과 Byrne(1974)은 유아기 동안에 네 가지 사회적 조망수용 단계가 있음을 밝힌 바 있다. 이들은 사회적 조망수용 단계를 ①자아중심적(egocentric) 단계, ②주관적(subjective)단계, ③자기 반영적(self reflective)단계, ④상호적(mutual)단계로 나누었다. Selman과 Byrne은 40명의 유아들(자기중심적 단계 유아 10명, 주관적 단계 유아 10명, 자기 반영적 단계 10명, 상호적 단계 10명)을 면담하여 유아들의 조망능력을 분석하여 조망수용 단계를 범주화 하였다.

① 자아중심적(자기 수용적) 조망수용: 자신만의 세계만 인식

이 수준에 있는 유아는 자신과 타인을 구별할 수 있으나 타인들이 자신과 다른 관점을 가지고 있다는 점을 이해하지 못한다. 이들은 '엄마가 집에 계신다'고 믿을 수 있지만, 다른 또래의 다른 상황(예 : 직장이 있는 어머니)을 인식하지 못한다. 이 단계의 유아는 자기 자신만의 현실을 근거로 다른 사람을 조망한다. Selman과 Byrne(1974)의 연구에 의하면 네 살짜리 유아의 80%, 여섯 살짜리 유아의 10%가 이 수준에 속하는 것으로 나타났다.

Piaget(1962)는 유아가 다른 사람의 관점을 수용할 수 있는 능력은 자기중심상황에 의하여 제한된다는 것을 알았다. 자기 중심적 유아는 다른 사람들도 자신과 동일한 방식으로 생각한다고 가정한다. 또한 이들은 자신의 생각이 항상 옳다고 확신한다. 이와 같은 자기 중심적 상황 때문에 모든 것에 대해 그들 자신의 경험을 일반화시키고자 한다.

② 주관적 조망수용 : 다른 사람의 세계와 나의 세계의 차이 인식

자기 중심적 성향은 출행 후 대개 네 살까지 많이 나타나고 이후부터 점차 다른 사람의 견해를 인획하고 생각하기 시작한다. 이 단계의 유아는 다른 사람이 동일한 상황을 다르게 생각할 수 있다는 것을 이해하기 시작한다. 유아는 다른 경험 혹은 다른 목표를 가졌기 때문에 사람이 다르다고 느끼거나 혹은 다르게 생각한다는 것을 깨닫는다. 그러나 아직도 타인의 행동을 이해하려고 할 때 완벽하게 다른 사람의 입장에 서지 못한다.

이 단계 유아는 유쾌하거나 불쾌한 상황과 이에 상응하는 일반적인 정서를 확실하게 이해하지 못한다. 예를 들어, 의사가 유아 옆에 큰 주사기를 가지고 서 있는 상황에서 유아가 웃고 있는 그림을 보았을 때, 혹인 생일잔치에서 한 유아가 찡그리고 있는 상황 그림에서 세 살 내지 다섯 살짜리 유아들은 정서적 불일치를 잘 인식하지 못하는 경향이 있으나 여섯 살이 되어 가면서 상황에 상응하는 정서를 잘 이해하기 시작한다. 또한 이 시기의 유아는 동기와 행동 사이의 관계를 완전히 이해하지 못한다. 예를 들어, 누군가가 우연히 전등을 넘어뜨려 깨는 모습을 본다면, 네 살짜리 유아들은 그 사람이 그와 같은 행동을 하기를 희망하고 의도적으로 그 행동을 하였다고 생각한다.

③ 자기 반영적인 조망수용 : 다른 사람이 생각하는 것에 대한 나의 관심

이 단계에서 유아들은 사람들은 그들 자신만의 독특한 가치 혹은 동기를 가지고 있기 때문에 유아 자신과는 다르게 생각하고 느낀다는 사실을 알고 있다. 이 단계의 유아들은 다른 사람의 관점을 수용하고 조망할 수 있다. Selman과 Byrne(1974)의 연구에서 네 살 혹은 여섯 살 유아는 이 수준에 있지 않았지만, 여덟 살 아동의 50%와 열 살 아동의 60%가 이 단계에 있음을 보고 하였다.

이 단계에 속하는 유아들은 의도된 행동과 그렇지 않을 행동의 차이를 이해하며, 어떤 사람이 아무리 의도적인 노력을 기울인다 할지라도 의도

되지 않은 긍정적 혹은 부정적 결과들이 일어난다는 것에 대해서도 이해한다.

"다른 사람이 나에 대해 어떻게 생각하고 있는가?"와 같은 이러한 인식은 유아가 다른 사람과 그들의 관계를 어떻게 바라볼 것인가에 대한 생각에 많은 영향을 미친다.

④ 상호적 조망 수용 : 총제적으로 상황을 인식

이 단계에 속하는 아동은 다른 사람들과의 관계 혹은 상호작용 속에서 발생하는 문제에 대하여 좀 더 객관적으로 인식할 수 있게 된다. 아동들은 상호작용이 계속되거나 문제를 헤쳐 나감에 따라서 총제적 상황, 즉 개인들이 문제를 어떻게 보고, 다른 사람이 그 문제를 어떻게 인식하느냐를 객관적으로 볼 수 있다. 그런 다음에 그들은 총제적 상황에 관한 추정에 근거하여 그들의 반응 방향을 결정한다. 이들은 사람들이 다르게 생각하고 느낀다는 점과 동일한 상황에 대해 상이하게 다른 관점에 있을 수 있다는 점이 합리적인 해석일 수 있다는 것을 이해한다. 따라서 한 사건에 대한 조망이 다르다고 해서 관점이 틀리다고 인식하지 않는다. Selman과 Byrne(1974)의 연구에 의하면 여섯 살짜리 유아는 이 수준에 이르지 못하며 여덟 살 아동의 10%와 열 살 아동의 20% 수준에 해당됨을 시사하였다.

4) 감정이입

친사회적 행동과 일치하는 정서적 상태는 감정이입, 즉 다른 사람의 감정과 느낌을 공유하는 것이다. 감정이입은 친사회적 행동의 감정적 기초를 제공하는 것으로 알려져 있다(Eisenberg, 1992; Hoffman, 1975). 호프만에 의하면 유아는 어느 연령에서도 타인에게 동정을 느낄 수 있다.

아이젠버그의 입장에서 10가지 유형을 준거로 친사회적 도덕추론을 살펴보고자 한다.

① 벌 · 권위지향적 추론(obsessive and/ormagical view of authority and/or purshment)

벌에 대한 두려움을 느끼고 권위에 무조건 복종하는 것을 옳다고 생각한다. 인간의 가치나 욕구에 관계없이 물리적 결과가 선악의 기준이 된다.

예) "만일 내가 돕지 않는다면 누군가 알고 벌을 내릴 것이다."

② 욕구충족적 추론(hedonistic reasoning)

자기 자신을 위한 이기적인 성향에서 욕구를 충족하려는 데 관심을 두며, 직접적 상호성에 의해 자기에게 오는 직접적 이득이라든지 혹은 다음번에 같은 상황에서 되돌려받으려는 생각을 한다.

예) "수영대회에서 우승하기 위해 열심히 연습하는 것이 중요해.", "내가 도우면 다음에 도움을 줄지도 몰라."

③ 실용주의적 추론(nonhedonistic pragmatism)

이득적인 이득이나 생각과는 무관한 실제적이며 실용적인 관심에 의해 판단한다.

예) "나쁜 아이는 한 명이고, 영수와 아이는 두명이므로 힘을 합해 혼내 줄 수 있다. "

④ 타인의 필요 지향적 추론(concern for others' need, needs-oriented reasoning)

자신의 욕구와 타인의 욕구 사이에서 갈등할 때 타인의 욕구와 필요를 우선적으로 지향한다. 즉, 타인의 심리적, 신체적, 물리적 상태에 더 관심을 가진다.

예) "장애 아동들이 수용할 수 있다면 그 아이들은 행복해 질 거야.", '다친 아이니까 도와줘야 한다.'

⑤ 인간 지향적 추론(reference to and concern with humanness)

타인도 인간이고 살아가고 있는 사람이라는 사실에 관심을 둔다.

예) "그들도 사람이므로 나눠 줘야 한다."

⑥ 상투화된 추론(stereotyped reasoning)

상투화된 고정적인 상(image)에 관심을 둔다. 즉, 선한 사람, 악한 사람에 대한 고정적인 유형을 갖고 행동을 추론한다.

예) " 돕는 일은 좋은 일이니까 돕는다.", "도와야 착한 사람이 되니까 돕는다."

⑦ 승인과 인간 지향적 추론(approval and interpersonal orientation reasoning)

올바른 행동을 결정하는 데 타인의 칭찬과 승인에 관심을 두어 추론한다. 또한 대인관계 향상을 바람직한 결과로 생각한다.

예) "그를 돕는다면 그의 부모님들은 그를 자랑스럽게 여길 거야."

⑧ 감정이입적 추론(overt empathic orientation reasoning)

타인을 배려하고 동정심을 나타내고, 타인의 입장에서 생각하고 그의 입장에서 추론하는 동정적, 역할 수용적 추론을 한다.

예) "측은하니까", "가엾은 아이니까", "내가 이런 처지를 당했다는 이유에서 돕겠다."

⑨ 내재화된 정서적 추론(internalized affect reasoning)

추론을 하는 데 있어서 자신의 내재화된 가치에 따라 정서적인 보상과 벌을 생각한다. 즉, 자신의 가치를 따랐을 때 기분이 좋고, 자신의 가치를 따르지 못했을 때 좋지 못하다는 부정적인 정서를 느끼게 된다.

예) "도와주면 기분이 좋아질 테니까.", "다친 아이를 그대로 놔두면 마음이 아프고 생일 초대에 가서도 편치 않을 것이다.", "수영을 가르쳐 장애아동이 잘 걸을 수 있다면 보람을 느끼게 되니까."

⑩ 추상적이고 내재화된 추론(other abstract and/ or internalized types of reasoning)

내재화된 책임이나 의무를 바탕으로 수용적인 기준이나, 가치, 법칙에 따르려 한다. 또한 타인의 권리에 관심을 둔다.

예) "서로 도우며 살아야 하기 때문에 나눠 줘야 한다. ", "앞으로 수영 대회에 나갈 기회는 언제든지 있지만 장애아동이 수영을 배움으로써 걸을 수 있다면 가르쳐 주어야 참다운 사람이 되므로", "도움이 필요한 사람을 도울 의무가 있다."

호프만의 감정이입 발달단계는 다음의 4단계로 이루어져 있다.

1단계 : 총체적 감정이입 (생후 1년)	영아는 자신과 타인의 감정 구분 못함, 다른 아이가 울 때 따라 운다.(자신의 고통처럼 생각함)
2단계 : 자기중심적 감정이입 (1살 후반~2살)	자신과 타인의 신체구별, 타인의 고통, 곤경과 나와의 관계를 알게 됨. 하지만 타인의 감정도 자신의 감정에 적절한 방식 속에서 반응하고 해결하려 함. 우는 아이의 엄마가 있어도 자신의 엄마에게 그 아이를 달래주라고 재촉함
3단계 : 타인의 감정에 대한 감정이입 (2~3살)	타인과 자신과는 구분되는 감정을 가지고 있음을 알게 됨. 언어 발달을 통해 이전 단계보다 복잡하고 높은 수준의 감정의 범위들을 공감할 수 있게 됨
4단계 : 타인의 삶의 조건들에 대한 감정이입 (아동말기~청소년기)	이때에 이르러서야 진정한 의미에서의 감정이입이 가능함. 전체적인 삶의 상황이나 타인의 복지 상태에 대한 이해에 의해 감정이입 발달이 촉진될 수 있음

그림 2-9 호프만의 감정이입 발달단계

CHAPTER

03

영유아 인성교육 운영

1 영유아 인성교육의 목적 및 목표

「인성교육진흥법」 제1조에 명시된 인성교육의 목적은 대한민국 헌법에 따른 인간으로서의 존엄과 가치를 보장하고, 교육기본법에 따른 교육이념을 바탕으로 건전하고 올바른 인성을 갖춘 국민을 육성하여 국가사회의 발전에 이바지하는 것이라고 명시되어 있다. 그리고 제5조에는 인성교육의 기본방향이 제시되어 있으며, 가정 및 학교와 사회에서 모두 인성교육의 실행이 장려되어야 하며, 인간의 전인적 발달을 고려하면서 장기적 차원에서 계획되고 실시되어야 한다고 제시되어 있다. 또한 인성교육은 학교와 가정, 지역사회의 참여와 연대 하에 다양한 사회적 기반을 활용하여 실시되어야 함이 제시되었다. 이런 점에서 인성교육은 학교를 포함한 사회적 차원에서 종합적, 상호 유기적, 체계적으로 실시되어야 하며, 이에 대한 국가와 지역사회 차원의 노력과 지원이 필요하다고 할 수 있다.

영유아교육에서의 인성교육 목적과 목표를 살펴보면, 우선 영유아교육은 지(知), 정(情), 의(意)의 조화로운 발달이 이루어진 전인적 인간의 육성을 교육의 이상으로 삼고 있으며, 인성교육은 이러한 전인교육의 필수적인 과정이라고 할 수 있다. 이러한 관점에 기초하여 여러 학자들이 주장한 영유아 인성교육 목적과 목표는 다음과 같다. 김영옥, 장명림, 유희정(2009)은 영유아 인성교육의 목적을 자아개념과 사회적 관계를 기초로 사회적 기술을 습득하고 대인관계 능력을 증진시키는 것으로 제시하고 있다. 이에 따른 교육목표는 자아개념을 기초로 사회적 관계를 이해하고, 정서조절을 통하여 타인을 배려하며, 대인관계에 있어 의사소통능력과 문제해결력을 기르는 것이라고 제시하였다. 한미양(2013)은 인성에 기초하여 일상생활에서 보고, 느끼고, 경험한 것을 다양한 재료를 통해 표현하고, 감상함으로써 자아존중감과 사회·정서발달을 기르는 것을 인성교육의 목적으로 제시하였다. 박현진(2013)은 인성교육의 목적을 현세대와 미래세대를 위한 정의로운 사회 구축, 환경의 보존, 경제적 생존력의 측면에서 보다 더 지속가능한 미래를 만드는 방향으로서 주장하였다. 그리고 사람과 사람, 사람과 환경의 공존을 위한 가치, 행동, 삶의 방식을 익히는 데 있으며, 공존의식을 행동으로 실천할 수 있는 역량인 공존소양을 지닌 사람을 양성하는 데 있다고 주장하였다. 서은주(2014)는 다양한 경험 속에서 영유아기 생활 전반에 걸쳐 정서적이며 조화로운 인성발달을 돕는 것을 목적으로 영유아가 자신감과 자아존중감을 증진시키며, 인내심과 책임감 있는 행동을 증진시키고, 바른 몸가짐과 창조적 표현능력을 증진시키는 것을 목표로 제시하였다. 김연희(2015)는 순환 및 공감모형에 기초한 인성교육의 목적을 제시하면서 타인과 더불어 살아가기 위한 능력과 태도를 기르는 데 목적을 두었다. 이에 따른 목표로서 자신의 감정을 조절하고 타인의 입장을 이해하고, 타인의 입장에서 생각하고, 존중하며, 타인의 상황에 공감하고 이타적으로 표현하는 능력을 기르는 것을 제시하였다.

이러한 학자들의 주장을 종합하여 교육과학기술부(2010)는 유아 인성교육의 목적으로 유아가 긍정적인 자아감을 형성하고 타인을 배려하여 서로가 다름을 인정할 수 있는 소양을 함양함으로써 더불어 즐겁게 삶을 영위할 수 있는 품성의 기초를 형성하는 것을 목적으로 한다. 그리고 교육과학기술부(2011)에서는 유치원 기본과정 내실화를 위한 인성교육 프로그램을 발표하여 유아기 인성교육을 강조하였다. 영유아기는 인격 형성의 결정적 시기로, 타인을 배려하고 존중하며 협력적으로 살아가기 위해 필요한 인성교육은 영유아기부터 이루어져야 한다고 강조하면서, 인성교육의 4가지 목적을 다음과 같이 제시하였다. 첫째, 전인적 인간을 기르고, 둘째, 사회에 요구되는 바람직한 인간상을 함양하며, 셋째, 유아가 긍정적인 자아감을 형성하고, 더불어 즐겁게 살아갈 수 있는 품성의 기초를 형성하기 위해 타인을 배려하면서 서로가 다름을 인정할 수 있는 소양을 함양하며, 넷째, 영유아 자신을 이해하고 타인을 배려하고 존중하면서 더불어 살기 위한 능력을 함양하는 것이다.

표 3-1 교육과학기술부(2011)의 유아 인성교육 목적 및 목표

교육목적	유아가 긍정적인 자아감을 형성하고 타인을 배려하여 서로가 다름을 인정할 수 있는 소양을 함양함으로써 더불어 즐겁게 삶을 영위할 수 있는 품성의 기초를 형성하는 것
교육목표	• 전인적 인간을 기른다. • 사회에 요구되는 바람직한 인간상을 함양한다. • 타인을 배려하면서 서로가 다름을 인정할 수 있는 소양을 함양한다. • 자신을 이해하고 타인을 배려하고 존중하면서 더불어 살기 위한 능력을 함양한다.

이후 「3~5세 연령별 누리과정」(교육과학기술부, 2012)에서는 유아의 심신 건강과 조화로운 발달을 도와 민주시민의 기초를 형성하는 것을 목적으로 제시하였고, 인성교육과 관련있는 사회관계 영역의 목표로 자신을 존중하고, 다른 사람과 더불어 생활하는 태도 기르는 것을 제시하였다. 유아가 자신을 소중하게 여기고, 자신의 감정과 타인의 감정이 다를 수 있음을 이해하며, 자신의 감정을 조절하고 적절한 방법으로 표현하게 함으로써 더불어 살아가는 능력과 바른 인성을 기르는 데 중점을 두었다. 그리고 최근 「2019 개정 누리과정」(교육과학기술부, 보건복지부, 2019)에서는 자신을 존중하고 더불어 생활하는 태도 기르는 것을 목적으로 제시하고 있으며, 교육목표로 자신을 이해하고 존중하며, 다른 사람과 사이좋게 지내고, 우리가 사는 사회와 다양한 문화에 관심 가지는 것을 목표로 하고 있다.

표 3-2 「2019 개정 누리과정」 사회관계 영역의 교육목적 및 목표

교육목적	자신을 존중하고 더불어 생활하는 태도를 기르는 것
교육목표	• 자신을 이해하고 존중한다. • 다른 사람과 사이좋게 지낸다. • 우리가 사는 사회와 다양한 문화에 관심을 가진다.

그리고 「제4차 표준보육과정」 영아를 대상으로 한 사회관계 영역의 교육목적 및 목표는 다음과 같다(보건복지부, 2020).

표 3-3 「제4차 표준보육과정」 사회관계 영역의 교육목적 및 목표

연령	구분	내용
0~1세	교육목적	나를 인식하고, 친숙한 사람과 관계를 맺는다.
	교육목표	• 나를 고유한 존재로 안다. • 안정적인 애착을 형성하고, 또래, 교사와 지낸다.
2세	교육목적	나를 알고, 다른 사람과 더불어 생활하는 경험을 한다.
	교육목표	• 나를 알고 긍정적으로 여긴다. • 다른 사람과 즐겁게 지내기 위한 태도를 기른다.

이와 같은 목적과 목표를 바탕으로 영유아 인성교육에서는 자아에 대한 긍정적 자아개념을 형성하고, 가족, 또래, 이웃과 협력하여 타인과 더불어 지내는 능력을 기르며, 공동체 의식을 갖춘 유능한 시민의식을 기르는 데 중점을 둘 수 있다.

2 영유아 인성교육의 내용

1) 덕목

덕목은 바람직한 인성의 토대로서 서양철학 및 윤리학적 관점에서는 아리스토텔레스의 윤리설에 기초하였다. 아리스토텔레스는 『니코마코스 윤리학』을 통해 행복(에우다이모니아)을 구성하는 12개의 도덕적 덕을 제시하였다. 여기에는 용기, 절제, 온화, 자유인다움, 통이 큼, 명예의 중용, 포부의

큼, 진실성, 재치, 친애, 부끄러워할 줄 앎, 의분이 포함되어 있다(이창우 외, 2006). 즉, 인간을 선하게 만드는 성품의 상태를 뜻한다.

동양에서의 덕(德)은 어원적으로 볼 때, 인간의 행동을 통한 실천의 의미를 지니고 있다(김봉제, 2014). 또한 덕은 하늘〔天〕과 관련을 지니고 있어 '초월적 존재, 신' 등으로 설명되는 대상과 그 의미를 같이 하는 것으로 이해할 수 있다. 그래서 자연, 우주와의 관계와 그 본성을 이해하는 것을 통해 덕을 실현할 수 있음을 뜻한다.

유병열(2008)은 한국적 전통과 서양의 덕 윤리학적 전통 등을 고려하여 핵심 덕목을 제시하였다. 유병열이 제시한 덕의 유형과 각 유형별로 선정한 핵심 덕목은 다음과 같다.

표 3-4 덕의 유형별 핵심 덕목

옳고 좋은 삶을 알고 판단하는 일과 관련된 덕	자신을 도덕적 존재로 바로 세우는 일과 관련된 덕들	더불어 복된 삶을 사는 일과 관련된 덕들	국가 및 세계 시민으로서의 바람직한 삶과 관련된 덕들
실천지로서의 도덕적 지혜 (도덕적 지식·이해, 도덕적 사고·판단력 포함)	자주, 성실, 절제	효도, 예절, 준법, 배려, 책임, 협동, 정의	애국애족, 인류애

또한, Blasi(2005)는 도덕 심리학적 관점에서 개인이 지닌 덕과 악덕은 그 정도의 차이가 있지만, 특정한 상황에 반응하여 윤리적으로 의미 있는 행동을 하는 경향성과 전형적으로 동일시된다고 주장한다. 덕의 일반성(generality)의 정도에 따라 낮은 수준과 높은 수준으로 분류하고, 이 수준의 차이는 심리학적인 것을 반영하여 동기부여와 인성의 안정성과 보편성과 관련있다고 할 수 있다. Blasi(2005)가 분류한 덕의 목록은 다음과 같다.

표 3-5 덕의 목록

낮은 수준의 덕(lower-order virtues): 도덕적 의미 부여	
공감(empathy) 동정심(compassion) 예의(politeness) 공손(respectfulness) 사려 깊음(thoughtfulness) 친절(kindness) 관대(generosity) 이타주의(altruism) 우정(friendship) 충성(loyalty)	순종(obedience) 준법(law-abidingness) 시민정신(civic-mindedness) 정직(honesty) 양심(conscientiousness) 진실성(truthfulness) 공정성(fairness) 정의(justice) 용기(courage) 겸손함(humility)
높은 수준의 덕(higher-order virtues)	
의지와 관련된 덕(will cluster)	**자기 통합성과 관련된 덕 (integrity cluster)**
인내력(perseverance) 결단력(determination) 자기규율(self-discipline) 자기통제(self-control) 의지력(willpower)	책임감(responsibility) 책무감(accountability) 자기 일관성(self-consistency) 진솔함(sincerity) 자기 통합성(integrity) 지조 있음(principledness) 자신에게 솔직함(transparency to oneself) 자신에게 정직함(honesty with oneself) 자율성(autonomy)

교육과정에 제시된 인성교육 내용은 '유치원 내실화를 위한 인성교육 프로그램'에 제시되었다. 유치원 기본과정 내실화를 위한 인성교육 프로그램은 2011년 교육과학기술부에서 제시한 것으로 급변하는 시대의 가치 있고 행복한 개인의 삶과 안정적인 사회의 발전을 목적으로 개발되었다(교육과학기술부, 2011). 이 프로그램에서는 인성 형성의 결정적 시기인 영유아기부터 타인을 배려하고 더불어 존중하며 협력적으로 살아가기 위해 인성교육이 필요하다고 보고, 인성교육 프로그램 개발의 목적을 긍정적인 자아감을 형성하고 남을 배려하면서 서로가 다름을 인정하고 더불어 즐겁게

살아갈 수 있는 품성의 기초를 형성하여 사회에서 요구하는 바람직한 인간상을 함양하는 것이라고 하였다(교육과학기술부, 2011). 프로그램의 교육내용을 선정하는 데 있어서 리코나(Lickona) 등 여러 학자들의 의견을 종합하여 실천위주의 6가지 덕목, 즉 배려, 존중, 협력, 나눔, 질서, 효를 제시하였다(교육과학기술부, 2011). 교육과학기술부(2011)가 덕목을 선정한 기준을 살펴보면 다음의 네 가지이다.

첫째, 존중과 개인적 책임감을 포함한 협력은 미국의 인격교육학자인 리코나(Lickona)가 인성의 가장 근간이 되는 덕목으로 주장하면서 유아 인성교육의 덕목으로 선정되었다.

둘째, 배려와 나눔은 2009 개정 초중등 교육과정에서 추구하는 인간상에서 강조하고 있는 중요한 덕목이기 때문에 유아 인성교육의 덕목으로도 선정되었다.

셋째, 질서는 민주사회에 가장 핵심이 되는 기본 덕목으로 민주시민으로 살아가기 위해 유아기부터 길러주어야 한다고 판단하여 유아 인성교육의 덕목으로 선정되었다.

넷째, 효는 한국의 전통 속에서 가장 기본이 되는 덕목으로 우리 사회에서 소중히 여기는 전통적 가치이기 때문에 유아 인성교육의 덕목으로 선정되었다.

이러한 기준에 따라 교육과학기술부가 제시한 6가지 인성교육 덕목에 대한 구체적인 내용과 하위내용을 살펴보면 다음과 같다(임원신, 방은정, 2017).

(1) 배려

배려의 사전적 정의는 도와주거나 보살펴 주려고 마음을 쓰는 것, 관심을 가지고 생각해 주는 것이다. 어떤 대상을 걱정하는 정신적 상태를 배려라고 정의할 수 있으며 이를 세분화하면 친밀한 사람에 대한 배려, 낯선 사람과 멀리 있는 사람에 대한 배려, 자아에 대한 배려, 인간이 만든 세상에 대한 배려, 사상에 대한 배려로 나누어 볼 수 있다. 교육과학기술부(2013)는 배려란, 타인과의 관계를 전제로 하며 타인에 대한 보살핌이나 관심, 이해를 기반으로 다른 사람과의 관계를 회복하고 자신을 되돌아보게 하는 과정을 통해 스스로 성장하는 윤리적 기본 원리라고 정의하였다. 배려란 타인의 필요와 요구에 민감하게 반응하고 공감하는 것이라고 정의하면서 하위내용으로 친구를 위한 공감과 배려, 가족을 위한 공감과 배려, 이웃을 위한 공감과 배려, 동물을 위한 공감과 배려가 있다.

(2) 존중

존중의 사전적 의미는 소중하게 여겨 받드는 것으로 어떤 사람이나 사물에 경의를 표하는 것이다. 스스로에게 갖춰야 하는 자기 존중을 비롯해 타인과 모든 사람들, 환경, 모든 생명존중 등의 다양한 대상에 대한 존중이 있을 수 있다. 교육과학기술부(2013)는 존중은 우리의 삶과 밀접한 관계를 맺고 있으며 인간이 스스로를 존중하는 것부터 모든 사람과 생명체, 사물 등 그들만의 가치를 인정하고 소중히 하는 기본 윤리라고 하였다. 존중의 하위내용으로는 자신과 전통문화에 대한 존중, 다른 사람과 다른 문화에 대한 존중, 생명과 환경에 대한 존중이 있다.

(3) 협력

공동의 목표를 이루어 내기 위하여 구성원이 마음과 힘을 합쳐 서로 돕는 상태를 말한다. 즉, 두 명 이상의 구성원이 공동의 목표를 설정하고 개인적 책임을 다해 조언 및 조력을 주고받는 것이라고 보며 하위내용으로 긍정적인 상호 의존성, 개인적 책임감, 집단 협력으로 나눌 수 있다.

(4) 나눔

나눔은 사전적 정의로 하나를 둘 이상으로 나눈다는 뜻을 가진다. 물질적인 대상을 다른 사람과 나누어 갖는 것을 의미할 수도 있지만 남을 돕기 위해 하는 일로, 대가를 바라지 않고 도와주는 것을 의미하기도 한다. 나눔의 하위내용으로는 나눔의 의미 알기, 나눔을 실천하기, 나눔에 참여하기가 있다.

(5) 질서

질서는 정돈된 상태 또는 규칙적인 상태를 의미한다. 사회적 용어로는 명령이나 지시, 체제 등으로 사회를 정돈시키고 안정시키는 의미를 일컫는다(교육과학기술부, 2013). 유아교육과정이 목표하는 올바른 민주시민으로의 성장을 이루기 위해서는 유아기에 사회적 책임감을 기르고 규칙과 법을 이해하며 올바른 시민의식을 가질 수 있도록 하는 것이 중요하다. 그러므로 질서는 민주주의 사회에서 책임감 있는 민주시민으로서 살아가기 위하여 필요한 사회규범을 지키는 것을 의미하며 하위내용으로 기초질서, 법질서, 사회질서로 나눠 볼 수 있다.

(6) 효(孝)

효는 부모를 잘 섬기는 것을 말하며 효도하는 마음 또는 자식으로서 인간된 도리를 충실히 하는 것을 의미한다. 효의 하위내용으로는 부모에 대한 효와 더불어 조부모에 대한 효, 지역사회 어른에 대한 효가 있다.

표 3-6 유치원 기본과정 내실화를 위한 인성교육 프로그램의 내용

인성 덕목	정의	교육 내용
배려	타인의 필요와 요구에 민감하게 반응, 공감하는 것	• 친구, 가족, 이웃에 대한 공감과 배려 • 동·식물에 대한 배려
존중	사람이나 사물은 기본적으로 그들의 존재만으로 존중할 가치가 있음을 인식하고, 그 가치에 대하여 소중히 알아가는 것	• 자신과 전통 문화에 대한 존중 • 다른 사람들과 다른 문화에 대한 존중 • 생명과 환경에 대한 존중
협력	두 명 이상의 구성원이 공동의 목표를 설정하고, 이를 달성하기 위하여 개인적 책임을 다하고 서로 조언 및 조력을 주고받는 것	• 긍정적인 상호의존성 • 개인적 책임감 • 집단 협력
나눔	자기 스스로 우러난 마음에서 남을 돕기 위해 하는 일로, 대가를 바라지 않고 지속적으로 도와주는 것	• 나눔의 의미 알기 • 나눔을 실천하기 • 나눔에 참여하기
질서	민주주의 사회에서 책임감 있는 민주시민으로서 살아가기 위해 필요한 사회규범을 지키는 것	• 기초질서 • 법질서 • 사회질서
효	자식으로서 인간 된 도리를 충실히 하는 것	• 부모, 조부모, 지역사회 어른에 대한 효

출처: 유치원 기본과정 내실화를 위한 인성교육 프로그램(http://www.moe.go.kr)

2) 역량

앞서 살펴본 인성교육의 덕목은 전통적 지식(Knowledge)의 측면으로 실천적 능력을 기르는 데는 한계가 있다고 할 수 있다. 이러한 맥락에서 인성교육진흥법에서는 인성교육 덕목과 함께 핵심역량을 제시하였다. 역량의 개념은 OECD 등을 통해 부각된 것으로 미래사회에 필요한 생애능력 혹은 직업기초능력을 규명하고 이를 학교 교육과 관련지어야 한다는 주장들이 제기되면서부터이다. 학생들이 미래사회를 살아가는 데 있어서 필요한 보편적인 능력이 있다고 보고, 학교 교육에서 이를 습득시켜 주어야 한다는 취지에서이다. 과거 교육관은 시대 변화에 적합하지 못하다는 비판을 받아 왔다. 즉, 급변하는 사회 속에서 학생들의 적응 능력을 길러주지 못하고, 그들의 진로를 개척하는 데 도움이 되지 못한다는 관점에서 비판을 받아 왔다. 이에 따라 역량의 개념이 강조되었고, 이러한 교육관을 보완해 줄 수 있는 것으로 인식되면서 교육계에서 광범위하게 연구되고 논의되고 있으며, 급기야 '인성교육' 차원에서도 역량의 개념이 사용되게 된 것이다.

인성교육진흥법에서 말하는 핵심역량이란, 인성의 덕목을 적극적이고 능동적으로 실천 또는 실행하는 데 필요한 지식과 공감, 소통하는 의사소통능력이나 갈등해결 능력 등이 통합된 능력을 의미한다. 2016 교육부 인성교육종합계획에서도 역량중심의 교육을 강조하면서 미래사회를 성공적으로 살아가기 위해 필요한 바람직한 인성의 역량을 중심으로 인성교육을 설계하고, '삶 속에서 실천'하도록 교육 활동을 체계적으로 조직 운영하도록 방향을 제시하고 있다.

인성교육에서 추구하는 5가지 인성 핵심역량은 다음과 같다.

자기관리 역량

심미적·감성 역량

의사소통 역량

갈등관리 역량

공동체 역량

그림 3-1 인성교육 역량

(1) 자기관리 역량

자기관리 역량은 자신의 생활과 삶에 대하여 자기 스스로 계획을 세우고, 그 계획이 이루어질 수 있도록 올바른 방향으로 나아가기 위해 바람직한 방법을 찾아내며, 그 방법을 꾸준히 실천하는 역량을 의미한다.

(2) 심미적 · 감성 역량

심미적 · 감성 역량은 자연 속의 질서 및 인간의 삶과 문화 속에 존재하는 내면적 아름다움을 살펴서 찾아내고, 그것이 인성에 바람직한 방향으로 기여하는 방향을 찾아내어 풍부하게 누리는 역량, 자신과 타인의 감정을 이해하고 공감하며, 자신의 삶을 아름답게 가꾸어 가려는 역량을 의미한다.

(3) 의사소통 역량

의사소통 역량은 각자가 가지고 있는 생각이나 뜻이 막히지 않고 원만하게 통하도록 서로에 대한 존중을 바탕으로 다른 사람의 의견을 귀 기울여 들으며 자신의 상황과 입장을 적극적이고 논리적으로 설명하는 역량을 의미한다.

(4) 갈등관리 역량

갈등관리 역량은 개인 혹은 집단 간의 의견이나 목표의 차이로 인한 대립 상황을 올바로 이해하고, 대화와 타협을 통해 조화를 이루도록 하여 능동적이고 평화적인 방법으로 갈등 상황을 완화시키는 역량을 의미한다.

(5) 공동체 역량

공동체 역량은 자신이 속한 공동체(가정, 학교, 지역사회, 국가 등) 속에서 자신이 지니고 있는 삶의 의미와 변하지 않는 존재로서의 도덕적 본질을 깨닫고 사람들과 협력하며 더불어 살아가는 데 필요한 역량을 의미한다.

이러한 인성교육 역량은 개인-대인관계-공동체 차원의 연결선 상에서 균형 있게 학습하여 가정, 학교, 사회에서 행동으로 실천하도록 통합적 접근을 강조하고 있다. 특히 정규 교육과정 및 범교과학습 주제 등 교과 외 비정규 교육활동 전반을 통해 체계적, 통합적으로 실행하도록 강조하고 있다.

3) 교육과정에 제시된 교육내용

인성교육을 주로 다루고 있는 교육과정 내 사회관계 영역의 교육내용을 살펴보면 다음과 같다.

(1) 「제4차 표준보육과정」 내 교육내용

「제4차 표준보육과정」에 제시된 사회관계 영역의 영아를 대상으로 한 교육내용은 다음과 같다(보건복지부, 2020).

표 3-7 「제4차 표준보육과정」 사회관계 영역의 교육내용

연령	내용범주	내용
0~1세	나를 알고 존중하기	나와 다른 사람을 구별한다.
		나의 감정을 표현한다.
		내가 좋아하는 것을 한다.
	더불어 생활하기	가족에게 관심을 가진다.
		또래와 함께 놀이한다.
		다른 사람의 감정과 행동에 반응한다.
		반에서의 규칙과 약속을 알고 지킨다.
2세	나를 알고 존중하기	나를 알고 소중히 여긴다.
		나의 감정을 알고 상황에 맞게 표현한다.
		내가 할 수 있는 것을 스스로 한다.
	더불어 생활하기	가족의 의미를 알고 화목하게 지낸다.
		친구와 서로 도우며 사이좋게 지낸다.
		친구와의 갈등을 긍정적인 방법으로 해결한다.
		서로 다른 감정, 생각, 행동을 존중한다.
		친구와 어른께 예의바르게 행동한다.
		약속과 규칙의 필요성을 알고 지킨다.
	사회에 관심 가지기	내가 살고 있는 곳에 대해 궁금한 것을 알아본다.
		우리나라에 대해 자부심을 가진다.
		다양한 문화에 관심을 가진다.

(2) 「2019 개정 누리과정」 내 교육내용

「2019 개정 누리과정」에 제시된 사회관계 영역의 유아 대상 교육내용은 다음과 같다(교육과학기술부, 보건복지부, 2019).

표 3-8 「2019 개정 누리과정」 사회관계 영역의 교육내용

내용 범주	내용
나를 알고 존중하기	나를 알고 소중히 여긴다.
	나의 감정을 알고 상황에 맞게 표현한다.
	내가 할 수 있는 것을 스스로 한다.
더불어 생활하기	가족의 의미를 알고 화목하게 지낸다.
	친구와 서로 도우며 사이좋게 지낸다.
	친구와의 갈등을 긍정적인 방법으로 해결한다.
	서로 다른 감정, 생각, 행동을 존중한다
	친구와 어른께 예의 바르게 행동한다
	약속과 규칙의 필요성을 알고 지킨다.
사회에 관심 가지기	내가 살고 있는 곳에 대해 궁금한 것을 알아본다.
	우리나라에 대해 자부심을 가진다.
	다양한 문화에 관심을 가진다.

4) 기타 인성교육 프로그램에 제시된 교육내용

(1) Roots of Empathy(ROE) 프로그램

ROE 프로그램은 교육자인 Mary Gondon이 1996년 캐나다에서 설립하여 사회기업상을 수상한 프로그램으로, 캐나다, 뉴질랜드, 오스트레일리아, 미국 등지에서 5만여 학생들에게 적용되고 있는 프로그램이다. 유치원 교

사 출신인 Mary Gondon은 수년간의 교사경력으로 또래 간 발생하는 폭력, 따돌림, 괴롭힘 등이 공감능력의 결핍으로부터 시작되는 것으로 보고 '공감의 뿌리(Roots of Empathy)'라는 프로그램을 개발하여 적용하였는데, 이는 캐나다 전역의 집단 괴롭힘, 따돌림 현상이 90% 감소하는 결과를 얻었다(http://www. rootsofempathy.org).

ROE 프로그램은 유아부터 초·중등학교 학생들까지 대상으로 하지만, 주로 초·중등학교에서 이루어지고 있으며, 프로그램의 목표는 첫째, 아동의 사회적 이해와 감성적 이해의 개발, 둘째, 아동의 친사회적 행동에 대한 격려 및 공격행동 감소, 셋째, 아동의 인간 발달에 대한 지식과 효과적 자녀 양육 기회 확대의 세 가지를 제시하였다(Gondon, 2010). 이러한 세 가지 목표를 달성하기 위해 이 프로그램에서 제안하고 있는 방법은 각 교육기관이 속한 지역에 사는 어머니와 갓난아기를 교실로 초대하여 아동들로 하여금 일 년 동안 부모와 아기의 소통하는 모습을 지켜보도록 하는 것이다. 이에 아동들은 갓난아기의 신체, 인지, 감성, 사회면에서 성장하는 과정을 1년 동안 지켜보면서 사회의 편견이나 고정관념에 노출되지 않는 갓난아기와의 대면을 통해 자신의 내면에 잠재되어 있는 순수한 마음과 따뜻한 감정을 발견하게 된다는 것이다. 이로 인해 자신은 물론 타인과 나아가 사회를 이해하는 데 도움이 되고, 이를 표현하고 소통하는 과정을 통해 아동의 공감능력이 증진하게 된다(Gondon, 2010).

(2) Learning for Life 프로그램

Learning for Life 프로그램은 유아부터 12세까지를 대상으로 하는 온라인 인성교육 프로그램으로 1991년 이래로 2천만 명이 이 프로그램을 이용하였다. 유아와 아동의 개인 안전, 괴롭힘, 폭력, 사이버 협박과 약물 남용 등을 예방하기 위한 태도를 기르고 훈련하는 것을 목적으로 개발되었으며, 미국의 50개 주에서 활용되고 있다. 프로그램은 존중, 책임감, 정직/신뢰, 돌봄/공정, 인내, 자기수양, 용기, 시민의식 그리고 생활 기술의 9가지 교과목으로 이루어져 있다. 9개의 교과목은 18~36개의 학습으로 이루어져 있으며, 각각의 교수-학습 방법은 롤 플레이(role-playing), 딜레마(dilemma) 경험, 소그룹 토의활동, 활동지 등이 있으며, 각 학습은 교사에 의해 진행되도록 구성되어 있다. 각각의 학습은 가정에서 부모와 함께 할 수 있는 활동이 제공되는데, 이는 부모로 하여금 자녀의 인성발달에 참여하는 기회를 제공하고 인성발달이 성공적으로 이루어지도록 하는 데 중요한 역할을 하게 된다. 유아와 아동들은 온라인 디지털 인성발달 프로그램을 통해 창의적인 생각, 갈등 해결, 판단력, 대인관계 능력, 자존감, 시민의식 등과 같은 사회·정서적 그리고 인성발달을 촉진하게 된다(Thomton, 1991, http://www.learning-forlife.org).

이상에서 본 바와 같이 제시된 교육내용들에는 모두 인성과 관련된 태도가 포함되어 구성되었으나, 각각은 약간의 차이점을 보이고 있다. 「인성교육진흥법」에 제시된 내용과 '유치원 기본과정 내실화를 위한 유아 인성교육 프로그램'은 실천위주의 덕목들을 제시하였고, ROE 프로그램은 사회적 이해, 감성적 이해, 친사회적행동 격려, 공격행동 감소, 인간 발달에 대한 지식 확대, 효과적 자녀 양육 기회 확대를 교육내용으로 제시하며, Learning for Life 프로그램은 존중, 책임감, 정직/신뢰, 돌봄/공정, 인내, 자기수양, 용기, 시민의식, 생활 기술을 그 교육내용으로 제시하고 있다.

5) 종합

위 내용을 종합하여 본 교재는 영유아 인성교육의 내용을 다음의 4가지로 선정할 수 있다.

타인인식능력	정서인식능력	문제해결능력	친사회적 행동
• 이해심과 배려 • 존중 • 공정과 관용	• 사랑 • 친절 • 평화	• 자신감 • 성실과 믿음 • 책임과 인내 • 정직 • 용기	• 나누기 • 돕기 • 의사소통하기

그림 3-2 영유아 인성교육 내용

(1) 타인 인식 능력

타인 인식 능력은 이해심과 배려, 존중, 공정과 관용으로 구분할 수 있다. 각각에 대해 살펴보면 다음과 같다.

① 이해심과 배려(Understanding & Consideration)

이해심은, 썰매를 못 타는 친구의 마음을 이해하고 도와주는 것이다.
배려는, 무거운 짐을 들고 계신 할머니의 짐을 들어드리는 것이다.

출처: 00유치원 기관 활동사진

사진 3-1 친구를 이해하며 서로 배려하는 유아들

이해심과 배려를 심어주기 위해 지켜야 할 기본 원칙은 다음과 같다.

* 칭찬을 자주 해준다.

영유아가 다른 사람과 무언가를 나눈다든지, 무엇을 준다든지, 그들이 필요로 하는 것을 해줄 때는 꼭 안아주고 칭찬해주어야 한다.

* 책임감을 심어준다.

하버드 대학의 연구에 따르면, 아이들이 책임감을 느낄수록 다른 사람을 생각하는 마음도 더 많이 생긴다고 한다.

* 아이의 말에 귀 기울인다.

영유아의 말을 유심히 들으며 항상 염려하고 있음을 분명히 보여주어야 한다. '영유아의 말에 귀 기울이기'를 실천하면서 무조건 명령하고, 간섭하지 않아야 한다. 영유아가 하는 말을 다시 한 번 정리해주면서 부모가 신경 써서 듣고 있다는 것을 알 수 있게 하는 방법은 유명한 정신과 의사인 칼 로저스(Carl Rogers)의 이름을 따서 '로저리안 테크닉(Rogerian technique)'이라고 불린다. 칼 로저스는 사람은 나이에 상관없이 상대방이 관심 있게 자기 이야기를 들어줄 때 더 많은 이야기를 한다는 점을 밝혀 냈다. 영유아의 말에 귀 기울이면 아이가 자기 이야기를 더 많이 할 뿐만 아니라, 이로써 타인에게 공감하는 방법을 배울 수도 있다.

'아이의 말에 귀 기울인다' 예시

C : 선생님, 있잖아요.……
T : (영유아 쪽을 향해 눈을 맞추며) 응, 왜?
C : 있지요…… 태권도에서요.
T : (다정하게 눈을 바라보며) 태권도?
C : 사범님한테 칭찬 받았어요.
T : 뭐, 칭찬 받았어? 좋았겠다. 우리 철수 어떤 칭찬 받을 일했어?
C : 응, 있지요 제가요……

……(중략)……

T : (영유아를 바라보고 쓰다듬어 주면서) 우리 철수 정말 멋진걸.

** 교사는 아이의 말을 반복하면서 공감해주고 확실하게 받아들여야 하고, 온몸으로 관심을 표현하면 내성적인 영유아도 자신의 이야기를 하고 기분이 좋아지고 교사와 신뢰감이 쌓인다.

* 교사(부모)가 먼저 "미안해"라고 말한다.

교사가 실수나 잘못된 판단을 했을 때, 혹은 영유아의 감정을 잘 몰라주었을 때는 영유아에게 다가가서 좀 더 적절하게 대처하지 못하고 신경을 써주지 못해서 미안하다고 말해야 한다.

* 영유아가 하는 일에 대한 느낌을 이야기 해준다.

영유아는 아무렇지도 않게 부모에게 자신의 느낌을 말할 때가 있다. 상처를 주는 말뿐만 아니라 긍정적인 말에 대해서도 그때그때 언급해 주어야 한다. 예를 들면, "알아서 스스로 방청소를 하고, 동생의 숙제도 도와주어 엄마는 참 행복하단다." 같이 말할 수 있다.

② 존중 (Respect)

존중은, 다른 사람을 귀중하게 생각하고 존중해 주는 태도를 가지는 것
존중은, 어린 동생이 말을 잘 못해도 끝까지 들어주고 함께 놀아주는 것
존중은, 저녁을 먹은 후에 엄마에게 "잘 먹었습니다."라고 말하는 것이다.

출처: 00유치원 기관 활동사진

사진 3-2 서로 존중해 주며 함께 놀이하는 유아들

존중을 심어주기 위해 지켜야 할 기본적인 원칙은 다음과 같다.

* 칭찬을 많이 한다.

영유아가 공손한 행동을 했을 때는 곧바로 인정해주고, 계속 그런 태도를 지닐 수 있게 북돋아주어야 한다. 영유아가 착한 일을 하면 온 친구들이 보는 앞에서도 칭찬해주고, 나중에 따로 한번 더 칭찬해준다.

* 영유아 스스로 잘못을 고쳐나가게 한다.

이는 영유아들의 불손한 행동을 교정할 수 있는 좋은 방법이다. 혼내기보다는 스스로 생각해 보도록 "다시 한 번 해보자"라는 말이 중요하다. 대답이 공손하지 못할 때나, "부탁이에요." "고맙습니다." 같은 말을 하지 않을 때는 "다시 한 번 해보자"라고 말하고, 영유아가 제대로 할 때까지 생각해 보도록 할 수 있다.

③ 공정과 관용 (Fairness & Tolerance)

공정은, 동생이나 친구와 같은 장난감을 가지고 놀 때,
시간을 정해서 사이좋게 함께 노는 것이다.
관용은, 친구가 실수로 던진 공에 맞아 아프지만, 미안해하는 친구의 마음을 이해하고
친구에게 괜찮다고 말하는 것이라고 할 수 있다.

출처: 00유치원 기관 활동사진

사진 3-3 친구의 마음을 이해하고 용서해 주는 유아들

공정과 관용을 심어주기 위해 지켜야 할 기본 원칙은 다음과 같다.

* 간단한 교실 규칙을 정한다.

교실에서 규칙은 행동의 지침이 되는데 이를 통해 영유아들이 할 일과 해서는 안 될 일을 구분할 수 있다. 교실 안에서는 친구들의 행복을 위해서 교실 규칙이 필요하다. 규칙을 정하는 과정은 세 단계로 이루어진다. 먼저 규칙의 중요성에 대해 짧게 토론한다. 토론을 마치면 영유아들이 원하는 규칙을 말하고 그것을 적는다. 규칙을 정하고 나면 설명을 한다. 왜 이런 규칙들이 친구들을 행복하게 만들 수 있는지에 대해 토론한다.

(2) 정서인식능력

① 사랑(Love)

사랑은, 화초에 물을 주며 가꾸고 돌보는 것이다.
가족들끼리 서로 아끼고 걱정하며 생각해주는 것이다.

출처: 00유치원 기관 활동사진

사진 3-4 서로 사랑하는 유아들

사랑을 심어주기 위해 지켜야 할 기본적인 원칙은 다음과 같다.

* 봉사심을 길러준다.

교사와 영유아 모두 봉사를 통해 사랑하는 법을 배울 수가 있다. 예를 들어 크리스마스 때 자선 행사에 참여하거나 주변에 도움이 필요한 사람들을 찾아가 도와주는 등의 활동이 있다.

* 사과하고 반성할 수 있는 기회를 제공하라.

처벌보다는 스스로 '반성'할 수 있게 하는 데서 사랑이 싹튼다. 실수를 하거나 잘못했을 때, 혹은 규칙을 어겼을 때도, 그 일에 대해서 잘못을 뉘우치고 '다시는 그러지 않겠다'고 다짐하도록 기회를 주어야 한다. 그리고 영유아에게 스스로 잘못을 뉘우친 점을 칭찬해주어야 한다. 이런 모든 과정은 사랑이 넘치는 사람을 만드는 데 도움이 된다.

영유아에게 사랑을 가르치고, 자신이나 친구에 대한 사랑을 다른 무엇보다 소중히 여기도록 만드는 일은 영유아들의 장래를 위한 최고의 선물이다.

② 친절 (Kindness)

친절은, 부모님 대신 청소를 하는 아이의 마음
친절은, 아이에게 고맙다고 말하는 부모의 마음

출처: 00유치원 기관 활동사진

사진 3-5 친구에게 친절한 유아들

친절을 심어주기 위해 지켜야 할 기본 원칙은 다음과 같다.

* 본보기를 보인다.

"부탁합니다.", "고맙습니다.", "미안합니다." 같은 말을 자주 사용하고, 교사가 항상 예의를 갖추어서 행동해야 한다.

* 우정상을 준다.

영유아들이 친구의 고마운 점을 찾아서 칭찬해 줄 수 있게 북돋아 주어야 한다. 시상을 하면서 어떻게 친구의 좋은 점을 발견하고 칭찬해 줄 수 있는지 토론해보고, 칭찬을 받은 친구가 얼마나 기분이 좋았을지 이야기한다.

③ 평화(Peace)

평화는, 동생이 내 연필을 가져가서 화가 났지만 화내지 않고
동생에게 다음에는 허락을 받고 가져가라고 말하는 것이다.
평화는, 친구가 귀찮게 하며 싸움을 걸어와도
화내며 대들지 않고 싸우지 않는 것이다.

출처: 00유치원 기관 활동사진

사진 3-6 평화롭게 놀이하는 유아들

평화를 심어주기 위해 지켜야 할 기본 원칙은 다음과 같다.

* 교실에 평화로운 분위기가 감돌게 한다.

평화는 자기 자신뿐만 아니라 다른 사람도 기분 좋게 하고, 일을 더 잘 할 수 있게 한다.

교실을 평화로운 분위기가 감돌게 하려면 다음과 같이 해볼 수 있다.

첫째, 평안한 음악을 놀이시간이나 식사시간에 들려준다. 대부분 클래

식 음악은 세련됨, 질서 정연함, 평화로움 등의 감정을 일으킨다.

둘째, 목소리 톤과 말투에 신경 쓴다. 크게 소리를 지르는 순간, 교실의 평온함은 깨져버린다. 또한 사람들은 신체 접촉을 하게 되면 좀 더 부드럽게 말하는 경향이 있다. 따라서 영유아들에게 이야기를 할 때 어깨나 팔에 가볍게 손을 얹고 말해보도록 한다.

* 솔선수범해서 노력하라.

영유아를 변화시키기 전에 교사부터 변해야 한다. 교사부터 평화로운 태도를 보여야 한다. 교사가 자신이 화를 참지 못하고 마구 화를 내면서 안 좋은 모습을 보여주는 경우가 많은데, 불행하게도 화나 성급함, 조바심 등도 조용함만큼이나 전염성이 강하다. 교사나 부모의 그런 면을 자주 보고 자란 아이는 결국 비슷한 성격을 지니게 된다.

또한 아이들의 행동에서 꾸짖을 만한 점 대신 칭찬해줄 만한 점을 찾아보고 아주 작은 일에도 칭찬을 아끼지 않아야 한다. 교사가 긍정적인 느낌을 보이고 칭찬할수록, 영유아들은 평화로운 분위기를 만드는 방법을 이해할 수 있다.

(3) 문제해결능력

① 자신감(Self-Confidence)

자신감은, 달리기 시합을 할 때 나는 잘할 수 있다고 생각하고 최선을 다하는 자세를 말한다.

출처: 00유치원 기관 활동사진

사진 3-7 자신감 있게 활동하는 유아들

자신감을 심어주기 위해 지켜야 할 기본 원칙은 다음과 같다.

* 영유아를 유심히 관찰하고 아이의 잠재력을 키워준다.

영유아가 어떤 재능을 지녔는지 알아보고, 자기만의 개성을 계발시킬 수 있게 도와주어야 한다. 어떤 잠재력이 있는지를 먼저 알아야 그 잠재력을 발휘할 수가 있다. 영유아들은 원하는 모양으로 만들 수 있는 '찰흙덩어리'가 아니라, 저마다 독특한 재능과 잠재력을 지닌 '묘목' 같은 존재들이다. 참나무를 대나무로 바꿀 수는 없겠지만, 일찌감치 됨됨이를 알아차리고, 각자의 분야에서 최고가 될 수 있게 북돋아주고 키워줄 수는 있다.

* 칭찬을 많이 해준다.

영유아 자기 자신과 자기 개성에 대해 긍정적으로 생각하게 도와주고,

스스로에 대한 확신을 가질 수 있게 한다. 이런 확신은 자신감을 가지는 데 꼭 필요하다. 비가 오면 꽃이 지고 해가 나면 꽃이 피듯 영유아들은 자기들을 인정하고 칭찬해줄 때 활짝 핀다.

실수를 하거나 뭔가 부족한 점이 발견되면, 그것에 대해 책임질 수 있게 도와주고, 그렇게 책임지는 자세를 칭찬해주어야 한다. 조금 부족한 면이 있다는 사실보다, 그럼에도 스스로에 대해 자신감을 가지고 자부심을 느끼는 일이 훨씬 더 중요하다는 사실을 알려줘야 한다.

② 성실과 믿음(Sincerity & Trust)

성실이란, 친구들과 놀기 전에 해야 할 일을 끝마치는 것이다.
믿음이란, 식사를 한 후 식탁정리를 하기로 한 약속을 잘 지키는 것이다.

출처: 00유치원 기관 활동사진

사진 3-8 스스로 놀잇감을 정리하는 유아

성실과 믿음을 심어주기 위해 지켜야 할 기본 원칙은 다음과 같다.

* 영유아에게 바라는 행동을 구체적으로 안내한다.
  영유아가 정확하고 자세하게 알려주어야 한다.

③ 책임과 인내(Responsibility & Patience)

책임감은, 내가 맡은일을 꼭 해내는 것을 말한다.
인내는, 가지고 싶은 장난감을 사기 위해 계획하고 아끼고 기다리는 것이다.

출처: 00유치원 기관 활동사진

사진 3-9 할 일을 책임감있게 하는 유아들

책임감과 인내를 심어주기 위해 지켜야 할 기본 원칙은 다음과 같다.

* 본보기를 보인다.

생활의 모든 면에서 책임과 인내에 대한 본보기를 교사가 먼저 보여야 한다.

* 만족감을 느끼게 한다.

영유아 스스로를 단련시키고 목표를 성취할 수 있게 동기를 부여하도록 한다. 아이들이 목표를 정하면 그 목표를 달성했을 때 만족감을 갖는다. 이를 통해 아이들은 지속적으로 자기관리를 할 수 있을 것이다.

④ 정직(Honesty)

정직은, 가게 점원이 거스름돈을 더 주었을 때 바로 돌려주는 것이다.
유리병을 깼을 때 부모님께 솔직하게 말씀드리는 것이다.

정직을 심어주기 위해 지켜야 할 기본 원칙은 다음과 같다.

* 영유아에게 솔직하게 대한다.

영유아에게 솔직하게 대함으로써 정직의 원칙이 항상 적용되고 있으며, 여러분이 그 원칙에 충실하고 있다는 것을 아이들에게 보여줄 수 있다. 영유아들의 질문에 진실되고 솔직하게 대답해야 한다.

* 결과를 상기시킨다.

정직한 행동과 정직하지 못한 행동이 각각 불러올 인과관계를 생각해보도록 한다. 실제 생활에서든 동화책에서든 정직하지 못한 행동이 나타날 때를 주의 깊게 보고, 그 행동의 결과를 생각해보게 해야 한다. 또한 정직한 행동의 예를 찾아서 그 결과를 생각해보게 하는 것도 좋다. 특히 정직한 사람이 가지는 마음의 평화, 확신, 자신에 대한 뿌듯함 등을 이야기 해보도록 한다.

⑤ 용기(Courage)

용기는, 새로운 친구에게 다가가 먼저 말을 거는 것이다.
용기는, 자전거를 타다가 넘어져도 다시 도전하는 것이다.

출처: 00유치원 기관 활동사진

사진 3-10 용기를 내서 자전거를 타고 있는 유아

용기를 심어주기 위해 지켜야 할 기본 원칙은 다음과 같다.

* 용기 있는 시도를 칭찬해준다.

용기에는 반드시 어떤 어려움이 따르고, 용기를 내려면 두근거리는 가슴과 불안함을 극복해야만 한다. 영유아들이 이 단계를 넘어 용기 있는 시도를 하면 그것만으로도 많은 칭찬을 받을 자격이 있다. 결과가 좋고 나쁨에 상관없이 용기 있는 행동은 그 시도만으로도 칭찬받을 만한 것이다.

또한 나쁜 행동을 하는 친구들을 따라 하지 않았을 때나 거짓말하지 않고 사실대로 이야기했을 때처럼 도덕적인 용기를 보였을 때는 특히 더 많이 칭찬해준다.

(4) 친사회적 행동

친사회적 행동은 나누기, 돕기, 의사소통하기로 구분할 수 있다. 각각에 대해 살펴보면 다음과 같다.

① 나누기 (Sharing)

나누는 것은, 친구와 나의 것을 함께 쓰는 것이다.

출처: 00유치원 기관 활동사진

사진 3-11 내 것을 나누는 유아들

나누기를 심어주기 위해 지켜야 할 기본 원칙은 다음과 같다.

* 자신이 소유한 것들을 나눌 수 있도록 해야 한다.

영유아가 소유한 것에는 장소, 기회, 놀잇감 등의 소유물이 있다. 또래와 소유물을 나눌 수 있도록 기회를 주는 것이 필요하다.

② 돕기 (Helping)

돕는 것은, 누군가 언어적 · 비언어적으로 도움을 요청할 때, 도움 상황을 인식하여, 나의 조건을 활용해 도와주는 것이다.

출처: 00유치원 기관 활동사진

사진 3-12 친구를 돕는 유아들

돕기를 심어주기 위해 지켜야 할 기본 원칙은 다음과 같다.

* 친구의 어려운 상황을 인식하도록 한다.

영유아가 주변의 친구들이 겪고 있는 어려움을 그냥 지나치기보다는 어떤 어려움이 있는지 상황을 인식하도록 해야 한다. 또래의 언어적 · 비언어적 도움 요청을 이해하도록 하는 것도 필요하다.

* 함께 해결해보도록 한다.

주변의 친구가 겪는 어려움을 돕기 위해 자신의 상황 내에서 해결하는 방법을 생각해보도록 하는 것이 필요하며, 다른 친구들과 함께 공동으로 해결해보는 방법으로 생각해보도록 하는 것도 필요하다.

③ 의사소통하기 (Communicating)

의사소통하기는, 타인의 상황에 관심을 갖고,
상황에 참여하기 위한 언어적 · 비언어적 표현을 하는 것이다.

출처: 00유치원 기관 활동사진

사진 3-13 친구와 함께 의사소통하는 유아들의 모습

의사소통능력을 증진시키기 위해 지켜야 할 기본 원칙은 다음과 같다.

* 놀이에 참여의사를 표현하도록 한다.

영유아가 참여하고 싶은 놀이에 참여하고자 하는 의사를 적절히 표현해보도록 기회를 주는 것이 필요하다.

* 놀이 중 또래와 의사소통을 원활히 하도록 한다.

놀이 중 놀이와 관련한 자신의 의견을 또래에게 표현하고, 또래의 의견을 경청하는 기회를 주는 것이 필요하다.

3 영유아 인성교육의 방법

인성교육 개념에서 살펴보았듯이 과거의 인성교육은 인지적 접근방식의 도덕적 추론이나 가치 명료화방식을 통한 교육으로서, 가치 주입식 교육이 될 우려가 있다고 비판할 수 있다. 따라서 최근에는 정의적 접근방식으로 교육이 진행되어야 할 것이며, 실천과 체험 위주의 실천적 교육방법이 요구된다고 할 수 있다. 이에 따라 인성교육의 방법을 「인성교육진흥법」에 제시된 방법과 교육과정에 제시된 방법, 그 밖의 인성교육 프로그램에 제시된 방법으로 구분하여 살펴보면 다음과 같다.

1) 「인성교육진흥법」에 제시된 교육방법

「인성교육진흥법」에는 인성교육의 방법으로 가치주입식 교육을 지양하고, 참여형 교육을 지향하고 있다. 따라서 정규 교과 교육과정에서뿐만 아니라 교과 외 비정규 교육과정을 통해서도 체계적으로 운영되도록 개인-타인-사회를 아울러, 인성관련 역량을 균형 있게 학습하도록 수업설계가 필요하다고 언급한다.

2) 교육과정에 제시된 교육방법

대통령자문교육개혁위원회(1995)에서는 '실천중심 인성교육'을 시행함으로써 올바른 인성 형성을 위해 인성 덕목을 실천하여 습관화할 것을 교육현장에 요구하였다. 이에 따라 '유치원 내실화를 위한 인성교육 프로그램'에 제시된 인성교육 방법은 토의, 협동학습, 현장학습, 역할놀이, 도서 활용, 스토리텔링, 세대 간 지혜나눔 전문가 활용 등의 다양한 교수-학습방법을 통해 유아가 활동의 주체가 되어 구체적이고 다양하고 통합적인 활동으로 유아 스스로 자발적인 동기를 가질 수 있도록 교육하도록 제안하고 있다(교육과학기술부, 2011). 특히, 토의 등의 인지적 접근방식을 함께 제안하고 있는데, 이는 영유아의 발달적 특징에 기초하여 그 필요성이 언급된 것이다. 각각의 교수학습방법에 대해 구체적으로 살펴보면 다음과 같다.

(1) 토의

토의의 방법은 인지적 접근의 교육방법이라고 할 수 있다. 하지만 토의를 통해 가치 주입식 교육이 되지 않도록 하기 위해서는 다음을 고려해야 한다.

첫째, 토의주제가 유아들이 가정과 기관에서 경험할 수 있는 일상의 문제 상황이 주제가 되어야 한다.

둘째, 토의방식이 교사가 주도하기보다는 유아들이 서로 이야기 나누는 과정을 통해 자율적으로 문제해결이 이루어지도록 해야 한다. 단, 토의 중 해결이 되지 않은 경우에는 교사가 중간에 개입하여 도울 수는 있다.

홍용희(1999)는 만 5세 유아들이 토의 과정을 통해 타인의 입장에서 생각하고 도덕적 갈등상황에서 이를 적용하여 실천할 수 있음을 밝히면서 적절한 토의방법의 계획과 활용이 필요하다고 주장하였다.

(2) 도서 활용

문학적 요소를 활용한 인성교육 방법은 인지적 접근이라고 할 수 있다. 하지만 브론펜브레너(Bronfenbrenner)의 생태학적 체계이론에 따르면 유아들의 상호작용 환경이 미시체계 수준으로 매우 제한적임을 고려할 때, 사회적 가치가 필요한 다양한 상황을 간접적으로나마 경험하는 것은 인성교육의 중요성을 인식하는 데 필요하다고 할 수 있다. 따라서 도서를 활용하여 간접경험을 풍부하게 제공함으로써 사회적 가치의 필요성을 인식하도록 도울 수 있다. 이에 따라 최근에는 유아뿐만 아니라 영아를 대상으로 한 인성교육의 방법으로 도서를 활용한 방법의 필요성과 효과성이 부각되고 있다(교육과학기술부, 2011). 책을 통해 다른 사람의 상황을 간접적으로 느껴보고 공감할 수 있으며, 교훈적이고 감동 깊은 이야기는 유아들의 이해나 사고력을 심화시키는 데 효과적이며 유아들의 실천 의욕을 증진시킨다. 적절한 도서 활용교육이 되기 위해서는 도서를 선택할 때 다음을 고려해야 한다.

첫째, 책의 주제는 인성교육의 내용을 담고 있는 것이 적절하다. 선과 악이 분명하게 드러나고, 삶의 교훈을 얻을 수 있는 전래동화와 위인전 등이 적절하다고 할 수 있겠다.

둘째, 책의 디자인이 영유아 발달에 적합하고, 흥미를 가질 수 있는 책이어야 한다. 글자가 많지 않고, 그림 등이 분명하여 영유아가 잘 이해할 수 있고, 흥미를 가질 수 있어야 한다.

(3) 세대 간 지혜 나눔 전문가 활용

세대 간 지혜 나눔 전문가 활용 또한 인지적 접근의 하나로 도서 활용과 마찬가지로 다양한 상황을 경험하도록 할 수 있어 유아뿐만 아니라 영아에게도 적절하다고 할 수 있다. 전문 과정을 거친 할머니, 할아버지를 초대하여 어른들이 들려주는 이야기를 듣고 여러 가지 활동을 해보는 것으로 영유아가 삶의 지혜나 교훈을 얻을 수 있으며 이에 대한 흥미를 갖게 된다. 적절한 교육이 되기 위해서는 다음을 고려해야 한다.

첫째, 이야기의 내용과 주제에 대해 영유아 발달에 적합하고, 인성교육의 내용을 포함한 것인지 검토가 필요하다.

둘째, 이야기를 들려주는 방법과 시간에 대해 영유아 발달에 적합하면서 흥미를 가지고 지속할 수 있도록 고려해야 한다.

(4) 스토리텔링

스토리텔링 또한 인지적 접근의 하나이지만, 간접적으로 다양한 상황을 경험하도록 할 수 있어 유아뿐만 아니라 영아에게도 적절하다고 할 수 있다. 스토리텔링은 도서 활용 교육이나 세대 간 지혜 나눔 전문가 활용 방법과 같이 영유아들이 흥미로워할 수 있는 이야기 자료를 준비해 영유아들에게 들려주는 것이다. 다만 도서 활용이나 세대 간 지혜 나눔 전문가 활용은 인성교육을 위한 주제외의 다른 내용을 포함할 수 있지만, 스토리텔링은 교사가 계획하고, 준비하여 들려주는 것이므로 교육 주제에 맞는 내용으로만 구성하여 들려줄 수 있다는 장점이 있다. 효과적 스토리텔링이 되기 위해서는 다음을 고려해야 한다.

첫째, 스토리텔링을 구성할 때, 인성교육의 주제에 맞는 내용으로 구성해야 한다.

둘째, 스토리텔링의 자료는 영유아 발달에 적합하도록 글자가 많지 않고, 흥미롭게 들을 수 있도록 제작하는 것이 좋다.

(5) 협동 학습

협동 학습은 정의적 접근의 교육방법이면서 실천적 참여형 교육방법이라고 할 수 있다. 이 방법을 활용함으로써 단순한 지식전달이 아니라 유아 수준에서 사회적 협동을 직접 실천하면서 인성교육이 이루어진다고 할 수 있다. 즉, 유아들은 서로 의견을 나누고, 역할을 분담하면서 자기 또는 타인의 권리와 요구를 존중하게 되고 자신의 의견이나 느낌을 표현하는 자기주장의 능력도 증진되며, 책임감이 증진된다. 적절한 협동 학습이 되기 위해서는 다음을 고려해야 한다.

첫째, 협동과제가 유아의 사회성 발달 수준에 적합한 것이어야 한다.

둘째, 유아의 사회성 발달수준을 고려한 교사의 지원이 요구된다. 즉, 사회성 발달이 미숙한 시기에는 교사의 적극적 지원이 필요하며, 교사가 리더가 되어 협동의 모델링이 되어주거나, 충분한 자료를 제공해주고, 역할을 분담해주는 등의 지원을 해줄 수 있다. 이후 유아들의 친사회적 기술이 발달하면서 교사의 지원은 단순히 관찰과 보조의 역할만을 수행할 수 있다.

(6) 현장 학습

인성교육을 위한 현장 학습은 자원봉사 활동과 일맥상통하는 것으로 정의적 접근의 교육방법이면서 실천적 참여형 교육방법이다. 현장 학습을 통해 유아들은 사회적 규범과 질서 등을 경험하게 된다. 즉, 주변공원, 양로원 등을 방문하여 사회적이고 도덕적인 인성을 함양시킬 수 있다. 적절한 현장 학습이 되기 위해서는 다음을 고려해야 한다.

첫째, 체험하고자 하는 현장이 유아들의 경험과 발달에 적합한 곳이어야 한다.

둘째, 체험을 통해 사회적 가치를 경험할 수 있는 곳이어야 한다. 즉, 현장 학습에 대한 계획이 철저하지 못한 경우, 오히려 유아들이 자신의 편의만을 위해 무질서를 실천할 수 있기 때문이다. 따라서 교사들은 현장 체험을 통해 유아들이 어떤 사회적 가치를 경험할 수 있는 지 생각해보고, 현장 학습에 대한 계획과 실천이 중요하다고 할 수 있다.

(7) 역할놀이

역할놀이는 정의적 접근의 교육방법이면서 실천적 참여형 교육방법이라고 할 수 있다. 특히 역할놀이는 유아뿐만 아니라 영아의 인지적 발달에 적합하여, 영유아들이 흥미를 많이 갖는 활동이라고 할 수 있다. 역할놀이를 통해 영유아들은 특정 역할을 경험해볼 수 있으며, 놀이를 통해 올바른 사회적 관계와 도덕적 행동을 이해함으로써 도덕적 사고력, 판단능력, 실천력 등을 기를 수 있다. 따라서 역할놀이를 적절하게 계획하여 운영함으로써 효과적인 영유아 인성교육을 도모할 수 있다. 적절한 역할놀이가 되기 위해서는 다음을 고려해야 한다.

첫째, 역할놀이의 주제 속에 사회적 가치가 포함되어야 한다.
둘째, 역할놀이를 통해 사회적 가치의 필요성을 느끼고, 자발적으로 실천하며 놀이하도록 해야 한다.

(8) 프로젝트 학습

프로젝트 학습은 앞서 언급한 모든 방법을 포함하는 것으로 교사 주도의 활동이라기 보다는 유아 주도의 방법을 실천하는 것이라고 할 수 있다. 따라서 정의적 접근의 교육방법이면서 실천적 참여형 교육방법이라고 할 수 있다. 프로젝트 학습은 앞서 살펴본 협동 학습 등을 포함한 것으로 보다 장기적인 문제해결의 과정이라고 할 수 있겠다. 프로젝트 학습을 통해 유아들은 이전 교육방법들의 효과뿐만 아니라 장기적 문제해결을 통해 자신에 대한 자아존중감을 높일 수 있다. 적절한 프로젝트 학습이 되기 위해서는 다음을 고려해야 한다.

첫째, 프로젝트 주제를 유아의 호기심에서 출발해야 한다. 장기적으로 진행되는 만큼 유아들이 가진 호기심에서 출발해야 유아들의 능동적, 주도적 참여를 기대할 수 있다.

둘째, 교사는 지속적으로 프로젝트의 수행과정을 관찰하면서, 유아들의 어려움을 지원해야 하고, 수행과정을 기록하여, 프로젝트가 잘 연계되어 진행되도록 해야 한다. 기록을 전시함으로써 유아들이 수행과정을 방문, 재방문해보도록 하고, 이에 대해 서로 이야기를 나누고, 활동에 대한 만족감도 얻도록 할 수 있다.

(9) 가정 연계

인성교육은 가정과의 연계를 통해 그 목적의 달성이 가능하다고 할 수 있다. 따라서 부모교육이나 가정통신문을 통해 인성교육이 함께 이루어지도록 해야 한다. 이때 효과적인 가정 연계가 이루어지도록 다음을 고려해야 한다.

첫째, 지금까지 학습한 인성교육 내용과 방법을 가정에서 실천해보도록 구체적으로 안내해야 한다.

둘째, 기관의 인성교육에 가정이 참여하여 함께 활동하면서 인성교육의 실제를 이해하도록 해야 한다. 예를 들어, 프로젝트 학습이나 현장 학습에 함께 참여하면서 이해를 높일 수 있다.

셋째, 인성교육이 계획된 활동뿐만 아니라 일상생활 전반에서 이루어지도록 안내해야 한다.

(10) 기타

인성교육은 이 외에도 놀이상황이나 일상생활 속에서 자연스럽게 교육이 이루어질 수 있으며, 교사나 부모의 모델링을 통해서도 교육이 이루어질 수 있다. 따라서 인성교육에 앞서 교사나 부모들 스스로 자기 점검의 노력이 우선 요구된다고 할 수 있겠다.

이러한 인성교육을 위한 다양한 교수방법이 보다 효과적으로 진행되기 위해서는 다음의 8가지 교수원리가 교수 활동에 적용되어야 한다(김영옥, 2014).

표 3-9 유아 인성교육 방법의 특성적 원리

원리	뜻
통합성	어느 한 부분만의 교육이 아닌 교육과정 전체에 인성교육이 통합되어 있어야 한다.
관계성	좋은 사람들과의 만남과 자질을 갖춘 성인들과의 상호작용이 매우 중요하다.
자율성	스스로 바른 가치관을 향해 실천해 나가도록 돕는 과정으로 일상생활의 문제를 스스로 해결해보는 경험이 중요하다.
협동성	인간은 혼자서 살 수 없는 존재이고 인성교육 역시 혼자서 습득할 수 있는 지식이 아니므로 또래와 성인을 포함하여 서로 협력해 보는 교류의 경험이 필요하다.
반복성	되풀이 되는 연습을 통해 습관으로 자리 잡도록 해야 한다.
동시성	인성교육은 따로 일어나는 것이 아니라 여러 덕목이 동시에 연계되어 이루어진다.
누적성	인성교육은 반성과 탐구를 통해 시간과 노력의 과정을 통하여 다듬어지고 용량이 늘어나며 정교해지는 것이다.
지속성	일정 기간에만 일어나는 것이 아니라 성장하는 동안 꾸준한 노력과 실천을 통해 내면화 및 습관화되어야 한다.

출처: 유아 인성교육의 이론과 실제, 2014.

3) 기타 인성교육 프로그램에 제시된 교육방법

(1) Roots of Empathy(ROE) 프로그램

ROE 프로그램의 경우는 유아교육현장에 어머니와 갓난아기를 초대하여 관찰과 토의를 통해 공감에 뿌리를 둔 사회적 이해와 감성적 이해의 개발, 친사회적 행동에 대한 격려 및 공격행동 감소, 인간 발달에 대한 지식과 효과적 자녀 양육 기회 확대를 강조한다.

(2) Learning for Life 프로그램

Learning for Life 프로그램은 롤 플레이(role-playing), 딜레마(dilemma) 경험, 소그룹 토의활동, 활동지의 교수-학습 방법을 활용하고 있다.

이상에서 본 바와 같이, 유아 인성교육의 적절한 교수 방법은 유아의 경험 및 실천 위주의 교육활동에 대한 계획이 세워져야 하고 유아가 사회의 도덕적 덕목과 가치에 대한 관심을 가질 수 있도록 하는 것이 중요하다. 바람직한 인성은 체험 및 경험을 통한 교육활동과 문학적 접근의 풍부한 간접 경험을 통해 통합된 교육활동이 지속적으로 이루어질 때 비로소 유아에게 내면화될 수 있기 때문이다(김영옥, 송혜린, 이현미, 2007).

PART

I

현장적용 가능한 영유아 인성교육의 실제

CHAPTER

04

타인 인식 능력

이해심과 배려

존중

공정과 관용

활동 1 식물아 고마워! 감사의 마음을 전하는 화분 만들기

놀이주제	나와 가족	대상연령	만4~5세
활 동 명	식물아 고마워! 감사의 마음을 전하는 화분 만들기 (식물을 통한 인성교육)	관련 인성	타인인식능력 (이해심과 배려)
활동목표	1. 식물이 주는 이로움 점에 대해 안다. 2. 자신의 경험과 생각을 이야기로 표현한다. 3. 우리에게 이로움 점을 주는 식물에게 감사의 마음을 표현하다. 4. 원예 활동을 통해 식물의 감사함을 알고 식물을 심고 키우면서 생명의 소중함과 생명과 소통하는 법을 배운다. 5. 우리가족. 부모님께 감사의 마음을 표현해 볼 수 있다. 6. 활동에 즐겁게 참여한다.		
개정누리과정 관련요소	• 의사소통 〉 듣기와 말하기 〉 자신의 경험, 느낌, 생각을 말한다. • 자연탐구 〉 탐구과정 즐기기 〉주변의 세계와 자연에 대해 지속적으로 호기심을 가진다. • 자연탐구〉 자연과 더불어 살아가기〉 생명과 자연환경을 소중히 여긴다. • 예술경험 〉 창의적으로 표현하기 〉 다양한 미술재료와 도구로 자신의 생각과 느낌을 표현한다. • 사회관계 〉 더불어 생활하기 〉 서로 다른 감정, 생각, 행동을 존중한다.		
활동자료	(식물에게 감사하기)식물이 우리에게 주는 이로움(고마움) 및 식물을 보호하는 방법 PPT 자료, 원예활동-요플레통. 국화계열 꽃(폼폼 플라워), 플로랄폼(오아시스-미리 물에 담그어 놓는다.) 네임펜. 매직, 식물에게 감사의 마음을 표현한 라벨텍		
활동과정	내 용		
활동 방법	**1. 식물이 훼손 된 사진을 보며 이야기 나눈다.** - 산불로 인해 타 버린 나무를 보니 어떤 생각이 드니? **2. 식물이 아픈 이유에 대해 이야기 나눈다.** - 식물이 아픈 모습을 보니 어떠니? - 왜 아플까? **3. 식물이 주는 이로움에 대해 이야기 나눈다.** - 꽃과 나무는 우리에게 어떤 도움을 줄까요? - 예쁜 꽃을 보면 기분이 어떤가요?		

활동 방법	4. 우리가 식물을 보호하고 사랑하는 방법에 대해 이야기 나눈다.(배려) - 식물을 보호해야 하는 이유는 무엇일까? - 식물을 보호하고 사랑하는 방법에는 어떤 것들이 있을까? - 식물에게 우리가 도와줄 수 있는 일이 있을까? 5. 이야기 나누기를 통해 새롭게 알게 된 점과 느낌을 이야기 나눈다. - 이야기 나누기를 하며 새롭게 알게 된 점이 있나요? - 우리에게 도움을 주는 꽃과 나무를 보며 어떤 생각이 들었나요? 6. 실내에서 식물을 기를 수 있는 방법에 대해 이야기 나눈다. 7. 재활용품을 이용한 실내 원예화분사진들을 보여준다. 8. 다양한 봄의 꽃 사진들을 보며 꽃의 특징과 꽃이 주는 즐거움에 대해 이야기 한다. 9. 활동방법을 알아본다. - 오늘 만들 감사화분에 대해 소개한다. (교사가 작업한 화분 샘플을 보여준다.) - 재료를 소개한다. - 재활용품을 활용하여 실내에서 가꾸어 볼 수 있는 원예화분(감사화분) 만드는 방법에 대해 이야기 나눈다. 10. 활동 시 주의 할 점에 대해 알아본다. - 요플레통을 먼저 꾸민 후 꽃을 꽂도록 한다. - 꽃을 오아이시스에 꽂을 때는 꽃대가 부러지지 않게 살살 꽂도록 한다. - 플로랄폼(오아시스)은 교사 화분에 넣어 주도록 한다. 11. 각 모듬별로 재료를 배부한다. 12. 활동방법에 순서대로 활동을 시작한다. - 활동 후 자신의 자리를 정리한다. 13. 활동과정에서 느꼈던 감정에 대해 이야기 나눈다.(이해) (모둠활동하면서 교사는 유아들과 함께 상호작용을 지속적으로 한다) - 활동을 하면서 어려웠던 점이 있었나요? - 아쉬운 점은 무엇이었나요? - 오늘 활동을 하며 새롭게 알게 된 점이 있었나요?

<table>
<tr><td>활동
방법</td><td>14. 활동을 평가한다.
- 식물에 대해 어떤 생각을 가지게 되었나요?
- 오늘 감사 화분을 만들면서 기분이 어땠나요?
- 식물을 소중히 여기며 감사한 마음을 표현해볼 수 있나요?

15. 활동을 마무리 한다.
- 오늘 우리 친구들이 만든 감사 화분을 우리 가족. 부모님께 드리며 감사하는 마음을 표현해 보도록 해요.
- 식물을 잘 자라도록 관심을 가져주고, 식물의 변화과정을 관찰한다.
- 오늘 우리들이 만든 화분은 우리 친구들이 집에 가서 식물 친구 에게 고마워 사랑해 마음을 표현해 주고 잘 가꾸어 보도록 한다.</td></tr>
<tr><td>활동사진</td><td>     </td></tr>
</table>

활동사진	 
사후활동	• 식물도감 책을 이용하여 바깥놀이 활동 시 우리 유치원 주변에서 볼 수 있는 식물을 찾아보고 식물과 대화하기(고마워, 사랑해 등 식물에게 감사의 마음 표현하기)활동을 해본다. • 부부의 날을 맞아 부모님께 감사한 마음을 갖고 감사꽃을 만들어 본다.
확장활동	• 과학영역에 고구마2개를 준비해서 1번 고구마-좋은 말을 했을 때/2번 고구마-나쁜 말을 했을 때의 식물의 변화과정을 실험해 본다. 식물들도 좋은 말, 나쁜 말을 했을 때 성장하는 과정이 다름을 알 수 있다. • 재활용품 원예화분을 만들어 여러 식물과 채소 심기를 한다.
유의점	꽃을 플로랄폼에 꽂을 때는 꽃대가 부러지지 않게 꽂도록 지도한다.

활동 2 우리가 꾸민 텃밭 정원

놀이주제	즐거운 여름	대상연령	만5세
활 동 명	우리가 꾸민 텃밭 정원	관련 인성	타인인식능력 (존중)
활동목표	1. 텃밭정원 꾸미기를 계획하고 친구들의 의견을 존중하며 텃밭정원을 꾸며 본다. 2. 텃밭을 함께 가꾸는 것에 즐겁게 참여한다.		
개정누리과정 관련요소	• 사회관계 〉 더불어 생활하기 〉 친구와 서로 도우며 사이좋게 지낸다.		
활동자료	텃밭의 식물 사진. 소포지 또는 종이, 색연핀, 연필, 크레파스		
활동과정	내 용		
활동 방법	1. 우리 유치원 텃밭정원에서 활동 했던 경험을 이야기 나눈다. 2. 텃밭 하면 떠오르는 생각을 모아본다. 3. 우리 반 텃밭에 심어져 있는 사진 자료를 보며 어떤 식물들이 있는지 이야기 나눈다. - 메리골드, 천일홍, 사진을 보여주며 이야기 나누기 - 텃밭에 있는 식물들이 잘 자라려면 어떻게 하면 좋을지 이야기 나눈다. 4. 우리 반의 텃밭 정원을 꾸밀 방법에 대해 이야기 나누고 모듬별로 텃밭에 꾸밀 자료를 만들어 본다. - 텃밭의 식물들에게 하고 싶은 말 또는 선물을 그림으로 표현해 보거나 글로 표현해 본다. - 텃밭이 잘 자랄 수 있게 도와주는 것 그려보기, 팻말 꾸기기 등 5. 모듬별로 꾸민 텃밭정원의 팻말과 텃발의 식물들에게 하고 싶은 이야기 또는 선물 그림을 가지고 텃밭으로 이동하여 우리 반 텃밭정원에 꾸며준다. 6. 활동이 끝난 후 느낌을 이야기 나눈다.		
활동사진	  		
유의점	텃밭을 만들며 함께 가꾸는 것에 즐겁게 참여할 수 있도록 지도한다.		

활동 3 높이 더 높이 돌탑을 쌓자!

놀이주제	우리나라와 세계 여러나라 / 우리나라의 건축물	대상연령	만 5세
활 동 명	높이 더 높이 돌탑을 쌓자!	관련 인성	타인인식능력 (공정과 관용)
활동목표	1. 다양한 돌의 촉감을 느끼며 돌탑을 만들 수 있다. 2. 돌로 만든 우리나라의 건축물을 안다. 3. 다른 사람들의 실수를 너그럽게 용서해주는 습관을 기른다.		
개정누리과정 관련요소	• 사회관계 〉 사회에 관심가지기 〉 우리나라에 대해 자부심을 가진다. • 의사소통 〉 듣기와 말하기 〉 자신의 경험, 느낌, 생각을 말한다. • 자연탐구 〉 생활 속에서 탐구하기 〉 물체의 위치와 방향, 모양을 알고 구별한다.		
활동자료	다양한 돌, 이름표, 호루라기, 비상구급약품 등		
활동과정	내 용		
활동 방법	**1. 돌로 만든 건축물에 대해 이야기 나눈다.** - 지난 시간 알아보았던 돌로 만든 여러 문화의 건축물을 이야기 해볼까요? - 석가탑이요. ~ 다보탑이요~ - 지난 시간에 함께 알아보았던 다양한 우리나라의 돌 탑들을 보면 어떤 느낌이 드나요? **2. 실외로 이동하여 돌을 수집한다.** - 오늘은 돌을 모아서 활동을 할 거에요. 차례 차례 질서를 잘 지켜 바깥으로 나가서 다양한 돌을 모아보도록 해요. - 그런데 돌을 줍기 전에 우리가 지켜야 할 약속들을 이야기 해볼까요? - 위험한 것은 줍지 않아요... - 맞아요! 위험한 물건은 물론이고 위험한 모양의 돌은 나와 친구를 다치게 할 수 있으니 줍지 않도록 해요. **3. 활동을 소개한다.** - 모두 돌을 모아보았나요? - 오늘은 모둠 친구들 끼리 모여 지금 모은 돌을 이용해 탑을 쌓아 볼거예요. - 어떻게 탑을 쌓아 올릴 수 있을까요? - 맞아요~ 돌을 차근차근 올리는게 중요해요. 정해진 시간 동안 돌을 높이 올리는 팀이 이기는 게임인데 돌을 높이 올리는 것 보다 중요한게 있어요, 무엇일까요? - 규칙을 잘 지키는 거요!..		

	- 친구가 돌을 쌓다가 탑이 무너지면 친구에게 뭐라고 해야 될까요? - "괜찮아" 하고 말해요 - 훌륭해요~ 누구나 실수를 할 수 있어요. 친구가 실수를 하더라도 "괜찮아~ 다시 열심히 해보자" 하고 예쁘게 이야기 해주도록 합니다. **4. 돌탑을 쌓아 올린다.** **5. 활동 후 평가한다.** - 돌탑 쌓기 활동을 해보았는데 어땠나요? - 모둠별로 쌓은 돌탑을 보니 어떤가요? - 모양이 다 다르고 멋졌어요~.. - 돌탑을 높게 쌓는 모둠도 있었고 멋진 모양을 만든 모둠도 있었어요. 모두 정말 멋졌어요. **6. 관용을 베푼 유아들의 모습을 칭찬한다.** - 돌탑을 쌓을 때 여러분의 모습을 보았는데 정말 훌륭했어요. 어떤 점이 훌륭했을까요? - 규칙을 잘 지켜서요./ 친구들과 사이좋게 탑을 잘 쌓아서요. - 규칙도 잘 지켰지만 친구가 실수를 했을 때 친구를 나무라지 않고 용서해주고 도와주었어요. - 네~ 친구의 잘못을 용서해주었더니 친구도 용서해주었어요. - 우리 00반 친구들이 서로 예쁜 마음으로 돌탑을 쌓으니 더 멋진 탑이 완성된 것 같아요.
활동사진	   사진 출처: https://pixabay.com/ko/photos/%EB%8F%8C%ED%83%91-stone-2358983/
유의점	• 위험한 돌을 만지지 않도록 유의한다. • 높게 탑을 쌓은 것 보다 사이좋게 탑을 쌓는 모습을 칭찬한다. • 돌탑을 쌓을 때 교사가 유아들의 모습을 관찰하고 적절하게 개입하여 관용의 자세를 베풀 수 있도록 지도한다.

CHAPTER

05

정서 인식 능력

사랑

친절

평화

활동 4 나뭇잎 편지 전달하기

<table>
<tr><td>놀이주제</td><td>유치원과 친구</td><td>대상연령</td><td>만 4세</td></tr>
<tr><td>활 동 명</td><td>나뭇잎 편지 전달하기</td><td>관련 인성</td><td>정서인식능력
(사랑)</td></tr>
<tr><td>활동목표</td><td colspan="3">1. 신체를 활용하여 징검다리를 건너본다.
2. 사랑을 표현하는 말을 해본다.
3. 친구들과 자연물을 이용한 놀이에 즐겁게 참여한다.</td></tr>
<tr><td>개정누리과정
관련요소</td><td colspan="3">• 신체운동·건강 〉 신체활동 즐기기 〉 신체 움직임을 조절한다.
• 의사소통 〉 듣기와 말하기 〉 상황에 적절한 단어를 사용하여 말한다.
• 사회관계 〉 더불어 생활하기 〉 친구와 서로 도우며 사이좋게 지낸다.
• 자연탐구 〉 자연과 더불어 살기 〉 주변의 동식물에 관심을 가진다.</td></tr>
<tr><td>활동자료</td><td colspan="3">동화 속 나뭇잎 편지자료, 나뭇잎, EVA 징검다리 판, 등장인물 머리띠(티토와 페피타), 점수판, 바구니</td></tr>
<tr><td>활동과정</td><td colspan="3">내 용</td></tr>
<tr><td>활동
방법</td><td colspan="3">1. 나뭇잎 수수께끼를 통하여 주의집중을 한다.
- 나는요 어떤 식물에서 자라요. 사계절 내내 초록색인 것도 있지만, 가을에는 노란색, 주황색으로 물이 들기도 했다가 겨울이 되면 땅바닥으로 떨어지기도 해요. 그리고 어제 바깥놀이터에서 00반 친구들이 이것을 모으는 활동을 했었어요.

2. 사랑을 표현하는 말에 대하여 이야기 나눈다.
- 우리가 어제 재미있게 읽었던 〈티토와 페피타〉 동화책 기억나나요?
- 그 동화책에서 티토와 페피타는 서로 무엇에 편지를 써서 보냈나요?
- (준비한 나뭇잎자료를 보여주며) 그래요. 티토와 페피타는 사이가 좋지 않았을 때에는 서로에게 상처를 주는 말을 나뭇잎에 써서 편지를 보냈지만 화해를 하고나서는 나뭇잎에 사랑을 표현하는 편지를 주고받았지요.
- 00반 친구들은 어떤 말을 들었을 때 기분이 좋은가요?
- 00이는 “귀여워”라는 말을 들으면 기분이 좋구나.
(준비한 나뭇잎자료를 보여주며) 티토와 페피타 동화책 속 나뭇잎 편지에 적힌 말들처럼 “너를 꼬옥 껴안고 싶어.”, “너는 내가 가장 사랑하는 보물이야.” 등과 같은 말들로도 사랑을 표현할 수 있겠네요.</td></tr>
</table>

활동 방법

3. '나뭇잎 편지 전달하기' 활동방법을 알아본다.

- 어제 바깥놀이시간에 00반 친구들이 주웠던 나뭇잎과 〈티토와 페피타〉 동화책 속에 나오는 징검다리를 가지고 왔어요. 오늘은 바다 반 친구들이 직접 티토와 페피타가 되어서 이 징검다리를 건너보고, 나뭇잎을 전달하는 아주 재미있는 게임을 해볼 거예요.

[활동방법]

1) 출발선에 서서 등장인물 머리띠를 쓴다.
2) 교사의 박수 소리에 맞추어 출발한다.
3) 징검다리를 건넌다.
4) 바구니에서 나뭇잎 1장을 집는다.
5) 다시 징검다리를 건너 출발선으로 돌아간다.
6) 교사에게 사랑을 표현하는 말을 하며 나뭇잎을 전달한다.
7) 다시 자리에 돌아가 앉는다.

4. 게임 시범활동을 한다.

5. 활동 규칙에 대해서 이야기 나눈다.

- 친구들과 즐겁고 안전하게 활동하기 위해서 어떤 약속을 정할 수 있을까요?

[인성덕목: 예]

- 차례를 기다려요. / 장난치지 않아요./ 열심히 응원해요./ ⋯.
- 게임할 때 최선을 다해서 하지 않거나 장난을 치면 같은 팀 친구들의 마음이 어떨 것 같나요?

[인성덕목: 책임, 협동]

- 속상해요./ 게임에서 질 것 같아요./ ⋯.
- 같은 팀 친구가 최선을 다해서 열심히 했지만 늦게 들어올 수도 있어요. 그럴 때 그 친구에게 화를 내거나 짜증을 내면 친구의 마음은 어떨까요?

[인성덕목: 존중, 배려]

- 속상해요./ 열심히 했으니까 괜찮아요.
- 그럼 그 친구에게 뭐라고 말해줄 수 있을까요?
- 괜찮아./ 사랑해./ ⋯.
- 게임은 이기는 것과 점수를 얻는 것 보다 친구들과 선생님이랑 즐겁게 놀이하는 것이 더 중요해요. 졌다고 속상해하지 않고, 즐겁게 놀이해보도록 해요.

6. '나뭇잎 편지 전달하기' 활동을 한다.

활동 방법	7. 활동을 회상하며 마무리한다. - 게임 판에 붙은 점수를 함께 세어볼까요? - 00팀의 승리 / 동점 이예요. - 게임 점수와는 상관없이, 두 팀 모두 끝까지 최선을 다해서 게임을 잘 해주었어요. 티토 팀은 페피타 팀에게, 페피타 팀은 티토 팀에게 서로 참 잘했어요 박수를 쳐주도록 해요. - 게임을 하면서 칭찬해주고 싶은 친구가 있나요? 왜 그 친구를 칭찬해주고 싶나요? - 저는 00이를 칭찬해주고 싶어요. - 왜 00이를 칭찬해주고 싶나요? - 00이가 넘어졌지만 울지 않고 끝까지 열심히 해서요. - 그래요. 00이는 중간에 넘어졌지만 울지 않고 끝까지 최선을 다했지요. - 선생님은 질서를 잘 지키면서 열심히 한 바다 반 친구들을 모두 칭찬해주고 싶어요.
활동사진	• 동화 속 나뭇잎 편지자료 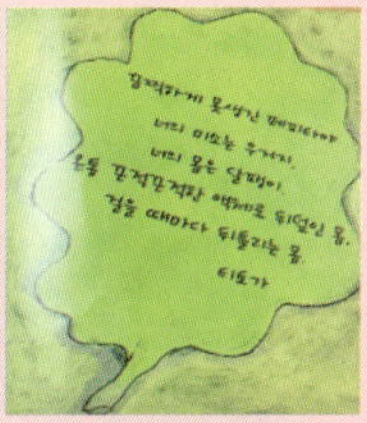  • 나뭇잎 • EVA 징검다리 판  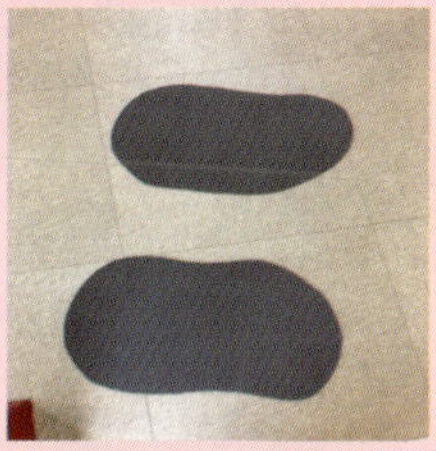 • 등장인물 머리띠(티토와 페피타)  

활동사진	• 점수판(사진 출처:https://m.blog.naver.com/2stblue/221403361993) 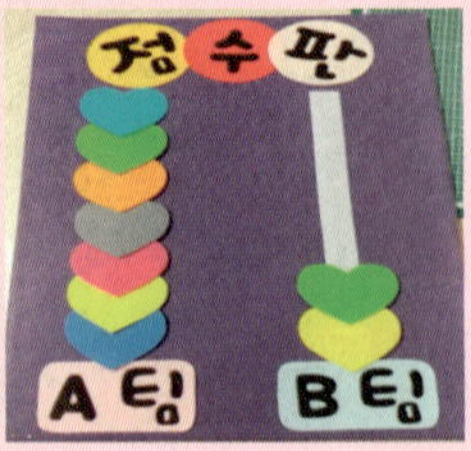
유의점	• 실외활동을 가기 전, 유아들이 화장실에 미리 다녀오도록 지도한다. • 반 유아들이 승패에 연연하지 않고, 즐겁게 게임함에 의미를 두도록 지도한다. • 안전하게 게임에 참여하도록 지도한다. • 교사는 게임 활동 중에 유아들이 지나치게 흥분하지 않도록 하고, 흥분하였을 경우 게임을 잠시 중단시켜 감정을 조절할 수 있도록 한다. • 게임 활동의 참여를 거부하는 유아에게는 친구들을 열심히 응원해보도록 하여 활동에서 제외되지 않도록 한다.

활동 5 친절나무 열매가 열렸어요.

<table>
<tr><td>놀이주제</td><td>우리 동네 / 우리 동네 사람들</td><td>대상연령</td><td>만 5세</td></tr>
<tr><td>활 동 명</td><td>친절나무 열매가 열렸어요.</td><td>관련 인성</td><td>정서인식능력
(친절)</td></tr>
<tr><td>활동목표</td><td colspan="3">1. ‘친절’의 의미를 알고 이해한다.
2. 이웃의 친절한 행동에 관심을 가진다.
3. 다른 사람들에게 친절을 베푸는 습관을 기른다.</td></tr>
<tr><td>개정누리과정
관련요소</td><td colspan="3">• 사회관계 〉 더불어 생활하기 〉 친구와 어른께 예의바르게 행동한다.
• 의사소통 〉 듣기와 말하기 〉 자신의 경험, 느낌, 생각을 말한다.
• 의사소통 〉 읽기와 쓰기에 관심가지기 〉 자신의 생각을 글자와 비슷한 형태로 표현한다.
• 예술경험 〉 창의적으로 표현하기 〉 다양한 미술 재료와 도구로 자신의 생각과 느낌을 표현한다.</td></tr>
<tr><td>활동자료</td><td colspan="3">우드락(2절), 한지(갈색), 다양한 자연물, 열매 모양으로 자른 색지, 쓰기 도구, 꾸미기 재료 등</td></tr>
<tr><td>활동과정</td><td colspan="3">내 용</td></tr>
<tr><td>활동
방법</td><td colspan="3">1. 친절한 행동을 보았거나 베풀었던 경험에 대해 이야기 나눈다.
- 오늘 선생님이 아침 놀이 시간에 정말 친절한 친구를 발견했어요. 그 친구는 동생이 놀잇감을 어디에 정리할지 몰라서 헤매고 있었는데 아주 친절하게 “내가 도와줄까?” 하고 말해주었어요.
- 혹시 다른 친구들도 ㅇㅇ처럼 우리 주위에서 친절한 행동을 하는 것을 본 적이 있나요?
- 언제 보았나요?
- 우리 아파트에 사는 할아버지께서 제가 엘리베이터에 탈 때까지 문을 열고 기다려주셨어요.
- 저는 집 앞에 놀이터에서 동생한테 순서도 양보해줬어요
- 정말 훌륭해요. 동생도 ㅇㅇ가 정말 친절하다고 생각했겠어요.

2. ‘친절한 말’에 대해 이야기 나눈다.
- 그럼 지금까지 내가 친절하다고 느꼈던 상황에서 어떤 말이 친절하게 느꼈는지 생각해볼까요? 선생님은 아침에 그 친구가 “내가 도와줄까?“ 라고 하는 말이 친절하게 느껴졌어요.
- 저는 식당에 들어가면 ”어서오세요“ 하고 웃으며 말할 때 친절하게 느껴져요</td></tr>
</table>

	- 그래요. 인사를 해주고 웃는 표정을 짓는 것은 정말 친절하게 느껴져요 - 저는 선생님이 "정말 훌륭해" 하고 칭찬해줄 때 친절하다고 느껴져요 - 맞아요~칭찬의 말도 친절함을 느낄 수 있는 말이지요. **3. '친절함을 느꼈을 때의 내 기분에 대해 이야기 나눈다.** - 이렇게 친절함을 느끼고 내가 또 친절하게 행동했을 때 기분은 어땠나요? - 마음이 따뜻해지고 기분도 좋아졌어요. - 친절은 내 기분도 다른 사람의 기분도 좋아지게 한답니다. **4. 활동을 소개한다.** - 오늘은 지금까지 이야기 나누어 보았던 친절한 말들을 열매로 만들어 친절나무를 만들어 볼 거예요. 우선 선생님이 나누어주는 열매 색지에 친절한 말들을 써 볼 거예요. 글씨가 어려운 친구들은 선생님께 여쭈어 보아도 되고 그림으로 그려도 좋아요. 다양한 자연물을 이용해 꾸며보아도 좋아요. **5. 자유롭게 친절 열매를 꾸며 완성한다.** **6. 친절나무 속 열매를 보며 이야기 나눈 후 평가한다.** - 우리 반 친구들이 꾸며 본 친절 나무를 살펴볼까요? - 어떤 친절한 행동이 있는지 살펴보도록 해요. - 활동을 할 때 어려운 점은 없었나요? 어떤 점이 좋았나요? **7. 친절을 베푸는 어린이가 될 것을 다짐한다.** - 우리 반 친구들이 친절 나무를 정말 멋지게 꾸며주었어요. 앞으로 이 친절나무 속 열매들처럼 친절을 베푸는 어린이가 될 수 있나요?
활동사진	  사진 출처: https://m.blog.naver.com/rosesharon77/221299543476 http://blog.daum.net/hanamell1004/11224646
유의점	• 글씨에 어려움을 느끼지 않도록 그림으로 그리기. 교사가 도움주기 등의 방법을 사용한다. • 유아가 느낀 다양한 친절한 경험들을 긍정적인 반응으로 수용해준다. • 다양한 자연물로 자유롭게 꾸밀 수 있도록 지원한다.

활동 6 친구와 함께하는 풀싸움

놀이주제	여름	대상연령	만 4세
활 동 명	친구와 함께하는 풀싸움	관련 인성	정서인식능력 (평화)
활동목표	1. 산책하며 다양한 풀을 탐색해본다. 2. 풀싸움 놀이에 관심을 갖는다. 3. 친구와 함께 풀싸움 놀이를 즐겁게 해본다.		
개정누리과정 관련요소	• 자연탐구 〉 탐구 과정 즐기기 〉 주변 세계와 자연에 대해 지속적으로 호기심을 가진다. • 신체운동 · 건강 〉 신체활동 즐기기 〉 실내외 신체활동에 자발적으로 참여한다. • 사회관계 〉 더불어 생활하기 〉 친구와 서로 도우며 사이좋게 지낸다.		
활동자료	다양한 풀들		
활동과정	내 용		
활동 방법	**1. 산책을 하며 마음과 몸으로 자연을 느끼고 탐색한다.** - 산책을 하며 달라진 여름 풍경에 대해 같이 살펴보도록 할까요? - 산책길에서 어떤 것들을 볼 수 있을까요? - 우리 유치원 주변에 어떤 나무와 풀, 꽃들이 피었는지 나가서 보도록 해요. **2. 다양한 풀들을 자세히 살펴본다.** C: 이거는 이름이 뭐예요? - (핸드폰을 통해 찾아본다) 한 번 찾아볼까요? - 이 풀의 이름은 000이래요. - 또 어떤 풀들이 있나요? - 이 풀은 어떻게 생겼나요? C: 조그만 잎이 있고, 아까 풀보다 더 길어요. - 찾은 풀을 직접 만져볼까요? - 색깔은 어떤가요? 모양은 어떤가요? 풀에는 줄기가 있어요. 얼마나 튼튼한지 당겨 볼까요? **3. 풀을 이용하여 할 수 있는 놀이에 대해 이야기 나눈다.** - 풀을 가지고 놀아본 경험이 있나요? - 이 풀로 어떤 놀이를 해볼 수 있을까요? (인성: 소통) - 선생님이 풀로 할 수 있는 놀이 소개해 주려 해요.		

활동 방법	- 어떤 놀이를 할 수 있어요? - 풀을 가지고 풀싸움 놀이라는 것을 할 수 있데요. C: 풀싸움이 뭐예요? 어떻게 하는 거예요? **4. 풀싸움 놀이 방법에 대해 알아본다.** - 풀싸움 놀이를 어떻게 해볼 수 있을까요? - 00이 말처럼 풀을 하나씩 주워서 친구랑 풀을 맞대고 친구의 풀을 끊는 친구가 이기는 '풀싸움' 놀이를 해볼 수 있어요. 〈풀싸움 놀이방법〉 1. 놀이를 할 풀들을 모은다. 2. 풀싸움을 할 친구를 정해 두 명씩 짝지어본다. 3. 교사가 '시작'을 외치면 두 유아가 풀줄기를 한 가닥씩 잡고 엇갈려 끼운 후 당긴다. 4. 풀줄기가 먼저 끊기는 유아가 진다. 5. 놀이를 한 풀들을 정리한다. - 풀싸움 놀이방법에 대해서 선생님이 설명해 줄게요. - 풀을 먼저 찾아요. - (시범을 보여주며) 그런 후에 친구와 짝을 짓고 이 풀을 친구 풀줄기에 엇갈려 끼워요. - 힘을 주어 당겼을 때 끊어지는 풀을 가진 친구가 지는 게임이에요. **5. 풀싸움 놀이를 하기 전 지켜야 할 약속을 정한다.** - 풀싸움 놀이를 즐겁게 하려면 우리가 어떤 약속을 지켜야 할까요? (인성: 예) C: 친구와 사이좋게 놀이해요. C: 졌다고 친구에게 화내지 않아요. - 그래요. 우리가 풀싸움을 하기 위해서 풀을 꺾으면 어떻게 될까요? C: 풀이 아파요. - 그래요. 풀을 꺾으면 우리 자연이 아파한대요. 풀을 꺾지 않고 땅에 떨어진 풀들을 주워 놀이해 보아요. **6. 풀싸움을 하기 위해 산책길에서 풀을 찾는다.** - 지금부터 풀싸움을 하기 위해 풀을 찾으러 가 볼 거예요. - 풀이 끊어지지 않으려면 어떤 풀을 찾아야 할까요? C: 줄기가 긴 풀이요.

활동 방법	C: 줄기가 단단해야 해요. - 그래요. 줄기가 튼튼하고 질긴 풀을 찾아야 풀싸움을 이길 수 있어요. - 친구와 함께 놀이할 풀들을 찾으러 가볼까요? (인성: 협력) - 풀을 찾을 때는 너무 멀리 가면 길을 잃을 수 있기 때문에 선생님이 정해준 곳에서만 풀을 찾아야 해요. - 풀을 모두 다 찾아보았나요? **7. 친구와 함께 풀싸움 놀이를 해본다.** (인성: 평화) - 지금부터 친구와 사이좋게 풀싸움 놀이를 해볼까요? - 누구의 풀이 끊어졌나요? - 누구의 풀이 더 단단하고 질긴가요? - 열심히 해준 친구들에게도 잘했다고 서로 박수쳐 줄까요? (인성: 배려) - (칭찬해주며) 애들아, 00이는 친구가 풀싸움 놀이 방법을 잘 모르는 거 같아 알려주었데요. 우리 친구들이 서로를 배려하고, 협력하는 모습에 선생님이 너무 기뻐요. 우리 멋진 00반, 정말 잘해주었어요! (인성: 배려, 협동) **8. 교실로 들어와 활동을 마무리하고 평가한다.** - 오늘 산책 재미있었나요? - 산책을 하며 어떤 놀이가 가장 재미있었나요? (인성: 소통) - 산책을 나가 본 것 중 어느 것이 가장 기억에 남나요? C: 친구랑 풀싸움 한 게 가장 기억나요. - 산책을 다녀오며 어떤 풀들을 볼 수 있었나요? - 풀싸움 놀이를 친구와 사이좋게 해보니 어떤가요? (인성: 평화) - 어떤 풀이 끊어지지 않고 튼튼했나요? - 다음에는 어떤 풀로 놀이해보고 싶나요? - 다음 시간에도 산책하며 오늘 해보았던 풀싸움 놀이를 또 해보도록 해요.
활동사진	 

활동사진	 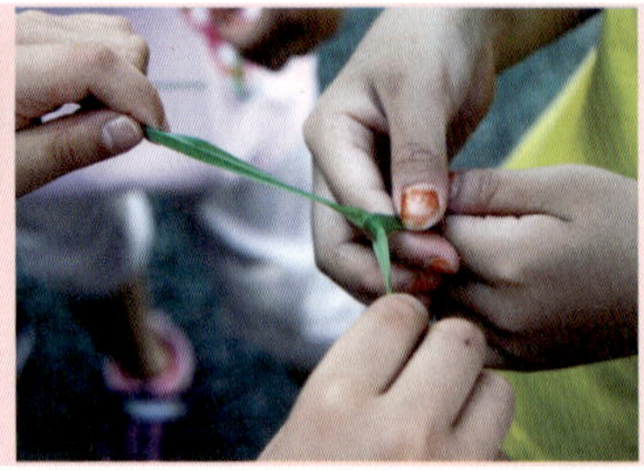
유의점	• 풀을 꺾지 않고, 산책을 하며 땅에 떨어진 풀을 모아 놀이를 해볼 수 있도록 한다. • 풀을 찾으러 갈 때 너무 멀리 가지 않도록 한다. • 유아들이 풀싸움 놀이방법을 잘 이해할 수 있도록 교사는 직접 풀을 가지고 시범을 보여준다. • 풀싸움 놀이를 하며 친구와 함께 다양한 상호작용을 나눌 수 있도록 돕는다.

CHAPTER

06

문제해결 능력

자신감

성실과 믿음

책임과 인내

정직

용기

활동 7 친구들과 함께 떠나는 홀로서기 가을 산책

놀이주제	가을	대상연령	만 5세
활 동 명	친구들과 함께 떠나는 홀로서기 가을 산책	관련 인성	문제해결능력 (자신감)
활동목표	1. 각 모둠마다 자신이 계획한 가을 궁금증에 대해 알아본다. 2. 자신이 계획한 일을 자신감을 가지고 가을 산책을 통해 실천해본다. 3. 가을에 볼 수 있는 다양한 풍경에 관심을 가진다.		
개정누리과정 관련요소	• 의사소통 〉 듣기와 말하기 〉 자신의 경험, 느낌, 생각을 말한다. • 신체운동 · 건강 〉 신체활동즐기기 〉 실내외 신체활동에 자발적으로 참여한다. • 사회관계 〉 나를 알고 존중하기 〉 내가 할 수 있는 것을 스스로 한다. • 사회관계 〉 더불어 생활하기 〉 약속과 규칙의 필요성을 알고 지킨다. • 자연탐구 〉 탐구과정 즐기기 〉 궁금한 것을 탐구하는 과정에 즐겁게 참여한다. • 자연탐구 〉 자연과 더불어 살기 〉 주변의 동식물에 관심을 가진다. • 예술경험 〉 아름다움 찾아보기 〉 자연과 생활에서 아름다움을 느끼고 즐긴다.		
활동자료	가을 산책활동 사전 계획 PPT자료, 유아 이름표, '궁금해요' 카드, 물, 돋보기, 카메라(테블릿PC)		
활동과정	내 용		
활동 방법	1. 그림의 부분을 보고 어떤 사진인지 맞추어본다 - 돋보기를 넣으면 어떻게 보이는지 함께 볼까요? 2. 계획했던 숲에 가본 경험에 대해 이야기 나눈다. 3. 숲을 가기 전 사전에 계획했던 내용과 약속했던 일에 대해 다시 한 번 회상해 본다. - 그럼 숲을 떠나기 전 우리가 계획했던 일과 약속했던 일에 대해 다시 한 번 이야기 나누어볼까요? - 누구와 함께 떠나기로 했나요? - 00모둠은 그 곳에 가서 어떤 놀이를 하기로 했나요? - 그 놀이를 하기 위해 무엇을 준비하기로 했었나요? 4. 도착 후 숲의 여러 모습을 다양하게 볼 수 있도록 이야기 나눈다. - 친구와 함께 계획했던 숲에 오니 기분이 어떤가요? 5. 숲을 우리 몸의 감각기관을 이용해 탐색해본다. 6. 모둠별로 계획했던 활동을 진행한다. - 그럼 우리 숲의 자연을 느끼며 모둠별로 계획했던 것들을 알아보고, 놀이해 볼까요?		

활동 방법	- 친구들과 함께 놀이하면서 궁금해요 카드에 기록도 해보도록 해요. - (가을의 볼 수 있는 다양한 나뭇잎의 색을 모두 찾아보고 나뭇잎을 이용해 놀이해보기/ 가을에 볼 수 있는 곤충들을 찾아보고, 기록해보기/ 가을 열매는 무엇이 있을지 찾아보고 수확해보기 등) 7. 모둠별로 숲에서 알아본 내용에 대해 소개해보며 숲에서의 경험과 느낌에 대해 이야기 나눈다. 8. 오늘의 활동을 평가한다. - 오늘 어떤 활동을 했었나요? - 오늘 친구들과 스스로 계획했던 일을 실천해보며 숲 산책을 해보았는데 어땠나요?
활동사진	 
유의점	• 사전에 유아가 가고 싶은 숲을 정할 때 유치원과 30분 이내의 장소로 정할 수 있도록 한다. • 교사는 숲 사전 답사를 하여 동선과 주의해야할 점을 파악한다. • 산책을 나갈 시 유의해야할 점에 대해 사전에 충분히 이야기하고 유아들과 약속을 정한다. • 유아가 자유롭게 자신이 계획한 놀이를 할 수 있도록 긍정적인 상호작용과 충분한 시간을 제공한다. • 유아가 계획한 놀이를 할 시 교사는 사진과 동영상을 찍으며 관찰한다. • 교사는 유아의 요구와 필요에 따라 테블릿 PC를 제공하여 유아가 관찰하고, 탐색한 것을 사진으로 찍을 수 있도록 한다. • 활동의 아쉬웠던 부분이 있을 경우 그 내용을 수렴하여 다음 산책 활동 때 보완할 수 있도록 한다.

활동 8 우리 반의 가을 공원 재구성

놀이주제	가을	대상연령	만 5세
활 동 명	우리 반의 가을 공원 재구성	관련 인성	문제해결능력 (성실과 믿음)
활동목표	1. 계절에 변화에 따른 변화를 알아본다. 2. 내가 할 수 있는 미술 역할 분담을 정해 친구들과 함께 가을 견학 재구성에 즐겁게 참여한다. 3. 가을 날씨와 풍경에 관심을 가진다.		
개정누리과정 관련요소	• 의사소통 〉 듣기와 말하기 〉 자신의 경험, 느낌, 생각을 말한다. • 의사소통 〉 듣기와 말하기 〉 말이나 이야기를 관심 있게 듣는다. • 사회관계 〉 나를 알고 존중하기 〉 내가 할 수 있는 것을 스스로 한다. • 사회관계 〉 더불어 생활하기 〉 서로 다른 감정, 생각, 행동을 존중한다. • 예술경험 〉 예술감상하기 〉 서로 다른 예술표현을 존중한다. • 예술경험 〉 아름다움 찾아보기 〉 자연과 생활에서 아름다움을 느끼고 즐긴다.		
활동자료	가을 견학 사진과 풍경 PPT자료, 전지, 보드마카, 분담코팅카드 (땅, 하늘, 벽) 다양한 꾸미기 재료(재활용품 - 종이봉지, 페트병, 박스, 1회용숟가락, 요거트통, 요구르트통 등, 스팽글, 노끈, 퐁퐁이) 색종이, 유아가 가을 산책을 통해 수집한 다양한 자연물, 딱풀, 목공풀, 가위, 가을견학 풍경사진,		
활동과정	내 용		
활동 방법	1. 지난주에 다녀온 가을 견학 사진 PPT를 보며 주의 집중한다. 2. PPT 사진 자료를 통해 가을 공원에서 보았던 다양한 풍경을 회상하며이야기 나눈다. - 여름과 달라진 점은 무엇이 있었나요? - 나무는 어떤 모양이었나요? - 나뭇잎의 색은 어땠나요? 3. 미술활동에 필요한 재료와 지켜야할 약속을 알아본다. - 이 재료들로 친구들과 함께 집을 지을 때 어떤 약속을 지켜야할까요? 4. 미술활동을 하기 전 역할분담을 한다. - (융판에 카드를 붙이며) 그럼 이 재료들로 이렇게 땅, 하늘, 벽을 나누어서 공원을 만들어볼까요? - 땅에는 무엇을 만들면 좋을까요? 어떤 재료로 만들어볼 수 있을까요? - 하늘에는 무엇을 만들면 좋을까요? 어떤 재료로 만들어볼 수 있을까요? - 벽에는 무엇을 만들면 좋을까요? 어떤 재료로 만들어볼 수 있을까요?		

활동 방법	- 벽면에 나무들을 만들고 싶은 친구들이 있나요? - 하늘에 구름과 햇님 곤충들을 만들고 싶은 친구들은 누가 있을까요? - 바닥에 잔디와 돗자리 곤충들을 만들고 싶은 친구 있나요? 5. 친구들과 함께 00반 가을 공원을 자유롭게 만들어 본다. 6. 친구와 함께 협동하여 만든 작품을 소개한다. - 서로 자신이 할 수 있는 역할을 분담해서 친구들과 함께 만들어주었네요. - 여러분이 만든 것을 보니까 우리가 간 공원은 이렇게 예쁜 꽃과 솜사탕같은 구름, 풀 냄새, 다양한 예쁜 곤충을 볼 수 있게 해주었네요. - 이렇게 00반에게 행복을 준 자연에게 어떤 마음을 가져야할까요? - 어떻게 마음을 표현해보면 좋을까요? 7. 오늘의 활동을 평가한다. - 오늘 어떤 활동을 했었나요? - 오늘 내가 할 수 있는 역할을 분담해서 친구들과 협동하여 공원을 재구성해보았는데 어땠나요?
활동사진	   
유의점	• 유아가 자유롭게 자신의 생각을 미술로 표현할 수 있도록 긍정적인 상호작용과 충분한 시간을 제공한다. • 유아가 친구들과 협동하여 미술활동을 할 수 있도록 공감하며 상호작용한다. • 활동의 아쉬웠던 부분이 있을 경우 그 내용을 수렴하여 다음 미술 활동 때 보완할 수 있도록 한다. • 유아가 어떤 재료로 무엇을 표현했는지 교사는 관찰을 통해 간략하게 적어놓는다.

활동 9 향기 솔솔 허브

놀이주제	건강과 안전	대상연령	만3~5세
활 동 명	향기 솔솔 허브	관련 인성	문제해결능력 (책임과 인내)
활동목표	1. 모종 심는 방법을 알아보고 모종을 심는다. 2. 식물에 대한 고마운 마음을 다양한 방법으로 꾸며볼 수 있다. 3. 식물을 돌보며 식물을 사랑하는 마음을 갖는다.		
개정누리과정 관련요소	• 의사소통 〉 듣기와 말하기 〉 자신의 경험, 느낌, 생각을 말한다. • 자연탐구 〉 탐구과정 즐기기 〉 주변 세계와 자연에 대해 지속적으로 호기심을 가진다. • 자연탐구 〉 자연과 더불어 살기 〉 주변의 동식물에 관심을 가진다. • 자연탐구 〉 자연과 더불어 살기 〉 생명과 자연환경을 소중히 여긴다.		
활동자료	허브모종, 화분, 소포지, 꾸미기 도구(색연필, 연필, 싸인펜), 테이프, 물조리개, 꽃삽		
활동과정	내 용		
활동 방법	1. 화분에 식물을 심어본 경험에 대해 이야기 나눈다. 2. 허브 모종을 보여주며 탐색하며 이야기 나눈다. 3. 활동 방법에 대해 알아보고 시간을 갖는다. - 허브 모종을 심을 때 우리가 조심해야 될 검에 대해 이야기 나누기 - 허브 모종에게 하고 싶은 말을 어떻게 표현 하면 좋을지 이야기 나누고 우리들의 마음을 그림과 글로 써서 화분에 꾸며준다. 4. 허브를 돌보는 방법에 대해 이야기 나눈다. - 허브가 잘 자랄 수 있게 우리들이 할 수 있는 일에 대해 알아본다. 5. 활동 후 우리들이 꾸민 화분에 대해 함께 이야기 나누는 시간을 갖는다. 6. 활동한 자리를 정리하고 평가하는 시간을 갖는다.		
활동사진	  		
유의점	꽃삽에 유아들의 손이 다치지 않도록 꽃삽 사용 시 주의점에 대해 안내한다.		

활동 10 놀이터에서 약속을 지키며 놀이해요.

놀이주제	우리 유치원	대상연령	만 4세
활 동 명	놀이터에서 약속을 지키며 놀이해요.	관련 인성	문제해결능력 (정직)
활동목표	1. 놀이터에서 지켜야 할 약속에 대해 안다. 2. 실외에서 이루어지는 활동에 관심을 가진다. 3. 약속을 지키며 친구와 즐겁게 놀이한다.		
개정누리과정 관련요소	• 신체운동·건강·〉 안전하게 생활하기〉 일상에서 안전하게 놀이하고 생활한다. • 사회관계〉 더불어 생활하기〉 약속과 규칙의 필요성을 알고 지킨다. • 의사소통〉 듣기와 말하기〉 자신의 경험, 느낌, 생각을 말한다.		
활동자료	바깥놀이터 약속 퀴즈, 약속판, 매직		
활동과정	내 용		
활동 방법	**1. 놀이터에서 놀이했던 경험에 대해 이야기 나눈다.** - 놀이터에서 놀이해본적이 있나요? - 어디에 있는 놀이터였나요? - 누구와 함께 놀이터에 갔었나요? - 놀이터에서 어떤 놀이를 했나요? - 우리 유치원에 있는 놀이터에서도 놀이한 적이 있나요? - 어떤 놀이가 가장 재미있었나요? **2. 바깥놀이터 약속 퀴즈를 풀며 놀이터에서 지켜야 할 약속에 대해 이야기 나눈다.** - 놀이터에서 안전하게 놀이하려면 어떻게 해야 할까요? - 선생님이 우리 유치원의 놀이터에서 놀이할 때 지켜야 할 약속 퀴즈를 가져왔어요. 다같이 풀어볼까요? - 미끄럼틀은 어떻게 타야할까요? - 미끄럼틀은 손잡이를 잡고 안전하게 내려와야 해요. - 미끄럼틀을 거꾸로 올라가면 어떻게 될까요? - 놀이기구를 탈 때 서로 양보하지 않으면 어떻게 될까요? - 자전거를 타고난 후 자전거는 어떻게 주차해두어야 할까요? - 앞에서 손잡이가 보이도록 주차를 해야해요. - 모래놀이터에서 지켜야 할 약속은 무엇이 있을까요? - 또 놀이터에서 위험한 것은 무엇이 있을까요? - 어떤 약속이 더 필요할까요?		

활동 방법	**3. 약속을 지키며 친구와 함께 놀이터에서 놀이한다.** - (놀이터에서 그늘막 밑에 모여 앉는다.) 오늘은 어떤 놀이를 하고 싶나요? - 어떤 기구를 타보고 싶나요? - 교실에서 이야기 나눈 약속에는 무엇이 있었는지 이야기해볼까요? - 친구들과 놀이터 약속을 잘 지키며 놀이해보도록 해요. (놀이터에서 바깥놀이를 진행한다.) **4. 활동을 평가한다.** - 어떤 활동이 가장 재미있었나요? - 놀이터에서 놀이해보니 어떤 기분이 어땠나요? - 약속을 잘 지켜 놀이했나요? - 약속을 지키며 놀이하니 어떤 기분이 드나요? - 약속을 지키지 않고 놀이했다면 어떻게 되었을까요?
활동사진	
유의점	• 놀이기구 이용방법에 대한 사진자료를 준비하여 구체적인 상황을 제시한다. • 유아가 바깥놀이를 하다가 위험한 행동을 할 때 주의를 준다. • 바깥놀이를 나갈 수 없는 경우, 실내 유희실에서 함께 지켜야 할 약속을 정한 후 약속을 지켜 놀이하도록 한다.

활동 11 놀이터에서 만난 새를 관찰해 보아요.

놀이주제	봄	대상연령	만 5세
활 동 명	놀이터에서 만난 새를 관찰해 보아요.	관련 인성	문제해결능력 (용기)
활동목표	1. 새의 움직임과 생활에 대해 알아본다. 2. 새의 움직임을 신체로 표현해본다. 3. 친구와 즐겁게 활동에 참여한다.		
개정누리과정 관련요소	• 자연탐구 〉 자연과 더불어 살기 〉 주변의 동식물에 관심을 가진다. • 예술경험 〉 창의적으로 표현하기 〉 신체나 도구를 활용하여 움직임과 춤으로 자유롭게 표현한다. • 사회관계 〉 더불어 생활하기 〉 서로 다른 감정, 생각, 행동을 존중한다.		
활동자료	망원경		
활동과정	내 용		
활동 방법	**1. 바깥놀이 공간을 보며 이야기 나눈다.** - 하늘에 무엇이 보이나요? - 날아다니는 동물에는 무엇이 있을까요? **2. 유치원 주변에 살고 있는 새에 대해 이야기 나눈다.** - 새들은 어디에서 살까요? - 새들은 무엇을 먹고 살까요? **3. 바깥놀이를 할 때 보았던 참새와 비둘기의 차이점에 대해 이야기 나눈다.** - 참새와 비둘기의 크기는 어떻게 다른가요? - 참새와 비둘기가 나는 모습은 어떻게 다른가요? **4. 새가 움직이는 모습을 관찰해본다.** - 새가 날 때 날개의 모습은 어떻게 되어있나요? - 새가 내려와서 앉을 때는 어떤 모습인가요? **5. 새가 움직이는 모습을 신체로 표현해 본다.** - 크기가 큰 새를 표현해보아요. - 더 작은 크기의 새를 표현해보아요. - 날고 있는 새를 표현해보아요. **6. 새를 신체로 표현한 것을 회상하며 활동을 평가한다.**		

<table>
<tr><td>활동사진</td><td> </td></tr>
<tr><td>유의점</td><td>• 유아가 자유롭게 하늘을 관찰할 수 있는 공간을 마련한다.
• 유아가 신체의 다양한 부위를 사용하여 표현할 수 있도록 이야기한다.
• 유아의 동작을 언어로 표현하여 친구가 어떤 동작을 하고 있는지 알 수 있도록 한다.
• 유아가 어떤 재료로 무엇을 표현했는지 교사는 관찰을 통해 간략하게 적어놓는다.</td></tr>
</table>

CHAPTER

07

친사회적 행동

나누기

돕기

의사소통하기

활동 12 텃밭 수확물로 만든 나만의 화환

놀이주제	텃밭에서 얻는 수확의 기쁨	대상연령	만 5세
활 동 명	텃밭 수확물로 만든 나만의 화환	관련 인성	친사회적행동 (나누기)
활동목표	1. 텃밭에서 자란 꽃과 채소를 수확하는 올바르게 수확하는 방법을 안다. 2. 텃밭에서 자란 꽃과 채소로 나만의 화환을 창의적으로 만들어본다. 3. 직접 기른 꽃과 채소를 수확하며 즐거움을 느낀다.		
개정누리과정 관련요소	• 자연탐구 〉 자연과 더불어 살기 〉 생명과 자연환경을 소중히 여긴다. • 자연탐구 〉 자연과 더불어 살기 〉 주변의 동식물에 관시을 가진다. • 예술경험 〉 창의적으로 표현하기 〉 다양한 미술 재료와 도구로 자신의 생각과 느낌을 표현한다.		
활동자료	바구니, 가위, 플로랄폼을 붙인 작은 이젤, 수확한 꽃과 채소, 빵칼(어린이칼), 도마, 자연물(나뭇잎, 나뭇가지 등)		
활동과정	내 용		
활동 방법	1. 텃밭을 산책하며 텃밭에 자란 꽃과 채소에 대해 이야기 나눈다. - 텃밭에 어떤 꽃들이 자랐나요? - 텃밭에 어떤 채소들이 자랐나요? - 텃밭에 자라난 꽃과 채소들을 보니 기분이 어떤가요? 2. 텃밭에 자라난 꽃과 채소들을 수확한다. - 우리가 물을 주고 가꾼 꽃과 채소들이 많이 자라났어. 오늘은 이 꽃과 채소들을 이 바구니에 담아볼 거예요. - 꽃과 채소를 수확할 때 주의해야할 점이 있을까요? C: 꽃을 밟지 않도록 해요. C: 장미꽃은 만지지 않아요. C: 뿌리는 뽑지 않아요. - 꽃들은 선생님이 나눠주는 가위를 이용해서 자르고 고추와 방울토마토 같은 채소들은 손으로 따면 되는 거예요. 우리 장미나 오이는 가시가 있으니까 선생님이 도와주도록 할게요. - 텃밭을 둘러보면서 바구니에 꽃과 채소를 수확하도록 해요.		

활동 방법

3. 수확한 꽃과 채소를 나누는 방법에 대해 이야기 나눈다.
- 텃밭에 자라난 꽃과 채소들을 수확해 봤는데 이것들을 OO반이 모두 먹을 수 있을까요?

C: 아니요.
- 그럼 이 꽃과 채소를 어떻게 하면 좋을까요?

C: 사람들에게 나눠줘요. / 집으로 가져가요.
- 정말 다양한 방법이 있구나. 그럼 이 꽃과 채소를 어떻게 나누면 좋을까요? 이대로 주변 사람들에게 나눌 수도 있지만 다른 방법도 생각해보아요.

C: 바자회를 열어요. / 고마운 사람들에게 선물해요.
- 그래, 다양한 방법이 있구나. 오늘은 너희들이 말해준 방법 중에 주변 사람들에게 선물하기 위해 이 꽃과 채소로 선물할 화환을 만들어보는 것도 좋을 것 같아요.
- 화환은 꽃으로 만든 세우는 꽃다발인데 우리 주변에 고마운 사람들을 위해 만들어보도록 해요.

4. 꽃과 채소로 화환을 만들기 위한 재료와 방법에 대해 알아본다.
- 선생님이 화환을 만들기 위해 재료를 준비했어요. 채소화환을 만드는 방법에 대해 알아보도록 해요.
- 재료를 소개해줄게요. 이건 꽃을 꽂을 때 사용하는 플로랄폼이라는 재료인데 이 작은 이젤에 선생님이 붙여줬어요. 그리고 우리가 수확한 채소와 꽃들이 필요한데 이 플로랄폼에 꽂으려면 조금 뾰족해야한대요.
- 채소와 꽃들의 끝이 이렇게 뾰족하도록 칼로 잘라서 꽂아보도록 해요.
- 방울토마토는 이쑤시개를 이용해서 꽂아 볼 건데 이건 선생님이 도와주도록 할게요.

5. 수확한 꽃과 채소로 나만의 화환을 만들어본다.
- 선생님이 이 플로랄폼이 붙여진 이젤을 나눠주면 모둠끼리 재료를 나눠서 화환을 만들어보도록 할게요.
- 선생님이 지난 시간에 관찰한 나뭇잎들이랑 돌, 나뭇가지도 줄 테니 같이 꾸며보도록 해요.

6. 완성한 화환을 발표하며 활동을 마무리한다.
- 나와서 완성한 화환을 소개해줄 친구 있나요?
- 이 화환은 어떤 것으로 만들었나요?
- 오늘 어떤 활동을 했나요?
- 어떤 것이 가장 재미있었나요?
- 다음 시간에는 이 화환을 직접 선물해보도록 해요.

활동사진	   사진출처: 00기관 자연친화 활동사진  
유의점	• 텃밭에 자라나는 꽃과 채소를 직접 수확할 수 있도록 격려해준다. • 가시가 있어 유아들이 수확하기 위험한 채소나 꽃들은 교사의 도움을 받아 안전하게 수확할 수 있도록 한다. • 수확물을 나누는 방법에 대해 직접 생각해볼 수 있도록 한다. • 수확한 꽃과 채소는 길쭉한 형태로 잘라주어 유아들이 쉽게 꽂을 수 있도록 한다. • 이쑤시개가 꽂힌 방울토마토는 선생님의 도움을 받아 꾸미도록 한다. • 유아들이 화환을 창의적으로 꾸밀 수 있도록 다양한 재료들을 제공한다. • 모둠끼리 재료를 나누며 미술활동을 할 수 있도록 격려한다.

활동 13 우리 반의 '해피자연데이'

놀이주제	고마운 자연	대상연령	만 5세
활 동 명	우리 반의 '해피자연데이'	관련 인성	친사회적행동 (돕기)
활동목표	1. 주변에 존재하는 자연에 대해 관심을 가진다. 2. 우리를 도움을 주는 자연에 대해 이야기할 수 있다. 3. 자연에 대한 고마움을 표현해본다.		
개정누리과정 관련요소	• 자연탐구 〉 탐구과정 즐기기 〉 주변 세계와 자연에 대해 지속적으로 호기심을 가진다. • 의사소통 〉 듣기와 말하기 〉 자신의 경험, 느낌, 생각을 말한다.		
활동자료	화이트보드, 마카(유아들이 생각이 담긴 고마운 자연 마인드맵) 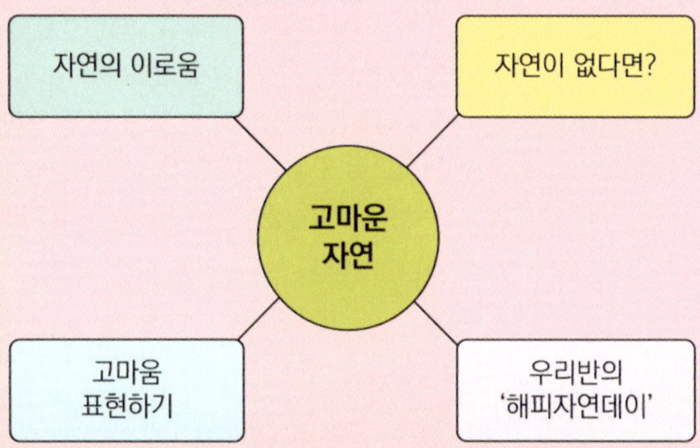 		
활동과정	내 용		
활동 방법	1. 식목일에 대한 수수께끼를 풀어본다. - 나는 5월에 만날 수 있어요. - 나는 사람과 나무가 친해질 수 있게 해요. 2. 우리에게 도움을 주는 고마운 자연에 대한 이야기를 나눈다. - 자연에게 고마움을 느꼈던 적이 있니? - 우리에게 도움을 주는 자연에는 어떤 것들이 있을까? - 우리가 자연에게 고마워해야 하는 이유는 무엇일까?		

활동 방법	3. 자연에 대한 고마움을 표현할 수 있는 방법에 대해 이야기를 나눈다. - 자연에게 고마운 마음을 어떻게 표현 할 수 있을까? - 우리가 열심히 자연에 대한 고마움을 표현하면, 자연은 어떤 기분일까? 4. 우리 반의 '자연아 사랑해 데이'를 만들어 본다. - 우리나라에 식목일이 있는 것처럼 우리 반에도 자연에 대해 소중함과 고마움을 표현할 수 있는 날이 있으면 어떨까? - 언제로 정하면 좋을까? - 이 날의 이름은 무엇으로 하면 좋을까? 5. 활동에 대해 회상하고 느낌을 이야기한다.
유의점	• 연령을 고려한 수수께끼를 준비한다. • 자유롭게 의견을 말할 수 있는 분위기를 조성한다. • 다른 유아의 말을 경청하도록 지도한다.

활동 14 흙으로 그린 그림

놀이주제	아름다운 가을	대상연령	만4세
활 동 명	흙으로 그린 그림	관련 인성	친사회적행동 (의사소통하기)
활동목표	1. 물과 흙을 이용하여, 운동장 마당 위에 그림을 그려보는 기회를 가지며 다양한 쓰기도구에 대해 탐색을 한다. 2. 흙과 물의 변화에 관심을 갖는다. 3. 종이가 아닌 흙 위에 그림을 표현하였을 때의 느낌과 다른 점에 대한 서로의 생각을 말로 표현할 수 있다.		
개정누리과정 관련요소	• 신체운동 · 건강 〉 신체활동 즐기기 〉 실내외 신체활동에 자발적으로 참여한다. • 자연탐구 〉 탐구 과정 즐기기 〉 궁금한 것을 탐구하는 과정에 즐겁게 참여한다. • 예술경험 〉 창의적으로 표현하기 〉 다양한 미술 재료와 도구로 자신의 생각과 느낌을 표현한다.		
활동자료	나뭇가지, 물조리개, 물		
활동과정	내 용		
활동 방법	1. 물과 흙을 만져 본 경험에 대해 이야기를 나눈다. - 물과 흙을 만져 보았을 때의 느낌을 말해 본다. 2. 흙 위에 그림을 그려보았던 경험을 이야기 나눈다. - 흙 위에 어떤 방법으로 그림을 그렸는지 이야기 나누어 본다. 3. 친구와 함께 흙 위에 그림을 그릴 수 있는 방법에 대해 알아본다. - 나뭇가지와 물을 이용하여 흙 위에 그림의 다양한 사진 자료를 보여준다. - 나뭇가지와 물을 이용하여 흙에 그림을 그릴 때 주의 점에 대해 알아본다. 4. 흙 위에 물과 나뭇가지를 이용하여 자유롭게 그림을 그려본다. 5. 활동을 하고 난 느낌에 대해 이야기 나눈다.		
활동사진	 		

활동사진	
유의점	• 흙 그림 그리기 활동은 날씨가 맑은 날에 활동하면 효과적이다.

CHAPTER

08

기타 영유아 인성교육 활동

활동 15 자연물로 꾸민 멋진 친구의 얼굴

놀이주제	우리나라와 세계여러나라	대상연령	만3세
활 동 명	자연물로 꾸민 멋진 친구의 얼굴	관련 인성	존중, 책임
활동목표	1. 친구들의 모습에 관심을 가진다. 2. 자연물에 대해 알고 자연에 대해 감사의 마음을 갖는다. 3. 친구들과 함께 자연물을 관찰한다. 4. 자연물을 이용하여 친구의 모습을 꾸며볼 수 있다.		
누리과정 관련요소	• 신체운동 · 건강 〉 신체활동 즐기기 〉 실내외 신체활동에 자발적으로 참여한다. • 예술경험 〉 창의적으로 표현하기 〉 다양한 미술 재료와 도구로 자신의 생각과 느낌을 표현한다. • 자연탐구 〉 자연과 더불어 살기 〉 주변의 동식물에 관심을 가진다.		
활동자료	자연물, 나무 조각, 눈알, 목공용 풀		
활동과정	내 용		
활동 방법	1. 우리와 함께 생활하고 있는 친구들을 살펴보고 친구의 소중함에 대해 이야기 나눈다. 2. 그룹으로 자연물로 꾸민 친구 얼굴 만들기 활동을 계획 한다. - 친구들과 함께 얼굴 꾸밀 자연물을 수집 한다. - 수집한 다양한 자연물을 이용하여 친구의 얼굴을 만들어 본다. 3. 실외 활동 시 지켜야 할 약속에 대해 이야기 나눈다. 4. 규칙을 지키며 실외로 이동한다. 5. 실외활동을 하며 친구들과 함께 수집한 자연물을 이용하여 친구의 얼굴을 구성해 본다.(얼굴 꾸미기는 실내에서 진행) 6. 활동한 자리를 함께 정리한 후 평가하는 시간을 갖는다.		
활동사진	 		
유의점	• 실외 활동 시에는 활동 후 우리들이 사용한 자리를 함께 정리하고, 손을 깨끗이 씻을 수 있도록 지도 한다.		

활동 16 식물 친구들에게 이름 만들어 주기

놀이주제	알록달록 가을	대상연령	만4~5세
활 동 명	유치원의 식물에 이름 만들어 주기	관련 인성	존중, 책임
활동목표	1. 우리 유치원에 있는 식물에 관심을 갖는다. 2. 식물을 관찰하고 탐색하며 식물의 이름, 생김새, 특징들을 다양한 방법으로 표현해 볼 수 있다.		
개정누리과정 관련요소	• 의사소통 〉 듣기와 말하기 〉 자신의 경험, 느낌, 생각을 말한다. • 자연탐구 〉 탐구과정 즐기기 〉 궁금한 것을 탐구하는 과정에 즐겁게 참여한다. • 자연탐구 〉 자연과 더불어 살기 〉 주변의 동식물에 관심을 가진다.		
활동자료	식물 사진PPT자료. 소포지, 꾸미기 재료(색연필, 크레파스, 네임펜), 물뿌리개, 나무막대		
활동과정	내 용		
활동 방법	1. 우리 유치원 실내에 어떤 식물이 있는지 알아본다. - 유치원 실내를 탐색하며 식물을 관찰한다. 2. 모둠별로 이름을 지어주고 싶은 식물을 토의해서 선택한 후 식물의 이름, 생김새, 특징 등을 관찰한다. 3. 관찰한 식물의 이름을 모둠별로 함께 꾸며본다. 4. 함께 만든 식물의 이름표를 서로 공유하며 이야기 나누어 본다. 5. 완성된 이름표를 화분에 붙여주고 식물이 잘 자랄 수 있게 함께 돌보도록 약속한다. 6. 활동 후 느낌에 대해 평가해 보는 시간을 갖는다.		
활동사진	 		
유의점	• 글자 쓰기를 어려워하는 유아들은, 교사나 또래 친구가 도움을 주도록 한다.		

활동 17 배추, 무, 모종 심기

놀이주제	알록달록 가을	대상연령	만3~5세
활 동 명	배추, 무 모종 심기	관련 인성	참여, 존중 협력, 책임
활동목표	1. 배추, 무 모종의 생김새와 특성을 관찰한 것을 말한다. 2. 모종을 심는 방법을 알고 심는다. 3. 식물을 가꾸고 소중히 여기는 마음을 갖는다.		
개정누리과정 관련요소	• 의사소통 〉 듣기와 말하기 〉 자신의 경험, 느낌, 생각을 말한다. • 자연탐구 〉 자연과 더불어 살기 〉 주변의 동식물에 관심을 가진다. • 자연탐구 〉 자연과 더불어 살기 〉 생명과 자연환경을 소중히 여긴다.		
활동자료	배추 모종, 무 모종, 꽃삽, 물조리개, 모종 팻말		
활동과정	내 용		
활동 방법	1. 텃밭에 심을 배추와 무 모종을 보며 이야기 나눈다. 2. 배추와 무 모종을 관찰한다. 3. 모종 심을 위치를 정해 본다. 4. 모종을 심는 방법에 대해 알아본다. - 일정한 간격을 두고 모종삽으로 구멍을 판 후 물조리개로 물을 붓는다. - 모종을 구멍에 넣고 흙을 덮어 흙을 살살 눌러준다. - 모종을 모두 심은 후 충분히 물을 준다. 5. 텃밭에 배추, 무 모종을 심는다. - 모종을 심은 후 유아들이 사전에 만들어 놓은 팻말을 꽂는다. 6. 모종을 심어보고 텃밭을 함께 가꾸어 본 느낌에 대해 이야기 나눈다.		
활동사진	   		
유의점	바깥놀이 활동 시에도 유아들이 지속적으로 모종을 돌보고 성장과정을 관찰하도록 한다.		

활동 18 가을이 주는 선물

놀이주제	알록달록 가을	대상연령	만4세
활 동 명	가을이 주는 선물	관련 인성	존중, 공감, 협력
활동목표	1. 산책하며 변화된 다양한 가을 풍경의 아름다움을 느끼고 즐긴다. 2. 가을에 볼 수 있는 여러 가지 자연물 탐색을 즐긴다. 3. 자연물을 이용한 미술활동을 통해 자신의 생각과 느낌을 표현한다.		
개정누리과정 관련요소	• 신체운동 · 건강 〉 신체활동 즐기기 〉 실내외 신체활동에 자발적으로 참여한다. • 의사소통 〉 듣기와 말하기 〉 자신의 경험, 느낌, 생각을 말한다. • 사회관계 〉 더불어 생활하기 〉 서로 다른 감정 ,생각, 행동을 존중 한다. • 예술경험 〉 창의적으로 표현하기 〉 다양한 미술 재료와 도구로 자신의 생각과 느낌을 표현한다. • 자연탐구 〉 탐구과정 즐기기 〉 주변 세계와 자연에 대해 지속적으로 호기심을 가진다.		
활동자료	가을에 볼 수 있는 사진자료, 자연물, 액자틀, 목공용품, 꾸미기 재료		
활동과정	내 용		
활동 방법	1. 가을에 볼 수 있는 다양한 자연물에 대해 이야기 나눈다. 2. (실외) 산책 활동 시 가을의 변화된 날씨와 풍경을 느껴본다. 3. 가을을 우리 반에 초대할 때 지켜야 할 약속에 대해 알아본다. 4. 가을 액자를 꾸미기 위해 필요한 자연물을 수집해 온다. 5. 수집한 자연물을 활용하여 가을 액자를 꾸민다. 6. 친구들의 작품을 감상한다. 7. 활동을 회상하고 평가한다.		
활동사진	  		
유의점	유아가 자연물과 친해지고 적극적으로 놀이하는 경험을 지원해 주어 자연과 일체감을 느끼도록 하고 타인의 감정과 생각을 존중하는 태도를 갖도록 한다.		

활동 19 자연과 함께 살아가는 친구들

놀이주제	알록달록 가을	대상연령	만3~5세
활 동 명	자연과 함께 살아가는 친구들	관련 인성	배려, 협력, 공감
활동목표	1. 자연 속에서 함께 살아가는 동물의 이름을 안다. 2. 나의 생각과 느낌을 이야기 해본다. 3. 동물과 사람은 더불어 함께 지냄을 알고, 동물을 사랑하는 마음을 갖는다.		
개정누리과정 관련요소	• 의사소통 〉 듣기와 말하기 〉 자신의 경험, 느낌, 생각을 말한다. • 자연탐구 〉 자연과 더불어 살기 〉 주변의 동식물에 관심을 가진다. • 자연탐구 〉 자연과 더불어 살기 〉 생명과 자연환경을 소중히 여긴다.		
활동자료	자연에게 도움을 주는 동물 사진자료, 필기도구, 편지지		
활동과정	내 용		
활동 방법	1. 동물을 기르거나 돌보았던 경험에 대해 이야기 나눈다. 2. 우리 주변에서 볼 수 있는 동물을 찾아본다. 3. 동물을 사랑하고 보호하는 방법에 대해 이야기 나눈다. - 자연 속에서 살고 있는 동물들이 행복하게 살아 갈 수 있도록 도와주는 방법에는 어떤 것이 있을지 생각해 본다. - 모듬별로 동물을 사랑하고 보호하는 방법에 대해 토의하고 친구들에게 소개하는 시간을 갖는다. (예: 먹이 주기, 쓰레기 버리지 않기, 괴롭히지 않기. 먹을 것 함부로 주시 않기) 4. 동물에게 사랑하는 마음을 함께 표현해 본다. 5. 활동을 평가하는 시간을 갖는다. - 함께 이야기 나눈 동물을 사랑하고 소중히 여기는 방법에 대해 약속하는 마음을 갖도록 한다.		
활동사진	  		
유의점	동물이나 곤충을 기를 때, 주의할 점은 무엇인지에 대해 이야기 나누어 보며 유아의 이해를 도울 수 있도록 한다.		

활동 20 자연의 색으로 꾸며요.

놀이주제	알록달록 가을	대상연령	만 5세
활 동 명	자연의 색으로 꾸며요	관련 인성	협력, 공감, 배려
활동목표	1. 가을에 자연에서 볼 수 있는 가을 색을 알아본다. 2. 가을에 볼 수 있는 낙엽에 대해 관심을 갖는다. 3. 같은 색을 가진 낙엽끼리 분류해 볼 수 있다. 4. 바깥놀이 활동을 즐긴다.		
개정누리과정 관련요소	• 신체운동·건강 〉 신체활동 즐기기 〉 실내외 신체활동에 자발적으로 참여한다. • 자연탐구 〉 생활 속에서 탐구하기 〉 일상에서 모은 자료를 기준에 따라 분류한다. • 자연탐구 〉 자연과 더불어 살기 〉 주변의 동식물에 관심을 가진다.		
활동자료	여러 가지 색깔의 다양한 나뭇잎, 나뭇잎을 올려놓은 큰 광목천		
활동과정	내 용		
활동 방법	1. 가을이 되어 달라진 자연의 변화에 대해 관심을 갖는다. - 가을이 되면서 달라진 날씨의 변화, 나무의 모습에 대해 이야기 나누어 본다. 2. 낙엽을 관찰해보고 같은 색깔의 낙엽을 모은다. - 바닥에 떨어진 낙엽을 관찰하며 다양한 낙엽의 색깔에 대해 관심을 갖는다. - 친구들과 함께 여러 가지 낙엽의 색을 수집한다. 3. 같은 색깔과 모양의 낙엽을 모은다. - 흰색 광목천 위에 같은 색깔의 낙엽을 모아서 가을 낙엽 만다라를 함께 만들어 본다. 4. 활동에 대하여 평가한다. - 낙엽을 모아서 낙엽 만다라를 만들어본 느낌에 대해 이야기 나눈다.		
활동사진	  		
유의점	가을이 되면서 달라지는 나뭇잎의 모습에 관심을 갖고 탐색할 수 있도록 한다.		

활동 21 자연보호 캠페인

놀이주제	알록달록 가을	대상연령	만 3~5세
활 동 명	자연보호 캠페인	관련 인성	협력, 공공선, 책임
활동목표	1. 우리 주변의 자연을 보호하게 하기 위한 방법에 관심을 갖는다. 2. 자연보호를 위해 할 수 있는 알아보고 친구들과 함께 캠페인 활동을 실천해보는 경험을 해본다. 3. 주변 사람들에게 알려 자연을 보호하도록 한다.		
개정누리과정 관련요소	• 의사소통 〉 읽기와 쓰기에 관심 가지기 〉 자신의 생각을 글자와 비슷한 형태로 표현한다. • 사회관계 〉 더불어 생활하기 〉 친구와 서로 도우며 사이좋게 지낸다. • 자연탐구 〉 자연과 더불어 살기 〉 생명과 자연환경을 소중히 여긴다.		
활동자료	자연보호 캠페인과 관련된 사진 자료, 자연이 오염되고 있는 모습의 사진, 캠페인 띠, 비닐봉지, 집게		
활동과정	내 용		
활동 방법	1. 우리 주변에 오염되고 있는 자연환경의 모습에 대해 이야기한다. 2. 자연이 오염되는 원인을 알아보고 깨끗한 자연을 만들 수 있는 방법을 찾아본다. 3. 자연을 보호를 알리기 위해 우리가 할 수 있는 일에 대해 이야기 나눈다. 4. 자연보호 캠페인을 어떻게 할 것인지 이야기 나누어 본다. 5. 바깥놀이터로 이동하여 자연보호 캠페인 띠를 착용하고 우리 유치원의 텃밭과 운동장의 환경을 깨끗이 정리하며 자연보호 사랑 캠페인을 주변의 사람들에게 알린다. 6. 캠페인을 마치고 난 후 느낌을 이야기해 본다.		
활동사진	 		
유의점	자연 환경이 오염되고 있는 현실과 자연보호를 위해 할 수 있는 구체적인 방법에 대해 알아보며 자연의 소중함을 느끼고 보호하는 태도를 가질 수 있도록 상호작용한다.		

활동 22 우리 동네를 지켜요.

놀이주제	함께 사는 우리(우리동네)	대상연령	만 5세
활 동 명	우리 동네를 지켜요.	관련 인성	민주시민의식
활동목표	1. 우리 동네를 깨끗하게 할 수 있는 방법에 대하여 이야기할 수 있다. 2. 동네를 깨끗하게 하기 위한 방법을 알아보기 위하여 민주적인 방법으로 토의할 수 있다.		
개정누리과정 관련요소	• 의사소통〉듣기와 말하기〉자신의 경험, 느낌, 생각을 말한다. • 의사소통〉듣기와 말하기〉상대방이 하는 이야기를 듣고 관련해서 말한다. • 사회관계〉더불어 생활하기〉서로 다른 감정, 생각, 행동을 존중한다.		
활동자료	시작/끝 알리는 종, 쓰레기가 버려진 우리 동네 모습 사진, 융판		
활동과정	내 용		
활동 방법	**1. 쓰레기가 버려져있는 모습의 우리 동네 모습 사진을 보며 이야기 나눈다.** - 여기 어딘디일까? C: 우리 동네예요. C: 유치원 앞이에요. - 이 주변 모습이 어떠하니? C: 더러워요. C: 쓰레기가 많아요. - 이 모습을 보니 마음이 어떠하니? **2. 사진을 보며 문제점과 심각성에 대하여 알아본다.** - 이 곳은 왜 이렇게 더러울까요? C: 사람들이 쓰레기를 아무데나 버린 것 같아요. - 사람들은 왜 쓰레기를 아무데나 버렸을까요? C: 집에 가져가기 싫어서요. C: 쓰레기통이 없어서요. - 000반 친구들도 쓰레기를 아무데나 버린 적이 있나요? - 쓰레기를 아무데나 버리면 어떻게 될까요? C: 더러워져요. 지구가 아파요. 보기 싫어요. **3. 조를 나누어 깨끗한 우리 동네를 만들기 위한 토의를 해본다.** - 우리 동네를 깨끗하게 만들기 위한 방법에 대하여 조를 나누어 이야기를 나누어 볼 거예요.		

활동 방법	- 어떻게 조를 나눠보면 좋을까요? C: 앉아있는 대로 나눠요. - 한 조가 된 친구들은 깨끗한 우리 동네를 만들기 위한 방법을 서로 이야기 나누어 보아요. **4. 깨끗한 우리 동네 만들기 약속을 각 조에서 한 가지씩 이야기한다.** - 00 조는 어떤 약속을 지킬 수 있나요? C: 쓰레기를 아무데나 버리지 않아요. C: 길가다 쓰레기가 보이면 주워요. C: 꽃을 심어요. C: 쓰레기통을 만들어요. **5. 다음에 어떤 활동을 하면 좋을지에 대하여 이야기 나눈다.** - 우리가 이야기 나눈 우리 동네를 지키기 위한 방법 중에 어떤 활동을 실천해 보면 좋을까요? **6. 활동 후 평가한다.** - 우리가 오늘 함께 힘을 합쳐 이야기 나누어 보니 어땠나요? - 우리 동네를 청결하게 하기 위한 방법을 실천해 볼 수 있겠나요?
활동사진	  
유의점	• 다양한 의견이 나올 수 있도록 편안한 분위기를 조성한다. • 아이들이 서로 의견을 자유롭게 낼 수 있도록 격려한다. • 협의하고 토의하여 민주적인 방법으로 이야기할 수 있도록 한다.

활동 23 배고픈 애벌레

놀이주제	건강과 안전	대상연령	만 4세
활 동 명	배고픈 애벌레	관련 인성	절제
활동목표	1. 각 모둠마다 자신이 계획한 가을 궁금증에 대해 알아본다. 2. 자신이 계획한 일을 자신감을 가지고 가을 산책을 통해 실천해본다. 3. 가을에 볼 수 있는 다양한 풍경에 관심을 가진다.		
개정누리과정 관련요소	• 자연탐구 〉 자연과 더불어 살기 〉 주변의 동식물에 관심을 가진다. • 신체운동·건강 〉 건강하게 생활하기 〉 몸에 좋은 음식에 관심을 가지고 바른 태도로 즐겁게 먹는다. • 의사소통 〉 듣기와 말하기 〉 바른 태도로 듣고 말한다. • 신체운동·건강 〉 건강하게 생활하기 〉 몸에 좋은 음식에 관심을 가지고 바른 태도로 즐겁게 먹는다.		
활동자료	'배고픈 애벌레' 동화책, 등장인물 카드, 좋은 음식 vs 좋지 않은 음식 배경판, 몸에 좋은/좋지 않은 음식 그림카드, 제철 음식 PPT, 올바른 식습관을 다룬 영상		
활동과정	내 용		
활동 방법	**1. 손유희를 통해 주의집중을 한다.** 난 배고픈 (배고픈!) 애벌레 (애벌레!) 먹는 게 너무 좋아 (냠냠) 무럭무럭 자라나서 어여쁜 나비 될 거야. **2. 동화를 읽기 전 표지를 탐색한다.** - OO반, 오늘은 선생님이랑 함께 식사 습관에 관한 동화책을 한 권을 읽어 볼 거에요. - 책 표지에 무엇이 보이나요? **3. 동화를 듣는다.** 제목 배고픈 애벌레. 글, 그림 에릭 칼 옮김 이희재 "아 이파리 위에 작은 알이 있네." 달님이 하늘에서 내려다보며 말했습니다.		

<table>
<tr><td>활동
방법</td><td>어느 일요일 아침, 따스한 해님이 떠올랐을 때 작은 애벌레가 '퐁'하고 알에서 나왔어요. 애벌레는 배가 몹시 고팠어요.
애벌레는 먹을 것을 찾아 나섰습니다.
월요일 사과를 한 개 먹었습니다. 그래도 배는 쪼르륵 쪼르륵
화요일 배를 두 개 먹었습니다. 그래도 배는 쪼르륵 쪼르륵
수요일 자두를 세 개 먹었습니다. 그래도 배는 쪼르륵 쪼르륵
목요일 딸기를 네 개 먹었습니다. 그래도 배는 쪼르륵 쪼르륵
금요일 오렌지를 다섯 개 먹었습니다. 그래도 배는 쪼르륵 쪼르륵
토요일 애벌레는 무엇을 먹었을까요? 초콜릿과 케이크와 아이스크림과 피클과 치즈와 살라미 소시지와 막대 사탕과 체리 파이와 소시지와 컵케이크, 그리고 수박을 먹었어요. 그날 밤, 애벌레는 배가 아팠습니다.
4. 동화 내용을 회상한다. (등장인물 카드)
- 동화책에 누가 나왔죠?
- 그래요. 배고픈 애벌레가 나왔어요. OO이가 나와서 배고픈 애벌레를 붙여주세요.
5. 올바른 식습관(절제)에 대해 이야기 나눈다. (올바른 식습관을 다룬 영상 -한국보육진흥원)
6. 제철 음식에 대해 알아본다. (제철음식 PPT)
7. 몸에 좋은/좋지 않은 음식을 구분해본다.
(몸에 좋은 음식 vs 좋지 않은 음식 배경판, 몸에 좋은/좋지 않은 음식 그림카드)
8. 오늘의 활동을 회상하고 평가 한다.</td></tr>
<tr><td>활동사진</td><td>

</td></tr>
<tr><td>유의점</td><td>• 여름 제철 음식에 대해 무엇이 있는지 알아보도록 한다.
• 몸에 좋은 음식을 알고 구분해보도록 한다.
• 적당량의 음식을 먹는 태도(조절, 절제)를 가지도록 한다.</td></tr>
</table>

활동 24 재활용 카네이션 비누를 만들어요.

놀이주제	나와 가족	대상연령	만 5세
활 동 명	재활용 카네이션 비누를 만들어요.	관련 인성	효
활동목표	1. 비누의 변화과정에 대해 안다. 2. 자투리 비누로 재활용 비누를 만들어 본다. 3. 어버이날을 맞아 부모님께 감사하는 마음을 가진다.		
개정누리과정 관련요소	• 자연탐구 〉 생활 속에서 탐구하기 〉 물체의 특성과 변화를 여러 가지 방법으로 탐색한다. • 자연탐구 〉 자연과 더불어 살기 〉 생명과 자연환경을 소중히 여긴다. • 자연탐구 〉 탐구과정 즐기기 〉 궁금한 것을 탐구하는 과정에 즐겁게 참여한다. • 사회관계 〉 더불어 생활하기 〉 가족의 의미를 알고 화목하게 지낸다.		
활동자료	카네이션 퍼즐 카드, 어버이날 PPT, 비누 만들기 순서도, 투명 그릇, 자투리 비누, 대야, 믹서기, 냄비, 버너, 카네이션 비누 틀, 비트, 도마, 어린이용 칼(플라스틱), 나무 주걱		
활동과정	내 용		
활동 방법	1. 카네이션 퍼즐 카드로 주의집중 한다. (카네이션 퍼즐 카드) 2. 어버이날에 대해 이야기 나눈다. (어버이날 PPT) 3. 비누 만들기 재료를 탐색한다. - 비누 만들기를 위해 필요한 재료를 알아볼까요? - 무엇이 보이는지 손을 들고 이야기 해볼까요? - 친구들이 모아온 자투리 비누, 도마, 믹서기, 칼, 냄비, 버너, 나무 - 주걱, 대야, 카네이션 비누 틀이 있네요. - 그래요 비트가 있지요. 앞에 나와서 비트를 자세히 살펴볼 친구가 있나요? - 바르게 앉아있던 00이가 나와서 비트를 살펴보고 친구들에게 알려주세요. - 만져보니 어떤 느낌이 들어요? / 가까이서 보니 무엇이 보이나요? 4. 순서도로 비누 만들기 방법을 알아본다. (비누 만들기 순서도) - 재료를 살펴봤으니 이제 비누 만드는 방법을 알아볼 거에요. - 함께 순서도를 볼까요? - 첫 번째, 자투리 비누를 모아서 끓인다. 두 번째, 비트를 썬다. 세 번째, 비트를 믹서기에 넣고 간다. 네 번째, 비트즙을 녹인 비누와 함께 끓인다. 다섯 번째, 녹인 비누를 틀에 굳힌다.		

	5. 비누를 만들면서 관찰할 것에 대해 이야기 나눈다. - 00반, 순서도의 사진을 보니 끓인 비누의 모양이 어떻게 바뀌었나요? - 모양이 있던 비누가 녹으면서 물처럼 변했다가, 틀에 넣고 굳히니 다시 꽃 모양으로 딱딱한 비누가 되었지요. - 비누의 색은 어떤가요? - 그래요. 비트를 넣고 끓이니 하얀색에서 분홍빛의 비누가 되었네요. - 우리 비누를 만들면서 비누의 모양과 색이 어떻게 변하는지 잘 관찰해보도록 해요. 6. 비누를 만들어 본다. (비누를 만들 때는 소그룹으로 앉아 순서대로 다 함께 만들기 과정을 체험해 보도록 한다.) - 첫 번째로 비누와 물을 조금 넣어서 끓여볼 거에요. 비누가 어떻게 변하는지 조마다 나와서 관찰해보도록 해요. 비트를 썰어보니 느낌이 어때요? - 세 번째, 비트를 믹서기에 넣고 간다. 하늘반이 썰어준 비트를 이제 믹서기에 넣고 갈아볼게요. 딱딱한 비트가 어떻게 변하는지 한 번 볼까요? 비트가 찰랑찰랑 거리는 즙이 되었네요. - 네 번째, 비트즙을 녹인 비누와 함께 끓인다. 어떻게 색이 변하는지 한 조씩 나와서 보도록 해요. 선생님이 이제 비누틀에 끓인 비누를 넣어줄 거에요. 7. 활동을 평가한다.
활동사진	
유의점	• 어버이날의 의미에 대해 알 수 있도록 한다. • 비누를 만드는 과정에서 주의해야 할 점에 대해 이야기 나누도록 한다. • 칼과 불을 사용하므로 안전에 특히 주의한다. • 비누의 액체화, 고체화에 대해 아이들이 관찰 할 수 있도록 한다.

활동 25 숲 속 나뭇잎 찾기!

놀이주제	가을	대상연령	만 4세
활 동 명	숲 속 나뭇잎 찾기!	관련 인성	협동
활동목표	1. 가을이 되어 변화하는 나무의 모습에 관심을 갖는다. 2. 친구와 함께 신체 활동에 즐겁게 참여한다. 3. 친구에게 고마운 마음을 직접적으로 표현한다.		
개정누리과정 관련요소	• 신체운동 · 건강 〉 신체활동 즐기기 〉 신체 움직임을 조절한다. • 사회관계 〉 더불어 생활하기 〉 친구와 서로 도우며 사이좋게 지낸다. • 예술경험 〉 아름다움 찾아보기 〉 자연과 생활에서 아름다움을 느끼고 즐긴다.		
활동자료	단풍잎/ 은행잎 모형 잘린 앞면 뒷면 (앞)	큰 나무 	
활동과정	내 용		
활동 방법	1. 가을에 볼 수 있는 변화에 대해 이야기 나눈다. 2. 오늘 할 활동을 소개한다. - 오늘 선생님과 할 재밌게 활동하기 위해서는 이 단풍잎과 은행잎이 필요해요. 선생님이 숲 속 곳곳에 이 단풍잎과 은행잎을 숨겨놓았어요. 3. 활동에 필요한 준비물과 규칙에 대해 이야기 나눈다. 4. 나뭇잎 찾기 활동을 시작한다. - (활동 중) - - 00이는 나무기둥의 구멍 안에 있는 은행잎을 찾았네요. - 00이는 **이와 그림을 완성했네요. - 00이와 **이가 찾은 단풍잎을 나무에 붙이니 멋있는 가을나무가 되었네요. 5. 활동을 하며 친구에게 고마웠거나 미안했던 점을 생각해본 후, 이야기 나눈다. - 오늘 여러분들이 찾은 단풍잎과 은행잎이 모인 가을 나무가 완성되었어요. 가을나무를 보니 어떤가요? - 오늘 친구와 함께 활동을 했었는데 친구한테 고마웠던 점이 있는 친구가 있나요? 6. 활동을 평가하며 마무리한다.		
유의점	• 유아의 경험을 구체적이고 풍부하게 이야기 할 수 있도록 교사가 상호작용한다. • 바깥놀이 활동 시 유의해야 할 점에 대해 유아들과 다시 한 번 이야기 나눈다. • 활동 시, 교사는 유아들의 안전에 유의하여 유아들을 관찰한다, • 도움을 받았을 때, 친구에게 언어적으로 표현을 해야 한다는 것을 유아들이 알 수 있도록 돕는다. • 협동의 즐거움을 느낄 수 있도록 한다.		

활동 26 색은 달라도 마음은 함께

놀이주제	다문화와 자연	대상연령	만 5세
활 동 명	색은 달라도 마음은 함께	관련 인성	협동, 존중, 소통
활동목표	1. 다양한 나뭇잎에 대해 관심을 가진다. 2. 나뭇잎의 특징에 대해 표현할 수 있다. 3. 사람과 자연의 다양성에 대해 이야기할 수 있다.		
개정누리과정 관련요소	• 자연탐구 〉 탐구과정 즐기기 〉 주변 세계와 자연에 대해 지속적으로 호기심을 가진다. • 자연탐구 〉 탐구과정 즐기기 〉 일상에서 모은 자료를 기준에 따라 분류한다. • 의사소통 〉 듣기와 말하기 〉 자신의 경험, 느낌, 생각을 말한다.		
활동자료	공익광고 사진, 여러 인종 사진, 나뭇잎, 물감, 물통, 전지, 앞치마, 팔토시  		
활동과정	내 용		
활동 방법	1. 인종 관련 공익광고를 감상한다. - TV나 책에서 공익광고를 본 적이 있는 친구들 있니? - 이 문구는 무슨 뜻일까? - 왜 모두 살색이라고 표현했을까? 2. 다양한 인종에 대한 이야기를 나눈다. - 옆에 앉은 친구들과 서로의 얼굴을 관찰해보자. - 얼굴의 색깔이 어떤 것 같니? - 다른 나라 사람들의 색깔은 어떨까? - 이 사진 속 친구들의 피부는 어떤 색깔인 것 같니? - 이와 같은 색깔을 가진 사람들을 부르는 이름이 있대. 혹시 알고 있는 친구들 있니? - 검은 피부를 가진 사람들을 흑인이라고 해. - 밝고 하얀 피부를 가진 사람들을 백인이라고 해. - 우리와 비슷한 색깔의 피부를 가진 사람들은 황인이라고 해. 3. 평등에 대한 이야기를 나눈다. - 평등이라는 말을 들어본 적 있니?		

	- 평등은 무슨 뜻일까? - 피부의 색이 다르면 평등하지 못한 것일까? - 모두가 평등하게 지낼 수 있는 방법에는 어떤 것이 있을까? 4. 활동을 소개한다. - 오늘은 우리가 알록달록한 평등 나무를 만들어 볼 거예요. - 우리 피부의 색처럼 다양한 색깔을 가지고 있고 나무에서 볼 수 있는 것은 무엇일까? 5. 주변 공원의 나뭇잎을 수집한다. - 자연물을 모을 때 어떤 점을 지켜야 할까? 6. 수집한 자연물들을 탐색하고 분류한다. - 자신이 모은 나뭇잎들을 만져보기도 하고, 냄새를 맡아 볼까요? - 나뭇잎들을 다 같이 색깔별로 모아보아요. - 어떤 색깔들로 나눌 수 있을까? 7. 알록달록 나무를 만들어본다. - 이제 다 같이 이 나뭇잎들로 나무에 도장을 찍어 볼 거예요. - 도장을 찍으려면 어떤 준비물이 필요할까? - 원하는 색깔의 물감을 나뭇잎에 묻혀서 자유롭게 찍어보도록 할까요? - 다양한 색깔을 가진 우리만의 평등나무가 탄생할 수 있도록 해보아요. 8. 완성된 나무에 대해 이야기를 나눈다. - 나무에 어떤 색깔들이 보이나요? - 이 나무의 이름을 뭐라고 지으면 좋을까요? 9. 활동에 대해 회상하고 느낌을 이야기한다. - 지구에는 어떤 피부색을 가진 사람들이 있었지? - 그 사람들과 앞으로 어떻게 지내야 할까?
유의점	• 자유롭게 의견을 말할 수 있는 분위기를 조성한다. • 유아에게 적합한 공익광고를 준비한다. • 안전에 유의하며 자연물을 수집하도록 한다. • 수집한 자연물들을 탐색할 시간을 충분히 가진다. • 자유롭게 나무를 구성해볼 수 있도록 한다. • 다른 유아의 말을 경청하도록 지도한다.

활동 27 세계 여러 나라의 전통 춤을 춰요.

놀이주제	세계 여러 나라	대상연령	만 5세
활 동 명	세계 여러 나라의 전통 춤을 춰요.	관련 인성	존중
활동목표	1. 여러 나라의 전통춤에 대해 알아본다. 2. 자연물로 만든 소품을 가지고 여러 나라의 전통춤을 표현해본다. 3. 각 나라마다 전통춤이 다름을 존중해주는 마음을 갖는다.		
개정누리과정 관련요소	• 의사소통 〉 듣기와 말하기 〉 자신의 경험, 느낌, 생각을 말한다. • 사회관계 〉 사회에 관심 가지기 〉 다양한 문화에 관심을 갖고 문화의 다양성을 존중한다. • 예술경험 〉 창의적으로 표현하기 〉 신체나 도구를 활용하여 움직임과 춤으로 자유롭게 표현한다.		
활동자료	탈 그림 퍼즐조각과 퍼즐 판, 세계 여러 나라 지도 판, 물음표 카드, 각 나라의 전통춤 그림과 글자자료(탈춤-한국, 훌라-하와이, 사자춤-중국, 삼바 춤-브라질, 캉캉-프랑스), 여러 나라 전통춤 영상, 소품 만들기 재료(자연물-돌멩이, 나뭇잎, 나뭇가지/폐품-플라스틱 병, 커피 컵, 종이류), 이름표 상자, 블루투스 스피커, 전통춤 배경음악 파일		
활동과정	내 용		
활동 방법	1. 탈 그림이 있는 퍼즐조각을 완성해본다. 2. 탈을 본 경험에 대해 이야기 나눈다. - 00반 친구들 중에 이 탈을 본 적이 있나요? - 언제 보았나요? 사람들이 무엇을 할 때 이 탈을 썼었나요? 3. 세계 여러 나라의 전통춤 종류에 대해 알아본다. - 세계 여러 나라에는 어떤 전통춤이 있는지 함께 알아볼까요? - 여긴 프랑스라는 나라에요. 프랑스의 전통춤 이름은 무엇이라고 적혀있나요? - 캉캉 춤은 어떻게 추는 춤일까요? - 그 다음 나라의 전통춤도 알아보러 가볼까요? 이번엔 누가 나와서 물음표를 떼어주고 싶나요? (한국, 하와이, 중국, 오스트리아, 브라질, 프랑스의 전통춤을 알아본다.)		

활동 방법	4. 여러 나라의 전통춤에서 서로 비슷한 점과 다른 점에 대해 말해본다. - 우리가 방금 세계 여러 나라의 전통춤에 대해서 알아보았는데, 모두 똑같은 춤이었나요? - 전통춤을 출 때 나오는 음악은 어땠나요? 다른 점이 있었나요? - 여러 나라 전통춤 중에서 조금 비슷한 부분도 있었나요? - 왜 여러 나라마다 전통춤이 비슷하기도 하고 다른 점도 있는 걸까요? 5. 전통춤을 출 때 필요한 소품을 만들어본다. - 우리가 배웠던 세계 여러 나라 전통춤을 직접 춤으로 표현해보는 시간을 가져볼 거예요. - 각 나라마다 어떤 소품이 필요할 것 같은지 말해 줄 친구 있나요? - 선생님이 다양한 자연물과 재활용품을 준비해왔어요. 이 재료를 사용해서 소품을 만들어 보도록 해요. - 어떤 소품이 필요할 것 같은지 잘 모르겠는 친구는 앞에 세계지도 판에 있는 그림을 보면서 만들어 보도록 해요. - 내가 전통춤을 춰보고 싶은 나라를 정해서 그 나라에 알맞은 소품을 자유롭게 만들어 보도록 해요. 6. 내가 만든 소품을 활용하여 세계 여러 나라 전통춤을 추어본다. - 소품을 다 만들어 보았나요? 이제 한명씩 앞에 나와 세계 여러 나라 전통춤을 추어보는 시간을 가질 거예요. - 우리 친구들이 소품을 만들 동안 선생님이 교실 뒤에 00반 만의 무대를 구성해 보았어요. 어때요? 무대를 더 꾸며보고 싶은 친구가 있나요? - 지금부터 00반의 세계 여러 나라 전통춤 공연을 시작하겠습니다. 이름표 상자에서 나온 친구는 앞에 나와 전통춤을 춰보도록 해요. - (이름표 뽑음) 어떤 친구의 이름이 나왔나요? - 00이는 어떤 나라의 소품을 만들었나요? - 00이가 앞에서 전통춤을 출 때, 앉아있는 친구들은 어떠한 자세로 감상해야 할까요? - 00이가 춘 프랑스의 전통춤인 캉캉 춤 어땠나요? - 우리 친구들이 만든 소품들은 어땠어요? 모두 똑같이 만들었나요? 7. 오늘의 활동을 평가한다. - 세계 여러 나라의 전통춤에는 무엇이 있는지 알아보고 춤을 출 때 필요한 소품도 직접 만들어서 앞에 나와 전통춤을 추었죠. - 오늘 세계 여러 나라의 전통춤을 배우면서 어떤 마음이 들었나요? - 전통춤을 출 때는 기분이 어땠나요?

<table>
<tr><td>활동사진</td><td> </td></tr>
<tr><td>유의점</td><td>• 자유롭게 의견을 말할 수 있는 분위기를 조성한다.
• 유아에게 적합한 공익광고를 준비한다.
• 안전에 유의하며 자연물을 수집하도록 한다.
• 수집한 자연물들을 탐색할 시간을 충분히 가진다.
• 자유롭게 나무를 구성해볼 수 있도록 한다.
• 다른 유아의 말을 경청하도록 지도한다.</td></tr>
</table>

활동 28 자연물로 곡식과 열매 콜라주하기

놀이주제	가을	대상연령	만 4세
활 동 명	자연물로 곡식과 열매 콜라주하기	관련 인성	소통, 협력
활동목표	1. 콜라주 기법에 대해 알아본다. 2. 자연물을 이용하여 곡식과 열매를 콜라주 해본다. 3. 친구의 의견을 경청하는 태도를 갖는다.		
개정누리과정 관련요소	• 의사소통 〉 듣기와 말하기 〉 자신의 경험, 느낌, 생각을 말한다. • 사회관계 〉 더불어 생활하기 〉 서로 다른 감정, 생각, 행동을 존중한다. • 예술경험 〉 창의적으로 표현하기 〉 다양한 미술 재료와 도구로 자신의 생각과 느낌을 표현한다.		
활동자료	콜라주한 자동차 작품, '콜라주' 글자 자료, 〈채소 기르는 사람〉 명화 자료, 풀, 본드, 전지, 돗자리(바깥에 나가 유아들이 앉아서 해야 하는 활동이기 때문에 필요)		
활동과정	내 용		
활동 방법	*도입부터 마무리까지 유치원 주변 숲 근처에서 이루어지는 발문 **1. 콜라주한 작품을 보며 어떻게 표현한 것 같은지 말해본다.** - 00반 친구들 말처럼 자동차를 표현한 거예요.그런데 선생님이 자동차를 어떻게 표현한 것 같나요? 어떤 재료를 사용한 것 같나요? - 색종이를 손으로 찢어서 풀로 붙여 자동차를 표현해보았어요. **2. 콜라주기법에 대해 알아본다.** - 이렇게 색연필로만 그리는 것이 아니라 색종이나 다른 재료를 풀로 붙여 자동차처럼 어떠한 형태를 표현하는 것을 무엇이라고 할까요? - 재료를 풀로 붙여 하나의 작품을 표현하는 것을 바로 (글자카드 제시하며)콜라주 기법이라고 해요. **3. 아르침볼도의 〈채소 기르는 사람〉명화를 감상한다.** - 우리가 콜라주 해볼 작품은 바로 아르침볼도의 〈채소 기르는 사람〉라는 명화에요. - 이 명화를 본 적이 있나요? 명화를 자세히 감상해볼까요? - 이 명화는 무엇을 표현한 것 같나요? - 사람을 표현한 것 같기도 하네요. 그럼 사람을 어떤 재료로 표현한 것 같나요? - 여러 가지 채소들을 이용하여 사람을 표현한 것 같네요.		

활동 방법	- 눈, 코, 입은 어떻게 표현한 것 같나요? - 명화에서 어느 부분이 가장 인상 깊었나요? **4. '자연물로 곡식과 열매 콜라주하기' 활동에 대해 알아본다.** - 명화에서는 어떤 음식들이 있었죠? - 우리는 자연물을 사용하여서 채소 말고도 여러 가지 가을 곡식이나 과일을 표현해보도록 해요. - 오늘 우리가 하는 활동은 혼자 하지 않고 내가 지금 같이 앉아있는 모둠친구랑 함께 콜라주 활동을 해볼 거예요. - 활동을 시작하기 전에 모둠 친구들이랑 이야기를 나누어 볼 건데 무엇에 대해 의견을 나누어 보면 좋을까요? - 모둠친구들끼리 서로 의견이 다를 때에는 어떻게 하면 좋을까요? -"나는 이렇게 하고 싶단 말이야."라고 하면서 내 주장을 계속 말하면 친구들의 마음은 어떨 것 같나요? - 친구들을 서로 배려하면서 즐거운 마음으로 이야기를 나누기 위해서는 어떻게 하면 좋을까요? - 친구들이 말한 것처럼 어떤 음식을 표현할건지, 어떤 재료를 구하러 갈 건지에 대해 이야기 나누어 보도록 해요. **5. 같은 모둠인 친구들과 함께 음식주제와 필요한 재료에 대해 이야기 나누어 본다.** **6. '자연물로 곡식과 열매 콜라주하기' 활동을 한다.** - 모둠 친구들과 이야기 나누었던 것을 기억하여서 '자연물로 곡식과 열매 콜라주하기' 활동을 시작해 볼까요? - 먼저 모둠친구들끼리 서로 정한 역할대로 자연물의 재료를 구해보도록 해보아요. **7. 모둠별로 만든 자연물 콜라주 작품을 소개해본다.** - 앞에 나왔을 때 어떤 것을 소개해보면 좋을까요? - 어떤 자연물을 사용하였고, 어떤 것을 표현하였는지 이야기 해주면 좋을 것 같아요. - 00모둠은 무엇을 표현한 것 같나요? - 이제 00모둠의 작품소개를 들어볼까요?

활동 방법	8. 오늘의 활동을 평가한다. - 모둠 친구들과 활동하면서 칭찬해주고 싶은 친구가 있나요? - 오늘 함께 했던 모둠 친구들에게 해주고 싶은 말이 있나요? - 교실로 돌아가면 친구사진이 있는 종이가 있어요. 그 종이에 내가 그 친구에게 해주고 싶은 말을 적어 보아요.
활동사진	  
유의점	• 유아들이 자연물을 직접 주워야 하므로 자연물이 많이 있는 공간으로 미리 자리를 선정해둔다. • 모둠 친구들끼리 서로 의견을 나눌 때 대화 분위기가 소극적인 모둠이 있다면 자신의 주장을 이야기 할 수 있도록 조금씩 상호작용 해준다.

활동 29 <늑대가 들려주는 아기돼지 삼형제 이야기> 동극

놀이주제	동식물과 자연	대상연령	만 5세
활 동 명	〈늑대가 들려주는 아기돼지 삼형제 이야기〉 동극	관련 인성	이해심
활동목표	1. 동극 활동에 대하여 관심을 갖는다. 2. 친구들과 함께 자연물을 활용하여 동극활동을 즐긴다. 3. 타인을 이해하는 태도를 보인다.		
개정누리과정 관련요소	• 사회관계〉 더불어 생활하기〉 서로 다른 감정, 생각, 행동을 존중한다. • 예술경험〉 창의적으로 표현하기〉 극 놀이로 경험이나 이야기를 표현한다. • 자연탐구〉 자연과 더불어 살기〉 주변의 동식물에 관심을 가진다.		
활동자료	동화책 〈늑대가 들려주는 아기돼지 삼형제 이야기〉, 동극 등장인물 머리띠,		
활동과정	내 용		
활동 방법	**1. 손 유희를 통하여 주의집중을 한다.** 첫 번째 돼지가 집을 짓는데 짚으로 차곡차곡 집을 짓는데 늑대가 나타나~ 후 늑대가 나타나~ 후~ 날아가 버렸대요. 두 번째 돼지가 집을 짓는데 나무로 차곡차곡 집을 짓는데 늑대가 나타나~ 후~ 늑대가 나타나~ 후~ 날아가 버렸대요. 세 번째 돼지가 집을 짓는데 벽돌로 차곡차곡 집을 짓는데 늑대가 나타나~ 후 늑대가 나타나~ 후~ 꼼짝도 안했대요. **2. 동극 무대의 구성에 대하여 이야기를 나눈다.** - 우리가 지난 시간에 재미있게 읽었던 〈늑대가 들려주는 아기돼지 삼형제 이야기〉 동화책의 동극활동을 하기로 하였지요. 동극 활동을 하기 위해서 어떤 소품이 필요할까요? - 첫째 돼지의 지푸라기 집은 우리 주변에서 무엇으로 만들면 좋을까요? - 여기에는 지푸라기가 없어요. - 그럼 무엇으로 지푸라기를 대신하면 좋을까요? - 나뭇잎이요 ….		

활동 방법	- 그래요. 그럼 첫째 돼지의 집은 나뭇잎으로 하기로 해요. 그러면 나뭇가지로 집을 지은 둘째 돼지의 집을 만들 때에는 무엇이 필요할까요? 벽돌로 집을 지은 셋째 돼지의 집을 만들 때에는 무엇이 필요할까요? - 벽돌이요. / 그런데 여기에는 벽돌이 없어요. - 그럼 무엇으로 벽돌을 대신하면 좋을까요? - 그냥 돌이요/…. - 그래요. 돌로 셋째 돼지의 벽돌집을 표현하면 좋겠네요. - 선생님이 등장인물 머리띠도 가지고 왔어요. 이제부터 나뭇잎을 열심히 모아서 첫째 돼지의 집을, 나뭇가지를 열심히 모아서 둘째 돼지의 집을, 돌을 열심히 주어서 셋째 돼지의 집을 함께 만들어보도록 해요. **3. 무대를 구성한다.** - 어디에 무대를 어떻게 꾸미면 좋을까요? - 나뭇잎, 나뭇가지와 돌을 이만큼 모았구나. **4. 역할에 대하여 이야기를 나눈다.** - 동화 속에 누가 나왔었죠? - 동화 속에는 설탕이 필요했던 늑대와 지푸라기로 집을 지은 첫째돼지, 나뭇가지로 집을 지은 둘째돼지, 벽돌로 튼튼한 집을 지은 셋째 돼지가 나왔었지요. - 우리가 무대로 나와서 동극활동을 할 때 조금 부끄럽고 쑥스러울 수 있어요. 어려우면 선생님이 도와줄 테니까“모르겠어요. 안할래요.”하지 않고 끝까지 열심히 해보도록 해요. - 동화 속 늑대는 어떤 역할인가요? - 동화 속 늑대는 어떤 말을 자주 하였나요? - 동화 속 첫째 돼지는 어떤 역할인가요? - 동화 속 첫째 돼지는 어떤 말을 자주 하였나요? **5. 역할을 정한다.** - 동극 속에 나오는 역할을 어떻게 정하면 좋을까요? - 손들어서 뽑아요. 하고 싶은 친구 이야기를 들어요... - 무대에 나와서 00 역할을 하고 싶은 친구 있나요? **6. 동극활동을 할 때 약속에 대하여 이야기를 나눈다.** - 우리가 동극 활동을 즐겁게 하기 위해서 어떤 약속을 할 수 있을까요? [인성덕목: 예] - 무대 위에서 역할을 맡은 친구가 지켜야 할 약속이 있을까요? - 무대에서 최선을 다해서 하지 않거나 장난을 치면 함께 동극 활동을 하는 다른 친구들이나 관람하는 친구들의 마음이 어떨 것 같나요?

<table>
<tr><td>활동
방법</td><td>[인성덕목: 책임, 협동]
- 친구들이 무대 위에서 열심히 동극활동을 할 때, 관람하는 친구들이 장난치고 집중을 하지 않으면 무대에 있는 친구들의 마음이 어떨 것 같나요?
- 그러면 관객이 지켜야 할 약속에는 무엇이 있을까요?
- 등장인물들은 무대에 나오기 전 어디에서 순서를 기다리는 것이 좋을까요?
- 동극을 하는 친구들은 어디를 바라보며 말하면 좋을까요?
- 동극을 마친 친구들이 인사할 때 어떤 방법으로 격려해 줄 수 있을까요?
- 동극활동을 할 때 앞에 나오면 부끄러워질 수 있어요. 친구가 부끄러워서 목소리가 작아지거나 대사를 까먹으면 우리는 어떻게 해줄 수 있을까요?
- 그래요. 열심히 하고 싶지만 부끄러워서 그런 것이니, 할 수 있다고 응원을 해주고 함께 기다려주도록 해요. 선생님도 함께 도와줄게요.

7. '늑대가 들려주는 아기돼지 삼형제 이야기'동극활동을 한다.
- 격려의 박수를 쳐주도록 해요.
- 바른 자세로 이야기를 잘 보도록 해요.
- 동극 잘 보았나요? 역할 맡은 친구들 나와서 관객들에게 배꼽인사를 해볼까요?
- 관객들도 격려의 박수를 쳐주도록 해요.

8. 활동을 회상하며 마무리한다.
- 오늘 활동 어땠었나요?
- 〈늑대가 들려주는 아기돼지 삼형제 이야기〉 동극활동을 하였지요. 동극활동을 하면서 칭찬해주고 싶은 친구가 있나요? 왜 그 친구를 칭찬해주고 싶나요?
- 왜 OO이를 칭찬해주고 싶나요?
- OO이는 진짜 늑대 흉내를 잘 냈어요.</td></tr>
<tr><td>활동사진</td><td>• 동화책 〈늑대가 들려주는 아기돼지 삼형제 이야기〉

• 나뭇잎으로 만든 집 (사진 출처: http://naver.me/Ggx3MvZ7)
</td></tr>
</table>

	• 나뭇가지로 만든 집 (사진 출처: http://naver.me/xfhiWa9A)  • 돌로 만든 집 (사진 출처: Instagram posts-Gramho.com) 
유의점	• 실외활동을 가기 전, 유아들이 화장실에 미리 다녀오도록 지도한다. • 유아들의 극 놀이 표현을 격려한다. • 서로 배려하며 동극활동을 할 수 있도록 지도한다.

활동 30 봄 채소 모종을 심어요.

놀이주제	따뜻한 봄	대상연령	만 3~4세
활 동 명	봄 채소 모종을 심어요.	관련 인성	책임, 협력
활동목표	1. 봄에 기를 수 있는 채소에 대해 안다. 2. 책임감을 가지고 자신이 심은 모종을 기를 수 있다. 3. 식물의 성장과정을 살펴보며 자연계의 순환에 대해 알게 된다. 4. 수확에 대한 기쁨을 느낄 수 있다. 5. 생명에 대한 사랑을 알게 된다. 6. 텃밭에 채소를 심고 가꾸는 것에 즐겁게 참여한다.		
개정누리과정 관련요소	• 신체운동·건강 〉 신체활동 즐기기 〉 실내외 신체활동에 자발적으로 참여한다. • 사회관계 〉 더불어 생활하기 〉 친구와 서로 도우며 사이좋게 지낸다. • 자연탐구 〉 자연과 더불어 살기 〉 생명과 자연환경을 소중히 여긴다.		
활동자료	봄에 심는 식물 ppt자료, 채소모종, 모종삽, 장갑, 물뿌리개		
활동과정	내 용		
활동 방법	**1. 봄에 심는 채소에 대해 이야기 나눈다.** - 오늘 유치원 등원할 때 바깥의 날씨가 어땠었나요? - 지금은 어떤 계절일까요? - 봄에 심는 식물은 무엇이 있을까요? - 봄에는 상추, 고추, 토마토, 딸기 등을 심을 수 있데요. **2. 텃밭에 채소 모종을 심는 방법에 대해 이야기 나눈다.** - 우리가 오늘 이중에서 상추와 토마토를 텃밭에 심어보려고 해요. - 텃밭에 채소를 어떻게 심을까요? [1. 텃밭에 모종삽으로 모종을 심을 구멍을 낸다. 2. 자신이 선택한 모종을 구멍 안에 넣는다. 3. 심은 모종 주변을 흙으로 덮고 꾹꾹 눌러준다.] - 선생님과 함께 알아본 방법처럼 텃밭에 채소를 심어보아요. **3. 텃밭에 채소 모종을 심는다.** - 우리 반은 이 위치에 채소 모종을 심을 거예요. - 선생님이 자신의 식물이 다른 친구 거와 헷갈리지 않도록 텃밭에 친구들의 이름표를 꽂아놓았어요.		

활동 방법	- 먼저 선생님이 나누어주는 장갑을 끼고 각자 자신이 심고 싶은 채소 모종과 모종삽을 가지고 자신의 이름표 앞에 서볼까요? **4. 텃밭에 물뿌리개로 물을 준다.** - 우리가 심은 모종이 잘 자라기 위해서는 무엇이 필요할까요? - 그럼 물뿌리개로 자신이 심은 모종에 물을 줄까요? - 오늘 우리가 심은 채소 모종에 오늘만 물을 주면 될까요? - 오늘 우리가 심은 채소 모종에 오늘만 물을 주면 될까요? - 그래요. 오늘 뿐만 아니라 2일에 한 번씩 꾸준히 물을 주고 살펴보아야 해요. - 채소가 잘 자랄 수 있도록 친구들 모두 각자의 채소를 자주 살펴보고 2일에 한 번씩 꼭 물을 주도록 해요. **5. 활동을 회상하며 마무리한다.** - 오늘 채소 모종을 심어보았는데 어땠나요? - 어떤 점이 좋았나요? - 힘든 점도 있었나요? - 우리가 심은 채소 모종이 잘 자라기 위해서는 어떻게 해야 될까요? - 자신이 심은 채소 모종을 자주 살펴보고 2일에 한 번씩 꾸준히 물도 주고 채소에게 "건강하게 잘 자라라~ 우리가 소중히 아껴줄게~" 좋은 말도 해주고 많이 사랑해 주면 우리가 심은 채소가 쑥쑥 잘 자랄 거예요. - 그리고 자신이 심은 채소가 잘 자랄 수 있도록 책임감을 가지고 기르도록 해요.
활동사진	〈모종 심기〉   〈모종에 물주기〉   

유의점	• 유아들이 재배하기 쉬운 작물을 선택한다. • 작물의 수는 2~3개 정도로 제한한다. • 유아들이 모종삽에 다치지 않도록 플라스틱 모종삽을 준비한다.

활동 31 곤충 채집을 해요.

놀이주제	동식물과 자연	대상연령	만 4~5세
활 동 명	곤충 채집을 해요.	관련 인성	인내, 끈기
활동목표	1. 곤충도 생명이 있는 소중한 생명체임을 안다. 2. 인내심을 가지고 끈기 있게 곤충채집을 할 수 있다. 3. 자신이 채집한 곤충을 살펴보며 자연에 관심을 가질 수 있다. 4. 주변에서 볼 수 있는 곤충의 생김새와 움직임에 관심을 가진다.		
개정누리과정 관련요소	• 신체운동·건강 〉 신체활동 즐기기 〉 실내외 신체활동에 자발적으로 참여한다. • 의사소통 〉 듣기와 말하기 〉 자신의 경험, 느낌, 생각을 말한다. • 사회관계 〉 더불어 생활하기 〉 친구와 서로 도우며 사이좋게 지낸다. • 자연탐구 〉 자연과 더불어 살기 〉 주변의 동식물에 관심을 가진다. • 자연탐구 〉 자연과 더불어 살기 〉 생명과 자연환경을 소중히 여긴다.		
활동자료	곤충채집망, 곤충채집통, 돋보기, 종이컵, 모종삽		
활동과정	내 용		
활동 방법	**1. 곤충을 잡아본 경험에 대해 이야기 나눈다.** - 친구들 곤충을 채집해 본 적이 있나요? - 어떤 곤충을 채집해 보았나요? - 어떤 걸 이용해서 곤충을 채집해 보았나요? - 손으로 잡아본 친구도 있고 채집망과 같은 도구를 이용하여 채집해 본 친구도 있네요. - 곤충을 채집하기 위해서는 먼저 곤충을 찾아야하는데 어디서 곤충을 발견하였나요? - 땅을 파서 발견한 친구도 있고 흙 위를 열심히 살펴보면서 발견한 친구도 있고 날아다니는 곤충을 발견한 친구도 있네요. **2. 곤충을 채집하는 방법에 대해 이야기 나눈다.** - 곤충을 채집하는 것이 어려웠던 친구들은 왜 어려웠어요? - 곤충은 살아있는 생명체라서 계속 움직이니까 잡기가 어려웠었구나. - 그러면 어떻게 하면 곤충을 더 쉽게 채집할 수 있을까요? - 채집망과 같은 도구를 이용해서 채집하는 방법이 있겠구나. - 또 다른 방법을 생각한 친구 있나요?		

활동 방법	3. 곤충채집을 한다. - 오늘 우리는 옆에 있는 공원에 가서 곤충을 채집해 볼 거예요. - 혹시 우리에게 위험한 곤충이 있을 수도 있기 때문에 손으로 만지지는 않도록 조심해요. - 열심히 곤충을 채집해 보았는데 어렵다면 선생님에게 도움을 요청하도록 해요.(어려워하는 유아들도 포기하지 않고 곤충을 채집해 볼 수 있도록 유아들을 격려해주고 “어? 잡은 줄 알았는데 다시 한 번 해볼까?”와 같이 말하며 유아들에게 자신감을 주며 인내심과 끈기를 가지고 유아들이 계속 도전해볼 수 있도록 도움을 준다.) 4. 채집한 곤충을 살펴본다. - 우리 친구들이 채집한 곤충을 한 번 살펴볼까요? - 내가 채집한 곤충의 생김새는 어때요? - 내가 채집한 곤충은 어떻게 움직이나요? - 조금 더 자세히 관찰하고 싶은 친구들은 돋보기를 가져가서 관찰해보도록 해요. - ‘나는 개미를 잡았는데 잠자리도 관찰해보고 싶어요.’ 하는 친구들은 다른 친구들과 채집한 곤충을 서로 바꿔서 관찰해보도록 해요. 5. 채집했던 곤충을 놓아주고 활동을 마무리한다. - 오늘 곤충을 채집해 보았는데 어땠나요? - 어떤 점이 좋았었나요? - 힘든 점도 있었나요? - 힘든 점도 있었지만 친구들 모두 포기하지 않고 끝까지 곤충을 채집해주었네요. - 우리가 채집한 곤충들은 다시 자연으로 돌려보내 주도록 할까요? - 곤충들을 자연으로 다시 돌려보내는 것이 아쉬운 친구들도 있겠지만 곤충들도 생명이 있기 때문에 곤충들이 잘 살 수 있도록 자연으로 돌려보내주도록 해요.
활동사진	〈곤충을 관찰하고 채집하는 유아들의 모습〉 
유의점	• 유아들이 쉽게 포기하지 않도록 옆에서 교사가 격려해주고 도움을 주도록 한다. • 아이들에게 위험한 곤충이 있을 수도 있음으로 유아들이 함부로 손으로 만지지 않도록 주의한다. • 곤충을 무서워하는 유아가 있다면 곤충을 두려워하지 않도록 활동을 강요하지 않고 친숙하게 느낄 수 있도록 상호작용한다.

활동 32 흙이 아파요.

놀이주제	환경과 생활	대상연령	만 5세
활 동 명	흙이 아파요.	관련 인성	용서
활동목표	1. 흙의 소중함을 안다. 2. 흙의 오염을 줄이는 것에 관심을 가진다. 3. 노랫말의 뜻을 이해하고 노래를 즐겁게 부른다.		
개정누리과정 관련요소	• 의사소통 〉 듣기와 말하기 〉 말이나 이야기를 관심 있게 듣는다. • 예술경험 〉 창의적으로 표현하기 〉 노래를 즐겨 부른다. • 자연탐구 〉 자연과 더불어 살기〉 생명과 자연환경을 소중히 여긴다.		
활동자료	흙이 아파요 음원, 흙이 아파요 악보, 노랫말 그림 자료  		
활동과정	내 용		
활동 방법	1. '용서'에 대한 유아들의 생각을 이야기 나눈다. - '용서'라는 말을 들어본 적이 있나요? - '용서'를 한다는 건 어떤 마음일까요? 2. 친구에게 사과해본 경험을 이야기 나눈다. - 친구에게 미안했던 적이 있나요? - 친구에게 미안했을 때 어떻게 했나요? - 친구가 나한테 미안하다고 이야기한 적이 있었나요? - 친구가 미안하다고 사과했을 때 뭐라고 대답해 주었나요? - 이렇게 친구에게 미안한 마음이 들었을 때 그 친구의 마음을 이해하고 들어 주는 것이 용서라는 마음 이예요. 3. 노랫말판을 보며 흙에 대해서 이야기를 나눈다. - 노랫말 판을 보며 "흙이 아파요"의 노랫말을 같이 읽어본다.		

<table>
<tr><td>활동
방법</td><td>- 우리가 어떻게 하면 건강한 흙을 만들 수 있을까요?
- 건강하지 못한 흙은 우리가 어떻게 했을 때 생겨나는 걸까요?
- 흙이 아픈 이유는 무엇일까요?
- 노랫말 중에서 흙을 오염시키는 것들은 어떤 것이 있었나요?
- 흙이 오염되면 우리에게는 어떤 일이 일어날까요?

4. 노랫말 판을 보며 아픈 흙을 건강한 흙으로 되돌리기 위해 우리가 할 수 있는 일들에는 무엇이 있는지 이야기 나누어본다.
- 아픈 흙은 자신을 아프게 만든 우리에게 어떤 마음이 들까요?
- 우리가 아픈 흙을 다시 건강하게 만들어 주려면 무엇을 할 수 있을까요?
- 흙이 우리에게 용서하는 마음을 갖게 해주려면 우리가 어떻게 할 수 있을까요?

5. 피아노 반주에 맞춰서 노래를 여러 번 불러본다.
- 선생님의 피아노 반주에 맞추어서 함께 불러볼까요?

6. 다양한 방법으로 노래를 불러본다
- 1절을 작은 소리로 불러보고, 2절은 큰 소리로 불러볼까요?
- 노랫말을 바꾼다면 어디를 바꿔서 부를 수 있을까요?

7. 활동을 평가한다.
- 내가 흙이라면 용서하는 마음을 가질 수 있겠나요?
- 앞으로도 우리 oo반 친구들이 흙에 대한 소중한 마음을 가지고 건강한 흙을 만들기 위해 노력한다면 흙은 항상 용서하는 마음을 가지고 우리를 기다려 줄 거예요.</td></tr>
<tr><td>활동사진</td><td>

</td></tr>
<tr><td>유의점</td><td>• 유아들이 노랫말의 뜻을 이해하고 부를 수 있도록 한다.
• 가사를 읽는데 어려움이 있는 유아를 위해 노랫말 판에 그림 자료를 함께 준비하여 도울 수 있도록 한다.</td></tr>
</table>

활동 33 나무를 사랑하는 마음을 가져요.

놀이주제	동식물과 나	대상연령	만 4세
활 동 명	나무를 사랑하는 마음을 가져요.	관련 인성	존중
활동목표	1. 나무에 대해 관심을 갖는다. 2. 생명체를 소중히 여기는 마음을 갖는다. 3. 나에 대한 존중하는 마음을 가져 볼 수 있다.		
개정누리과정 관련요소	• 의사소통 〉 듣기와 말하기 〉 말이나 이야기를 관심 있게 듣는다. • 자연탐구 〉 자연과 더불어 살기 〉 주변의 동식물에게 관심을 가진다.		
활동자료	나무, 산 실물사진 자료		
활동과정	내 용		
활동 방법	**1. 수수께끼를 내며 나무에 대해 이야기 나눈다.** - 나는 주로 산에서 많이 볼 수 있는 식물이에요. 사람들에게 맑은 공기를 준답니다. 나는 꽃이 피기도 하고 열매가 자라기도 하지요. 나는 누구일까요? - 나무를 본 적이 있나요? - 어떤 나무를 본 적이 있나요? - 나무를 보았을 때 어떤 기분이었나요? **2. 나무를 소중하게 여겨야 하는 이유에 대해 이야기 나눈다.** - 나무는 왜 필요할까요? (맑은 공기를 줘요/ 시원한 그늘을 만들어요 / 집을 짓거나 가구, 종이를 만들 때 필요해요) - 나무가 없다면 어떤 일이 생길까요? - 나무가 없는 세상을 상상할 수 있나요? - 나무를 어떻게 대해야 할까요? - 우리는 나무를 왜 소중하게 대해야 할까요? - 나무를 아끼기 위해 우리가 할 수 있는 일은 무엇일까요? **3. 나무를 아끼고 보호하는 방법에 대해 알아본다.** - 나무를 아끼기 위해 할 수 있는 일은 무엇일까요? - 우리는 나무로 만드는 종이나 휴지를 어떻게 써야 할까요? - 만약 종이나 휴지를 낭비해서 쓰면 어떻게 될까요? - 나무를 보호하기 위해 할 수 있는 일은 무엇이 있을까요?		

	- 나뭇가지를 꺾거나 꽃을 따면 어떻게 될까요? **4. 우리가 살기 좋은 환경을 만들기 위해 할 수 있는 방법을 알아본다.** - 살기 좋은 환경이란 무엇일까요? - 나무가 살기 좋은 환경은 어떤 환경일까요? - 좋은 환경을 만들기 위해서 우리는 무엇을 해야 할까요? **5. 나무를 존중하는 마음에 대해 이야기 나눈다.** - 나무가 살기 좋은 환경을 우리가 생각해주고 나무를 소중히 여겨야겠다고 생각하는 마음은 나무를 '존중'하는 마음을 가지게 되는 것이래요. - 내 자신이 소중한 만큼 우리도 나무를 소중하게 생각해 줄 수 있겠나요? **6. 활동에 대해 평가를 한다.** - 나무를 어떻게 소중히 해야 하는지 알아보니까 어땠나요? - 나무에 대해 어떤 점을 알게 되었나요? - 가장 흥미로웠던 점은 무엇이었나요? - 나무를 아끼고 존중하는 마음을 가질 수 있나요? - 살기 좋은 환경을 만들기 위해 이야기 나눈 것을 실천할 수 있나요?
활동사진	  
유의점	• 나무를 아끼기 위한 다양한 방법을 생각하여 한 가지씩 실천해 보는 시간을 갖도록 한다. • 유아의 원활한 이야기 나누기 활동을 위해 산책 시 미리 주변의 나무를 탐색해 보는 시간을 갖는다. • 유아들과 원활한 이야기나누기 활동을 위해 산책 시 미리 주변의 나무, 환경을 사진으로 찍어 준비하도록 한다.

활동 34 오래 된 나무 생일파티

놀이주제	우리와 함께하는 숲	대상연령	만 4세
활 동 명	오래 된 나무 생일파티	관련 인성	겸손
활동목표	1. 환경의 소중함과 필요성을 안다. 2. 환경 보호를 위해 우리가 할 수 있는 일을 안다. 3. 환경보호를 위한 방법에 관심을 갖고 실천한다.		
개정누리과정 관련요소	• 의사소통 〉 듣기와 말하기 〉 자신의 경험, 느낌 생각을 말한다. • 의사소통 〉 듣기와 말하기 〉 말이나 이야기를 관심 있게 듣는다. • 자연탐구 〉 자연과 더불어 살기 〉 주변의 동식물에 관심을 갖는다. • 자연탐구 〉 자연과 더불어 살기 〉 생명과 자연환경을 소중히 여긴다.		
활동자료	모래놀이도구, 나뭇가지, 마을 수호나무사진		
활동과정	내 용		
활동 방법	**1. 큰 나무를 보며 큰 나무의 나이를 가늠해 본다.** - 이 나무의 크기가 어떤 것 같나요? - 이 나무는 몇 년 동안 산 나무 같나요? - 우리 반 친구들의 할아버지의 할아버지의 할아버지보다 오래 된 나무예요. - 이번에 이 나무 할아버지가 560살이 되었다고 해요. **2. 오래된 나무가 우리에게 어떤 영향을 주는지 이야기 나눈다.** - 우리 숨을 한 번 크게 쉬어볼까요? - 공기가 어떤 것 같아요? - 이렇게 오래된 나무는 우리에게 어떤 이점을 줄까요? - 그늘을 만들어줄 수도 있겠군요. - 맑은 공기를 뿜어줄 수 있겠군요. - 옆에 나이가 적은 나무들이 잘 자랄 수 있도록 뿌리를 연결해 지지대 역할을 하기도 해요. **3. 마을 수호 나무 이야기를 한다.** - 옛날에는 오래된 나무를 마을의 수호신으로 여겨 보호했어요. - 나무를 중심으로 마을을 이루기도 했고, 집안에 중요한 행사나 일이 있을 때 오래된 나무에 가서 기도를 하기도 했지요.		

활동 방법	4. 나무 생일파티를 한다. - 우리도 옛날 사람들이 했던 것처럼 나무 앞에 흙 케이크를 만들어서 나무한테 소원을 빌어볼까요?(나무 생일파티 활동을 한다) 5. 어떤 소원을 빌었는지 이야기 나누어 본다. - 00이는 나무한테 어떤 소원을 빌어보았나요? - 아프지 말라고 소원을 빌었군요. - 우리를 지켜달라고 소원을 빌었군요. - 맑은 공기를 줘서 감사하다고 소원을 빌었군요. 6. 나무의 소중함을 인식한다. - 나무를 소중히 여기는 방법에는 무엇이 있을까요? - 이렇게 소중한 역할을 하는 나무를 함부로 베어도 될까요? - 나무로 만들 수 있는 종이를 낭비해도 될까요? - 마을을 지켜주는, 우리의 공기를 지켜주는 나무에게 어떤 마음이 드나요? 7. 오늘 숲 체험에서 어떤 활동을 했는지 이야기 나눈다. - 오늘 숲에서 어떤 나무를 보았나요? - 그 나무는 얼마나 오래된 나무였나요? 8. 오래된 나무를 어떻게 여겼는지 회상해 본다. - 옛날에는 오래된 나무를 어떻게 여겼나요? - 우리도 오래된 나무에 뭐라고 소원을 빌고 왔나요? 9. 소중한 나무에 대해 생각해본다. - 우리가 나무을 함부로 훼손하면 어떻게 될까요? - 만약 숲을 훼손하면 우리는 어떻게 될까요? - 맑은 공기도 못 마시고, 종이를 사용할 수 도 없겠죠. - 자연을 지켜주는 것이 우리를 지키는 방법임을 꼭 기억하도록 해요.
활동사진	
유의점	• 유아들이 흙 케이크를 만들면서 자연물을 훼손하지 않도록 주의한다. • 벌레에 물리지 않도록 주의 한다. • 나무에 대한 감사함을 느낄 수 있도록 한다.

활동 35 폐품의 변신

<table>
<tr><td>놀이주제</td><td>소중한 자연</td><td>대상연령</td><td>만 5세</td></tr>
<tr><td>활 동 명</td><td>폐품의 변신</td><td>관련 인성</td><td>겸손</td></tr>
<tr><td>활동목표</td><td colspan="3">1. 폐품이 다양하게 사용될 수 있음을 안다.
2. 폐품을 재활용하는 태도를 가진다.
3. 폐품으로 작품이나 물건을 만들어본다.</td></tr>
<tr><td>개정누리과정 관련요소</td><td colspan="3">• 예술경험 〉 창의적으로 표현하기 〉 다양한 미술 재료와 도구로 자신의 생각과 느낌을 표현한다.
• 예술경험 〉 예술 감상하기 〉 서로 다른 예술 표현을 존중한다.
• 사회관계 〉 더불어 생활하기 〉 서로 다른 감정, 생각, 행동을 존중한다.
• 자연탐구 〉 자연과 더불어 살기 〉 생명과 자연환경을 소중히 여긴다.</td></tr>
<tr><td>활동자료</td><td colspan="3">궁금이 상자, 빈 페트병, 폐품으로 만든 작품 사진, 폐품(페트병, 우유 곽, 상자 등), 미술 재료(매직, 사인펜, 색연필, 풀, 목공풀, 가위 등)</td></tr>
<tr><td>활동과정</td><td colspan="3">내 용</td></tr>
<tr><td>활동 방법</td><td colspan="3">1. 궁금이 상자 수수께끼를 맞혀본다.
- (흔들며) 여기에 무엇이 들어있을까요? 누가 나와서 만져볼까요?
- 무엇인 것 같나요?
- 왜 그렇게 생각했나요?
- (물건을 꺼내며) 짜잔, 이것이 무엇인가요?
- 그래요. 빈 페트병이에요.

2. 폐품으로 할 수 있는 것에 대해 이야기 나눈다.
- 빈 페트병으로 무엇을 할 수 있을까요?

3. 폐품으로 만든 미술작품을 보며 이야기 나눈다.
- 이게 무엇인 것 같나요?
- 무엇으로 만든 것 같나요? 자세히 살펴볼까요?</td></tr>
</table>

활동 방법

- 못 쓰게 되어서 버릴 물건을 폐품이라고 해요. 그런데 이 폐품을 재활용해서 이 사진처럼 작품을 만들거나 물건을 만들 수 있대요.

4. 꾸밀 주제에 대해 이야기 나눈다.
- 우리도 폐품을 활용해서 작품이나 물건을 만들어볼까요?
- 폐품으로 무엇을 만들고 싶나요?
- 어떻게 만들고 싶나요?

5. 재료에 대해 이야기 나눈다.
- 폐품으로 작품을 만들려고 하는데 폐품이 어디 있을까요? 우리 반에서 폐품을 찾아볼까요?
- 우리 반 쓰레기통을 한번 살펴볼까요?
- (쓰레기통을 가져와서) 이것을 재활용해서 작품이나 물건을 만들 수 있을까요?
- 이것으로 무엇을 만들 수 있을까요?

6. 여러 가지 폐품을 활용하여 만들어본다.

활동 방법	7. 자신이 만든 작품을 소개해본다. - 00이는 무엇을 만든 건가요? - 00이는 무엇을 활용해서 만든 건가요? - 폐품으로 물건을 만드니 어떤 기분이 들었나요? 8. 활동을 평가하며 마무리한다. - 폐품을 재활용해서 물건을 만들어봤는데 어떤 기분이 들었나요? - 어려웠거나 속상했던 점은 무엇이었나요?
활동사진	
유의점	• 유아의 창의적인 미술 표현을 존중한다. • 융통성 있게 활동을 진행한다.

활동 36 도토리 저금통

<table>
<tr><td>놀이주제</td><td>소중한 자연</td><td>대상연령</td><td>만 4세</td></tr>
<tr><td>활 동 명</td><td>도토리 저금통</td><td>관련 인성</td><td>배려, 존중, 나눔</td></tr>
<tr><td>활동목표</td><td colspan="3">1. 야생동물을 도울 수 있는 방법을 안다.
2. 도토리 저금통을 탐구 해본다.
3. 숲의 자연물을 야생동물에게 양보하는 태도를 가진다.</td></tr>
<tr><td>개정누리과정 관련요소</td><td colspan="3">• 자연탐구 〉 생활 속에서 탐구하기 〉 물체의 특성과 변화를 여러 가지 방법으로 탐색한다.
• 자연탐구 〉 자연과 더불어 살기 〉 주변의 동식물에 관심을 가진다.
• 신체운동·건강 〉 신체활동 즐기기 〉 실내외 신체활동에 자발적으로 참여한다.</td></tr>
<tr><td>활동자료</td><td colspan="3">구급약품, 유아 명단 및 보호자 연락처, 여벌옷, 물 등</td></tr>
<tr><td>활동과정</td><td colspan="3">내 용</td></tr>
<tr><td>활동 방법</td><td colspan="3">1. 숲 산책을 한다.
- 숲에 오니 기분이 어떤가요?

2. 가을이 되어 바뀐 자연물을 보고 이야기 나눈다.
- 가을이 되어서 바뀐 것들이 있나요?
- 어떤 것들이 보이나요?
- 바뀐 모습을 보니 어떤 기분이 드나요?

3. 떨어진 도토리에 대해 이야기 나눈다.
- (도토리가 있는 곳에서) 어? 이게 뭐지? 여기 뭐가 떨어져있네.
- 도토리가 땅에 많이 떨어져있구나.
- 도토리는 누가 먹을까요?
- 도토리는 다람쥐, 청설모와 같은 야생동물에게 소중한 겨울 식량이예요.
- 만약에 너희들이 도토리를 다 가지고 가면 다람쥐와 청설모는 어떻게 될까요?
- 다람쥐와 청설모를 위해 우리가 어떻게 하면 좋을까요?
 </td></tr>
</table>

활동 방법

4. 도토리 저금통에 대해 이야기 나눈다.
- (도토리 저금통이 있는 곳에서) 이게 뭐지? 무엇일 것 같나요?
- 이것은 도토리 저금통이에요.
- 도토리 저금통이 무엇일까?
- 더 자세하게 살펴볼까?
- 구멍도 있고, 구멍 안에 도토리가 가득하네요.
- 왜 여기에 도토리가 많은 걸까요?
- 사람들이 다람쥐와 청설모를 위해 도토리를 주워서 도토리 저금통에 넣어둔 거래요.
- 도토리 저금통의 입구로 동물들이 들어가서 도토리를 쏙 꺼내올 수 있대요.
- 왜 도토리 저금통을 만들어 놓은 걸까요?
- 사람들이 도토리를 주워가면 동물들이 먹을 게 없어서 위험한 상황에 처할 수도 있대요.

5. 도토리를 주워서 도토리 저금통에 넣어본다.
- 우리도 야생동물을 위해서 도토리를 저금통에 넣어볼까요?
- 야생동물들이 겨울을 잘 지낼 수 있도록 가져가지 말고, 도토리 저금통에 넣어주도록 해요.

6. 야생동물을 위해 양보할 수 있는 것에 대해 이야기 나눈다.
- 우리가 야생동물을 위해 양보할 수 있는 것이 무엇이 있을까요?
- 어떻게 양보할 수 있을까요?

7. 활동을 하며 느낀 점에 대해 이야기 나눈다.
- 도토리를 동물들에게 양보한 기분이 어땠나요?
- 도토리를 양보해서 우리도 뿌듯하고, 동물들도 배가 고프지 않겠구나.

활동 방법	8. 활동을 평가하며 마무리한다. - 오늘 활동하면서 어떤 점이 가장 기억에 남았었나요? - 아쉬웠던 점은 무엇이었나요? - 다음 시간에는 무엇을 하고 싶나요?
활동사진	  
유의점	• 숲에서 도토리를 탐색할 때 안전에 유의한다. • 숲에서 자연물을 자유롭게 탐색할 기회를 제공한다. • 사전답사를 통해 도토리가 떨어진 장소를 선택하도록 한다.

활동 37 함께 만들어 나가는 우리 유치원 텃밭

놀이주제	유치원과 친구	대상연령	만 4세
활 동 명	함께 만들어 나가는 우리 유치원 텃밭	관련 인성	공정(공평)
활동목표	1. 텃밭 이름을 정하는 것에 관심을 갖는다. 2. 투표를 하는 이유가 '공정하고 평등하기 위함'을 안다. 3. 우리 반 텃밭 이름을 정하는 과정에 즐겁게 참여한다.		
개정누리과정 관련요소	• 의사소통 〉 듣기와 말하기 〉 자신의 경험, 느낌, 생각을 말한다. • 사회관계 〉 더불어 생활하기 〉 서로 다른 감정, 생각, 행동을 존중한다. • 자연탐구 〉 탐구과정 즐기기 〉 궁금한 것을 탐구하는 과정에 즐겁게 참여한다.		
활동자료	유치원 텃밭 사진, 투표 방법에 대한 PPT, 보드 마카, 융판		
활동과정	내 용		
활동 방법	**1. 유치원 텃밭 사진을 보며 주의 집중한다.** - 무엇이 보이나요? - 그래요. 흙이 보이네요. 흙 위에 아무것도 없어요. - 이 사진은 어느 곳일 거 같나요? C: 우리 유치원 뒤쪽 같아요. - 그래요. 이 사진은 우리 유치원 뒤에 있는 텃밭이에요. - 만약 우리 00반에게 텃밭이 생긴다면 어떨 거 같나요? **2. 텃밭에 이름이 필요한 이유에 대해 알아본다.** - 우리 반에게 텃밭이 생긴다면 어떤 텃밭을 만들어 보고 싶나요? C: 채소들을 많이 심어볼 거예요. C: 매일 나가서 물을 줄 거예요. - 우리 친구들은 우리 반 텃밭인지 알고 있지만, 다른 사람들은 잘 모를 수도 있어요. - 어떤 텃밭인지 다른 사람들에게 알리려면 어떻게 하면 좋을까요? C: 이름을 만들어줘요. C: 이름표를 만들어서 텃밭 앞에 놓아요. - 정말 좋은 생각이네요. 그렇다면 텃밭의 이름은 왜 필요할까요? C: 이름이 있어야 다른 반 텃밭인지 우리 반 텃밭인지 헷갈리지 않을 수 있어요. C: 다른 사람들에게 우리 반 텃밭이라고 알려주려고요. - 그래요. 우리 친구들에게 이름이 있는 거처럼 텃밭에도 이름이 생긴다면 다른 반 선생님이나 다른 반 친구들이 불러줄 수 있겠네요. - 그러면 모두가 우리 반 텃밭이라고 알 수 있을 거 같아요.		

활동 방법	3. 텃밭 이름을 어떻게 정해보면 좋을지 이야기 나눈다. (인성: 공정) - 텃밭 이름을 어떤 것으로 하면 좋을 거 같나요? C: 행복한 텃밭이요. 초록초록 텃밭이요. 즐거운 텃밭이요. 하트텃밭이요. - (유아들이 말한 이름을 융판에 적어주며) OO이는 왜 그렇게 생각했나요? C: 텃밭에서 꽃과 나무가 자라는 것을 보면 행복할 거 같아요. C: 우리 반 이름이 초록반이니까 초록초록 텃밭으로 해요. C: 텃밭에 있으면 즐거워서요. C: 텃밭을 사랑해서요. - 우리 친구들이 정말 다양한 생각을 가지고 있네요. 이 중 어떤 것으로 텃밭 이름을 정해보면 좋을 거 같나요? C: 투표해요. 4. 투표를 하는 이유에 대해 알아본다. - 그럼 이 중 어떤 것으로 정해보면 좋을지 공평하게 텃밭 이름을 투표해 보려 해요. - 투표를 해본 경험이 있나요? C: 엄마가 대통령 선거 할 때 투표하는 거 봤어요. - 투표는 무엇일까요? - 투표는 내가 지지하는 사람이나 의견에 표를 주는 것이래요. - 그렇다면 투표는 왜 하는 걸까요? C: 공평하려고요. - 그래요. 우리 반 텃밭 이름을 공정하고 평등하게 정하기 위해서 투표를 한데요. - 또 나의 의견을 투표를 통해 직접 선택하기 위해서 투표를 해요. 5. 어떤 방법으로 투표를 해볼지 이야기 나눈다. - 우리 반 텃밭 이름을 정하기 위해서 우리 친구들 말고 또 어떤 사람들이 투표를 했으면 좋을 거 같나요? C: 부모님이요. 우리 유치원 선생님들이요. - 그렇다면 어떤 방법으로 투표를 해보면 좋을까요? C: 종이로 투표해요. C: 하고 싶은 텃밭 이름에 스티커를 붙여요. - 친구들이 말한 거처럼 다양한 방법으로 투표를 할 수 있어요. - (다양한 투표 방법을 보여준 후) 우리 친구들은 어떤 방법으로 투표를 하고 싶나요? - (손을 들어 투표방법을 정해본다) 그래요. 친구들 말처럼 투표 판에 스티커를 붙여서 투표해 볼까요? - 부모님들과 선생님들께서는 우리 반에 오시기 힘드신데 어떻게 투표해보면 좋을까요?

<table>
<tr>
<td>활동
방법</td>
<td>C: 핸드폰으로 투표하면 안돼요?
- 그래요. 친구들 말처럼 핸드폰으로 투표를 해볼까요?
- 투표를 해서 가장 많이 나오는 의견으로 텃밭이름을 정해 봐요.

6. 투표를 하기 위해 필요한 것들을 이야기 나눈다.
- 투표를 하려면 어떤 것들이 필요할까요?
- 투표를 하기 위한 준비물에는 무엇이 있을까요?
C: 투표 판을 만들어요.
C: 투표할 스티커가 필요해요.
- 투표소는 어디로 하면 좋을까요?
C: 역할영역에 투표하는 곳을 만들어요.
- 투표 판은 어떻게 만들어 보면 좋을까요?
C: 친구들이 말한 텃밭 이름을 써서 만들어요.
C: '투표해요'라고 문구를 적어요.

7. 다음 시간에 투표 판을 만들어볼 것을 이야기한다.
- 그래요. 우리 친구들이 말한 거처럼 다음 시간에는 투표 판을 직접 만들어 볼 거예요.
- 다음에는 투표 판을 만들기 전 역할을 정해보는 시간을 가져요.

8. 활동을 마무리하고 평가한다.
- 오늘 어떤 것을 했었나요?
- 어떤 활동이 가장 기억에 남나요?
- 투표를 하는 이유는 무엇이었나요?
- 선생님이 다음시간에 투표 판을 만들 준비물을 가져올게요.
우리 반 모두가 협력하여 투표 판을 만들어 보도록 해요.</td>
</tr>
<tr>
<td>활동사진</td>
<td>   
</td>
</tr>
</table>

유의점	• 유아들이 텃밭 이름을 정할 때 각각의 의견을 내어 공정한 방법인 투표를 통해서 이름을 정해볼 수 있도록 돕는다. • 텃밭이름을 정해보는 과정에서 유아들이 싸우거나 소란스럽지 않게 정해볼 수 있도록 돕는다. • 교사는 투표를 하는 이유에 대해 유아들에게 자세히 설명하여 준다.

활동 38 가지를 수확해요.

놀이주제	건강한 여름	대상연령	만 3~5세
활 동 명	가지를 수확해요.	관련 인성	자아존중감
활동목표	1. 가지를 수확하는 방법과 시기에 대해 안다. 2. 가지를 수확해본다. 3. 텃밭과 자연에 감사하는 마음을 갖는다.		
개정누리과정 관련요소	• 신체운동·건강·〉 신체활동 즐기기〉 실내외 활동에 자발적으로 참여한다. • 의사소통〉 듣기와 말하기〉 자신의 경험, 느낌, 생각을 말한다. • 자연탐구〉 자연과 더불어 살기〉 생명과 자연환경을 소중히 여긴다.		
활동자료	텃밭 가지, 가위, 바구니		
활동과정	내 용		
활동 방법	**1. 텃밭에 열린 가지를 관찰한다.** - 가지는 어떤 색인가요? - 가지는 어떤 모양인가요? - 가지는 어떤 냄새가 나나요? **2. 가지를 수확하는 시기와 방법에 대해 알아본다.** - 오늘은 텃밭에 열린 가지를 수확해 볼 거예요. - 그런데 우리가 왜 오늘 수확하는지 알고 있는 친구가 있나요? - 가지는 언제 수확하는 것일까요? - 가지 이름표에 써있듯이 우리가 가지를 4월 28일에 심었어요. 텃밭할머니께 여쭤보았더니 7월부터 10월까지 가지를 수확하면 좋다고 이야기 해주셨어요. - 가지는 어떻게 수확해야 할까요? - 가지의 꼭지 부분에는 가시가 있어서 손이 찔릴 수 있어요. 가지의 몸통 부분을 손으로 잡고 가위로 꼭지 부분을 잘라주어야 되요. **3. 가지를 수확해본다.** - 그럼 이제 가지를 수확해볼까요? - 친구들이 가지를 잡아주고 꼭지를 자르는 것은 선생님이 도와줄게요. 수확한 가지는 선생님이 가지고 온 바구니 안에 넣어주세요. - 누가 먼저 나와서 가지를 수확해볼까요?		

활동 방법	4. 활동을 평가한다. - 어떤 활동이 가장 재미있었나요? - 가지를 수확해보니 어떤 기분이 드나요? - 우리 반의 가지가 잘 자랄 수 있도록 해준 텃밭의 흙과 곤충들과 햇빛과 자연에게 어떤 마음을 가져야할까요? - 그럼 다음시간에는 우리가 수확한 가지를 가지고 요리활동을 해보아요.
활동사진	  
유의점	• 유아가 가지를 수확하는 방법을 익힐 수 있도록 교사가 먼저 시범을 보여준다. • 수업 전에 미리 가위, 바구니를 준비한다. • 수확 전 텃밭할머니께 여쭤보고 수확할 가지를 정해둔다.

활동 39 가지 피자를 만들어요.

놀이주제	건강한 여름	대상연령	만 3~5세
활 동 명	가지 피자를 만들어요.	관련 인성	자아존중감
활동목표	1. 피자를 만드는 방법에 대해 안다. 2. 가지를 활용하여 피자를 만들어본다. 3. 가지 피자를 친구와 함께 나누어 먹는다.		
개정누리과정 관련요소	• 신체운동·건강 〉 건강하게 생활하기 〉 몸에 좋은 음식에 관심을 가지고 바른 태도로 즐겁게 먹는다. • 의사소통 〉 듣기와 말하기 〉 자신의 경험, 느낌, 생각을 말한다. • 자연탐구 〉 생활 속에서 탐구하기 〉 물체의 특성과 변화를 여러 가지 방법으로 탐색한다.		
활동자료	피자 퍼즐, 피자 만들기 순서판, 또띠아, 토마토 소스, 양파, 피망, 버섯, 가지, 피자 치즈		
활동과정	내 용		
활동 방법	**1. 피자 퍼즐을 맞추어본다.** - 오늘은 요리활동을 해보려고 하는데 어떤 요리를 할지 선생님이 퍼즐로 가지고 왔어요. - 누가 나와서 한 조각 맞춰볼까요? - 어떤 음식인 것 같나요? **2. 가지 피자 요리의 재료와 방법에 대해 알아본다.** - 가지 피자를 만들 때 어떤 재료가 필요할까요? - 선생님이 가지 피자를 만들 재료들을 가지고 왔어요. 어떤 재료가 있는지 같이 살펴볼까요? - 이 재료들로 가지 피자를 어떻게 만들 수 있을까요? - 어떤 순서로 만들지 친구들이 순서를 맞춰볼까요? **3. 요리할 때 주의해야할 사항에 대해 이야기 나눈다.** - 요리활동을 할 때 어떤 것을 조심해야 할까요? - 요리활동에서 또 어떤 약속이 필요할까요? - 칼을 사용할 때에는 손을 조심해서 사용하도록 해요. **4. 가지 피자를 만들어본다.**		

활동 방법	5. 활동을 평가한다. - 피자 만들면서 가장 기억에 남았거나 즐거웠던 점은 무엇이었나요? - 가지 피자를 만들어보니 어떤 기분이 들었나요? - 우리가 만든 가지 피자를 누구와 나누어 먹으면 좋을까요?
활동사진	  
유의점	• 조리실에 미리 말씀드려 요리활동을 위한 오븐 사용을 준비한다. • 수업 전에 미리 요리활동 재료들을 준비해둔다. • 유아가 재료를 자를 때 칼을 조심해서 사용할 수 있도록 지도한다.

활동 40 숲을 위해 봉사해요.

<table>
<tr><td>놀이주제</td><td>동식물과 자연</td><td>대상연령</td><td>만 4세</td></tr>
<tr><td>활 동 명</td><td>숲을 위해 봉사해요.</td><td>관련 인성</td><td>봉사</td></tr>
<tr><td>활동목표</td><td colspan="3">1. 봉사의 의미를 안다
2. 쓰레기를 줍는 봉사를 해보고 자연에 쓰레기 버리지 않기를 실천한다.
3. 자연에 대한 고마움과 봉사를 하는 즐거움을 느낀다.</td></tr>
<tr><td>개정누리과정 관련요소</td><td colspan="3">• 자연탐구 〉 생명체와 자연환경 알아보기 〉 생명체를 소중히 여기는 마음을 갖는다.
• 의사소통 〉 느낌, 생각, 경험 말하기 〉 자신의 느낌, 생각, 경험을 말한다.
• 사회관계 〉 사회적 가치를 알고 지키기 〉 자연과 자원을 아끼는 습관을 기른다.</td></tr>
<tr><td>활동자료</td><td colspan="3">봉사하는 모습 사진 자료, 비닐장갑, 비닐</td></tr>
<tr><td>활동과정</td><td colspan="3">내 용</td></tr>
<tr><td>활동 방법</td><td colspan="3">1. 봉사하는 모습의 사진 자료를 보며 이야기 나눈다.
- 사진 속 사람들이 어때 보이나요?
- 사진 속 사람들이 무엇을 하고 있나요?
- 사진 속 사람들의 공통점이 무엇일까요?
- 사진 속 사람들은 모두 다른 사람을 위해 '봉사'를 하고 있는 모습이예요.

2. 봉사의 의미와 경험을 이야기 나눈다.
- '봉사'라는 단어를 들어본 적이 있나요?
- '봉사'는 어떤 의미일까요?
- '봉사'는 남을 위하여 자신이 힘들어도 대가 없이 애쓴다는 뜻이래.
- 우리 친구들도 봉사를 해본 적이 있나요?
- 어떤 봉사를 했었나요?
- 봉사를 해본 느낌이 어땠나요?

3. 자연이 우리를 위해 봉사하는 것에 대해 이야기 나눈다.
- 자연도 우리를 위해 봉사를 한대요.
- 자연이 우리를 위해 봉사하는 것에는 무엇이 있을까요?
- 자연은 우리에게 나무를 통해 휴지와 종이도 주고, 맑은 공기를 주고, 먹을 것도 주는구나.
- 또 다른 생각을 가진 친구 있나요?</td></tr>
</table>

활동 방법	**4. 우리가 자연을 위해 봉사할 수 있는 방법을 생각해본다.** - 그럼 우리가 자연을 위해 봉사할 수 있는 방법은 없을까요? - 또 다른 생각을 가진 친구 있나요? - 자연을 위해 쓰레기를 주워 숲을 청소할 수 있겠구나. **5. 숲에 가서 '쓰레기 줍기' 봉사를 해본다.** - 우리 00반 친구들이 말해준 것처럼 오늘은 직접 숲에 가서 쓰레기 줍기 봉사를 해 볼 거예요. - 쓰레기 줍기 봉사를 가기 전에 우리가 지켜야 할 규칙은 무엇일까요? - 쓰레기 줍기 봉사를 위해 필요한 준비물은 무엇일까요? - 숲에 오니 기분이 어떤가요? - 숲에 있는 맑은 공기가 우리를 건강하게도 해주고 기분도 좋게 해주어요. - 이렇게 많은 쓰레기들을 보니 기분이 어떤가요? - 자연을 위해 아무데나 쓰레기를 버리지 않도록 해요. **6. 활동을 마무리하고 평가한다.** - 오늘 우리 어떤 활동을 했나요? - 봉사는 어떤 의미였나요? - 자연은 우리를 위해 어떤 봉사를 했었나요? - 우리는 자연을 위해 무슨 봉사를 했나요? - 쓰레기 줍기 봉사를 해본 기분이 어땠나요? - 봉사를 통해 많은 것을 느낄 수 있었구나. 앞으로 우리는 자연을 위해서 쓰레기를 버리지 않도록 약속해요.
활동사진	  
유의점	• 유아들이 사진자료를 다양하게 탐색해 볼 수 있도록 유도한다. • 자연이 우리를 위해 봉사하는 다양한 것을 생각해볼 수 있도록 지도한다. • 숲에 안전히 다녀올 수 있도록 규칙을 정해본다. • 날카롭거나 위험한 쓰레기 종류는 유아들이 줍지 않고 교사의 도움을 받을 수 있도록 지도한다. • 봉사의 의미와 봉사의 즐거움을 되새겨 볼 수 있도록 지도한다. • 일상에서 자연에 쓰레기를 버리지 않기를 실천할 수 있도록 지도한다.

활동 41 다르지만 괜찮아!

놀이주제	유치원과 친구	대상연령	만 5세
활 동 명	다르지만 괜찮아!	관련 인성	인정
활동목표	1. 나와 친구가 다를 수 있음을 안다. 2. 바른 태도로 동화를 감상한다. 3. 나와 친구가 다를 수 있음을 인정하고 이해하려는 마음을 가진다.		
개정누리과정 관련요소	• 사회관계 〉 나를 알고, 소중히 여기기 〉 나와 다른 사람의 차이점을 알아본다. • 예술경험 〉 미술 활동으로 표현하기 〉 다양한 미술 활동으로 자신의 생각과 느낌을 표현한다. • 의사소통 〉 동요, 동시, 동화 듣고 이해하기 〉 동요, 동시, 동화를 다양한 방법으로 듣고 즐긴다.		
활동자료	동화 “다르지만 괜찮아!”, 다양한 자연물, 도화지, 테이프, 풀, 색연필, 싸인펜 		
활동과정	내 용		
활동 방법	1. ‘무엇이 똑같을까’ 노래를 부르면서 주의를 집중한다. *무엇이 무엇이 똑같을까* *젓가락 두 짝이 똑같아요* *무엇이 무엇이 똑같을까* *윷가락 네 짝이 똑같아요* 2. 같음과 다름에 대해 이야기 나눈다. - 노래에서 무엇이 똑같다고 했나요? - 그렇구나. 그럼 우리 주위에 서로 다른 것은 무엇이 있을까요? 3. 동화를 감상한다. - 오늘 들어볼 동화 속 친구들도 서로 많이 다르다고 해요. 친구들에게 어떤 일이 있었는지 한 번 들어보도록 해요.		

활동 방법

한나와 힐러리는 자매야. 얼굴은 엇비슷한데 성격은 완전히 달라. 한나는 뒤죽박죽 엉망진창을 좋아하고 힐러리는 반듯반듯한 걸 좋아하는 깔끔쟁이지. 그래서 둘은 늘 티격태격 아동다옹 다툰단다.

"아유, 고약한 냄새!"힐러리가 얼굴을 찡그리며 코를 킁킁, "한나는 썩은 바나나를 좋아한대요. 메롱!" 한나도지지 않고 혀를 날름날름, "힐러리는 심술궂은 마귀할멈이래요, 메롱!"

그러던 어느 날 귀가 긴 동물이 어디선가 나타났어. "안녕? 나는 필이야." 한나와 필은 꼭 붙어 다녔어. "우리 물감 놀이 할까?" 발바닥이 온갖 색깔의 물감으로 얼룩덜룩. "이젠 터널 놀이 하자."길게 묶어 놓은 이불들이 펄럭펄럭. "필, 저거 물어와!" 필이 쿵쾅쿵쾅 뛰어서 한나가 던진 사과를 덥석!

이튿날 아침이야. 작은 상자 뚜껑이 열리더니 온몸이 새까맣고 꼬리가 긴 동물이 고개를 삐죽 내밀고 꼬리를 살랑살랑 흔들었어. "이리 온, 귀여운 팁톡. 넌 내 애완동물이야." 힐러리가 두 팔을 내밀자, 팁톡이 폴ㅉ、ㄱ 뛰어 힐러리 품속으로 쏘옥 들어왔지. 힐러리에게도 애완동물이 생긴 거야!

팁톡은 뭐든지 잘해. 어려운 컴퓨터도 척척, 킥보드도 씽씽, 멋지게 재주를 부릴 줄도 알아. 긴 꼬리로 우유를 휘휘, 달콤한 아이스크림도 뚝딱 만들지.

"칫, 그ㄲ、짓 거!" 한나는 콧방귀를 뀌었어. "필은 춤도 잘 추고 노래도 잘 불러. 초콜릿 시럽은 또 얼마나 잘 만드는데. 필, 네 재주를 한번 보여 주렴."

힐러리는 빗자루를 휘휘 내두르며 한나를 향해 소리 질렀어. "뭐, 필이 초콜릿 시럽을 잘 만든다고? 흥, 덩어리가 둥둥 떠다니는데도?""뭐, 아이스크림을 잘 만든다고? 핏, 팁톡의 까만 털이 잔뜩 빠져 있는데도?"한나도 눈꼬릴르 치켜세우며 사납게 소리소리 질렀지.

그러다 한순간, 둘은 싸움을 딱 멈췄어. "어, 팁톡이 어디 갔지?","필도 사라졌네?"

둘은 방 안을 두리번 거렸어. 그러다 한나가 쓰레기 산을 가리키며 외쳤지. "아, 바로 저기다!" 한나가 쓰레기 산속으로 폴짝 튀어들자 힐러리도 덩달아 뛰어 들어갔지.

필과 팁톡은 서로 노려보며 말다툼을 하고 있었어. "털투성이 아이스크림이나 만드는 주제에. 다 너 때문이야!" "뭐야? 덩어리가 둥둥 떠다니는 초콜릿 시럽이나 만드는 주제에 다 너 때문이라고!" "얘들아, 그만해. 털이 좀 빠져 있으면 어떻고, 덩어리가 좀 덜 풀렸으면 어때?"한나가 차분히 말했어.

그러자 힐러리가 맞장구를 쳤지. "우리가 도와줄 테니 다시 만들어 보자." 한나와 힐러리가 팔을 걷어붙이고 나섰어.

힐러리가 초콜릿 시럽을 휘휘 젓는 동안 한나는 아이스크림에 빠진 털을 쏙쏙 골라냈어. 와, 드디어 털도 없고 뭉친 덩어리도 하나 없는 초콜릿 아이스크림 완성!

넷은 초콜릿 아이스크림을 실컷 먹었어. "아, 배부르다!" "이제 돌아갈 시간이야. 안녕, 얘들아, 너희는 여기서 살아 아무래도 그게 더 좋을 것 같아." 한나와 힐러리는 손을 꼭 잡은 채 애완동물들에게 작별인사를 했어.

한나와 힐러리는 여전히 좋아하는 것도 성격도 달라. 하지만 서로 아옹다옹 하지 않고 다정하게 지내지. 왜냐하면 서로 이해하는 법을 깨달았거든.

활동 방법	4. 동화의 내용을 회상한다. - 동화에 누가 나왔나요? - 한나와 힐러리는 어떤 점이 달랐나요? - 필과 팁톡은 어떤 점이 달랐나요? - 한나와 힐러리는 왜 다투었을까요? - 넷은 어떻게 화해를 했나요? 5. 다름에 대한 경험을 이야기 나눈다. - 00반 친구들도 동화 속 친구들처럼 친구와 나와 달라 다퉜던 적이 있나요? - 무엇이 달랐나요? - 다르다는 것은 나쁜 것일까요? - 친구와 나는 다른 존재이기 때문에 좋아하는 것도, 성격이 다를 수 도 있어요. 다르다고 다투지 않고 사이좋게 지내려면 어떻게 해야 할까요? - 그렇구나. 우리 친구들 말처럼 다른 사람과 내가 달라도 사이좋게 지내려면 상대방과 내가 다를 수 있음을 인정해야 해요. - 친구와 어떤 점이 다른지 알아보고 상대방을 이해하려고 노력해보면 되겠어요. 6. 자연물로 나를 자유롭게 표현해본다. - 그럼 이번에는 친구들에게 나를 소개하며 친구들과 내가 어떤 점이 다른지 알아보도록 해요. - 내가 좋아하는 것이 무엇인지 생각해볼까요? - 내가 잘하는 것이 무엇인지 생각해볼까요? - 내가 좋아하는 것이나 잘하는 것을 그림으로 그리고 자연물로 꾸며보아요. 7. 친구들에게 작품을 소개해본다. - 누가 나와서 그림을 소개해볼까요? - 친구랑 달리 난 다른 것을 좋아한다고 소개해 볼 친구 있나요? - 친구랑 달리 난 다른 것을 잘한다고 소개해 볼 친구 있나요? - 우리 반 친구들은 다른 점이 정말 많네요. 이제 친구들이 무엇을 좋아하고 잘하는지 미리 알아둘 수 있겠어요. 8. 활동을 마무리하고 회상한다. - 오늘 활동 재미있었나요? - 새롭게 알게 된 점이 있나요? - 친구와 내가 다른 점은 무엇이 있었었나요? - 친구와 나는 여러 가지가 서로 다를 수 있겠지요. 앞으로는 친구와 내가 다를 수 있음을 알고 서로를 이해하며 생활하도록 해요.

활동사진	 
유의점	• 유아들이 바른 태도로 동화를 감상할 수 있도록 지도한다. • 유아들이 자신과 타인이 달랐던 경험을 회상하며 자유롭게 친구들과 공유해 볼 수 있도록 지도한다. • 친구들에게 작품을 소개할 때 바른 태도로 소개할 수 있도록 지도한다. • 다른 친구의 발표를 바른 태도로 경청할 수 있도록 지도한다. • 친구와 나의 다른 점을 비교해 볼 수 있도록 한다.

활동 42 아무도 안본다고

<table>
<tr><td>놀이주제</td><td>동식물과 자연</td><td>대상연령</td><td>만 4세</td></tr>
<tr><td>활 동 명</td><td>아무도 안본다고</td><td>관련 인성</td><td>질서</td></tr>
<tr><td>활동목표</td><td colspan="3">1. '아무도 안본다고' 동시를 통해 자연 속에도 질서가 있음을 이해한다.
2. 자신이 실천하고자 하는 행동으로 동시말을 바꾸어 표현할 수 있다.
3. 자연을 존중하는 태도를 바탕으로 자연 보호를 실천할 수 있다.</td></tr>
<tr><td>개정누리과정 관련요소</td><td colspan="3">• 사회관계> 더불어 생활하기> 약속과 규칙의 필요성을 알고 지킨다.
• 의사소통> 듣기와 말하기> 자신의 경험, 느낌, 생각을 말한다.
• 자연탐구> 자연과 더불어 살기>생명과 자연환경을 소중히 여긴다.</td></tr>
<tr><td>활동자료</td><td colspan="3">'아무도 안본다고' 동시 자료(이수현 지음), 융판, 보드마카

아무도 안본다고
이 수 현

아무도 안본다고 꽃을 꺾을까?
아무도 안본다고 벌레를 밟을까?
아니 아니요 누가 보지 않아도
자연을 사랑하는 어린이가 될래요.

아무도 안본다고 휴지를 버릴까?
아무도 안본다고 침을 뱉을까?
아니 아니요 누가 보지 않아도
환경을 깨끗이 하는 어린이가 될래요.
</td></tr>
<tr><td>활동과정</td><td colspan="3">내 용</td></tr>
<tr><td>활동 방법</td><td colspan="3">1. 아무도 보지 않는다고 꽃을 꺾은 친구에 대한 이야기를 들어본다.
- 오늘 어떤 친구의 이야기를 가지고 왔어요.
- 어떤 이야기인지, 이 친구에게 무슨 일이 생겼는지 잘 들어보아요.

OO유치원에 다니고 있는 새삼이는 꽃을 아주 좋아해. 그래서 새삼이의 엄마는 집에 있는 꽃병에 꽃을 항상 꽂아놓으셔. 새삼이는 길에서 피는 꽃들도 굉장히 좋아해. 제비꽃, 개나리꽃, 튤립, 방울꽃…. 그 중에서도 새삼이가 가장 좋아하는 꽃은 '장미꽃'이었지.</td></tr>
</table>

어느 날, 새삼이는 유치원에서 하원한 후, 집을 가고 있었어. 그런데, 난생 처음 보는 색깔의 보랏빛 장미꽃이 길가에 피어있지 뭐야? 새삼이는 꽃을 꺾어서는 안 된다고 유치원에서 배운 것이 생각났지만, '아무도 안 보게 하면 돼, 나 하나쯤이야, 괜찮겠지!'하고 장미꽃을 꺾고 말았어.

- 이야기를 들어보니 새삼이에게 어떤 일이 일어났나요?
- 새삼이는 어떤 생각으로 꽃을 꺾었을까요?
- 만약 새삼이 말고도 '아무도 안 보니까, 나 하나쯤은 괜찮겠지.'라며 꽃을 꺾는 사람이 많다면 어떻게 될까요?
- 그럼 이 때 새삼이가 어떻게 했어야 할까요?

활동 방법

2. '아무도 안본다고' 동시를 감상하고 동시에 관해 이야기 나눈다.

- 우리가 아무도 안 볼 때에도 어떻게 해야 할지에 대해 이야기하는 동시가 있어요.
- 새삼이와 같은 상황일 때 어떻게 해야 할지 동시를 잘 들어보아요.

아무도 안본다고

이 수 현

아무도 안본다고 꽃을 꺾을까?
아무도 안본다고 벌레를 밟을까?
아니 아니요 누가 보지 않아도
자연을 사랑하는 어린이가 될래요.

아무도 안본다고 휴지를 버릴까?
아무도 안본다고 침을 뱉을까?
아니 아니요 누가 보지 않아도
환경을 깨끗이 하는 어린이가 될래요.

- 동시에서 사람들이 보지 않을 때에도 어떻게 한다고 했나요?
- 동시에서는 어떤 어린이가 된다고 이야기 했나요?
- 누가 보지 않을 때에도 우리는 어떻게 해야 할까요?

3. '아무도 안본다고' 동시를 함께 읽어본다.

4. '아무도 안본다고' 동시의 동시말 일부를 바꾸어 본다.

- 이번에는 '아무도 안본다고' 동시말을 바꾸어볼까요?

<table>
<tr><td>활동
방법</td><td>- 동시말에 나온 것처럼 꽃을 꺾거나, 벌레를 밟거나, 휴지를 버리거나 침을 뱉는 행동 말고도 자연을 해치는 행동은 또 무엇이 있을까요?
- 만약 유치원에서 산책을 나갔을 때/가족과 함께 여행을 갔을 때, 자연을 지킬 수 있는 방법에는 어떤 것이 있을까요?
- 그럼 '누가 보지 않아도 자연을 사랑하는/환경을 깨끗이 하는 어린이 될래요.' 이 부분은 어떻게 바꾸면 좋을까요?
- 00반 친구들이 이야기 한 것으로 동시말을 바꾸어 적어볼게요.

5. 동시말을 바꾸어본 동시를 다함께 읽어본다.
- (개작을 한 후) 선생님이 00반 친구들이 바꾼 동시를 한 번 읽어볼게요.
- 이번에는 다함께 읽어보아요.

6. 활동을 마무리하고 평가한다.
- 오늘 '아무도 안본다고' 동시를 읽어보고, 동시말을 바꾸어보는 활동을 해보았는데 어땠나요?
- 활동을 하면서 어려웠거나 힘들었던 점이 있었나요?
- 어떤 점이 가장 기억에 남았나요?
- OO반도 아무도 보지 않는 곳에서도 자연을 사랑하고 지키는 어린이가 되도록 해요.</td></tr>
<tr><td>활동사진</td><td>
동시 개작하기

동시 개작하기(개인)
사진출처: 00유치원 블로그. 동시 개작하기</td></tr>
<tr><td>유의점</td><td>• 동시를 개작해볼 때, 유아의 의견을 융판에 적어 함께 볼 수 있도록 한다.
• 활동 이후에도 자연 보호의 내용을 실천할 수 있도록 교사가 주의를 기울인다.</td></tr>
</table>

활동 43 자연의 소리에 귀 기울여요

놀이주제	동식물과 자연	대상연령	만 5세
활 동 명	자연의 소리에 귀 기울여요.	관련 인성	경청
활동목표	1. 자연의 소리가 가지는 가치를 안다. 2. 자신이 녹음한 자연의 소리를 친구들에게 소개할 수 있다. 3. 자연의 소리를 귀 기울여 들으며 관심을 가진다.		
개정누리과정 관련요소	• 자연탐구〉 자연과 더불어 살기〉 생명과 자연환경을 소중히 여긴다. • 예술경험〉 아름다움 찾아보기〉 예술적 요소에 관심을 갖고 찾아본다. • 의사소통〉 듣기와 말하기〉 자신의 경험, 느낌, 생각을 말한다. • 자연탐구〉 탐구과정 즐기기〉 주변 세계와 자연에 대해 지속적으로 호기심을 가진다.		
활동자료	도시와 자연의 소리 음원 도시의 자동차 소리(https://www.youtube.com/watch?v=szfyx8Ad2Y8), 숲의 새 소리(https://www.youtube.com/watch?v=FtcFhABKdMY), 계곡 흐르는 소리(https://www.youtube.com/watch?v=jzrfr1sL8iU), 파도 소리(https://www.youtube.com/watch?v=_hiqLApgFSY) 녹음기, 돗자리, 스피커		
활동과정	내 용		
활동 방법	**1. 눈을 감고 교실에서 나는 소리를 들어본다.** - 자리에 앉아 잠시 눈을 감고 우리 반에서는 어떤 소리가 들리는지 들어보아요. - (조용히 소리를 들어본 후) 어떤 소리가 들렸나요? **2. 도시에서 나는 소리와 자연에서 나는 소리를 듣고 이야기 나눈다.** - 이번에는 선생님이 어떤 소리를 들려줄 거예요. - 이 소리가 어디에서 난 소리인지, 어떤 느낌이 나는지 상상하며 들어보아요. - (도시의 자동차 소리를 들어본 후) 이 소리는 어떤 소리인 것 같나요? - 이 소리는 어디에서 들을 수 있을까요? - 이 소리를 들으니 기분이 어땠나요? - (자연의 소리를 들어본 후) 이 소리는 어떤 소리인 것 같나요? - 어디에 가면 이 소리를 들을 수 있을까요? - 만약 이 소리에서 냄새가 난다면 어떤 냄새일 것 같나요? - 이 소리가 있는 곳에는 어떤 바람이 불까요? - 이 소리를 들으면 마음이 어떤가요?		

활동 방법	3. 자연의 소리를 들을 수 있는 장소에 대해 이야기 나눈다. - 지금까지 들어본 소리 외에 우리가 자연에서 들을 수 있는 소리는 또 어떤 소리가 있을까요? - 그 소리는 어디에 가면 들을 수 있을까요? - 우리 유치원 근처에 자연의 소리를 들을 수 있는 곳은 어디 있을까요? 4. 자연의 소리를 담아보기 위한 방법에 대해 이야기 나눈다. - 오늘은 우리가 직접 자연의 소리를 찾고 들어보기 위해 산책을 가 볼 거예요. - 우리가 밖에서 자연을 만나려면 무엇을 준비해야 할까요? - 자연의 소리를 담아 와서 교실에서 들으려면 어떻게 해야 할까요? - 녹음기로 어떻게 녹음을 할 수 있을까요? - 만약 나 혼자 녹음기를 들고, 나 혼자만 녹음을 한다면 다른 친구들은 어떨까요? - 자연의 소리를 충분히 들어본 후에, 어떤 소리를 녹음하고 싶은지 친구들과 이야기하고 함께 녹음을 해보아요. 5. 산책을 할 때 지켜야 할 약속에 대해 이야기 나눈다. - 안전하고 즐겁게 산책하기 위해 어떤 약속을 지켜야 할까요? - 우리가 함께 정한 공간 안에서만 소리를 담아보도록 해요. - 만약 우리가 시끄럽게 큰 소리로 이야기한다면 자연의 소리를 들을 수 있을까요? - 아주 작게 들리는 자연의 소리도 들어볼 수 있도록, 숲에 가면 작은 소리로 이야기하도록 해요. 6. 실외로 나가 산책을 하며 자연의 소리를 녹음기에 담아본다. - ~에서부터 … 안에서 자연의 소리를 들어보아요. - 어떤 소리가 들리나요? - 어디에서 나는 소리일까요? - 이 소리를 잘 담으려면 어떻게 하면 좋을까요? - 나뭇잎이 바스락거리는 소리를 더 잘 들리게 하려면 어떻게 할 수 있을까요? 7. 교실로 돌아와 녹음한 자연의 소리를 함께 들어보며 소개한다. - (교실로 돌아온 후) 우리가 담아온 소리를 함께 들어보아요. - (자연의 소리를 감상하고) 이 소리는 어떤 소리인 것 같나요? - 어떤 점을 듣고 그 소리라고 생각했나요? - (소리를 담아온 유아에게) 친구들이 이야기한 그 소리가 맞나요? - 왜 이 자연의 소리를 담아오고 싶었나요? - 이 소리를 들으면 어떤 기분이 드나요?

활동 방법	- 멋진 자연의 소리를 담아온 OO이(조)에게 고맙다고 박수쳐주어요. **8. 활동을 마무리하고 평가한다.** - 오늘은 우리가 직접 자연의 소리를 찾아서 들어보고 녹음을 해보았어요. - 자연의 소리를 들어보니 어땠나요? - 활동을 하면서 힘들었거나 어려웠던 점은 무엇이었나요? - 어떤 점이 가장 기억에 남았나요? - 또 어떤 곳에서 자연의 소리를 들어보고 싶나요? - 평상시에 잘 듣지 못하는 자연의 소리에 귀 기울여보고 자연의 이야기를 잘 들어주기로 해요.
활동사진	 자연과의 아름다운 대화  숲에 모인 아이들  숲에 누워 소리를 감상하기 사진출처: 충남사회경제네트워크. 자연과의 아름다운 대화 사진 자료 00유치원 블로그. 숲에 모인 아이들
유의점	• 도시와 자연의 소리를 감상할 때 다양한 감각과 연결 지어 몰입할 수 있도록 돕는다. • 교사는 유치원 근처에서 자연의 소리를 감상하고 녹음할 수 있는 장소를 미리 파악한다. • 자연의 소리를 감상하고 녹음할 때, 교사는 유아의 안전을 고려하면서 충분한 시간적 여유를 제공하고 유아가 자유롭게 자연을 즐기고 탐색할 수 있도록 분위기를 조성한다.

활동 44 거미줄을 걷는 거미게임

놀이주제	동식물	대상연령	만 4세
활 동 명	거미줄을 걷는 거미게임	관련 인성	성실
활동목표	1. 우리 주변의 곤충 중 거미의 움직임과 환경에 관심을 가진다. 2. 자연물을 활용하여 거미줄 모양을 만들어 게임을 해본다. 3. 협동게임을 하며 각자의 역할의 책임감을 느끼며 성실히 게임에 참여한다.		
개정누리과정 관련요소	• 자연탐구〉 자연과 더불어 살기〉 생명과 자연환경을 소중히 여긴다. • 자연탐구〉 자연과 더불어 살기〉 주변의 동식물에 관심을 가진다. • 신체운동·건강〉 신체활동 즐기기〉 실내외 신체활동에 자발적으로 참여한다.		
활동자료	동영상 자료(거미 동영상), 훌라후프, 자연물(나뭇가지, 나뭇잎 등), 밧줄		
활동과정	내 용		
활동 방법	**1. 거미 동영상을 시청하며 거미줄 위 거미의 움직임에 대해 이야기 나눈다.** - 어떤 동물인가요? - 거미가 어디에서 움직이고 있었나요? - 거미의 움직임은 어때 보였나요? - 거미가 어디 위를 걷고 있나요? **2. 거미줄 게임의 방법과 규칙에 대해 알아본다.** - 오늘은 거미가 거미줄 위를 움직였던 것처럼 우리가 거미가 되어서 게임을 해볼 거예요. - 선생님이 게임에 필요한 재료들을 준비했는데 어떤 게임일 것 같나요? [게임방법] 1. 거미가 되는 4명의 친구들이 훌라후프 안에 들어가 거미가 되어 출발선 위에 선다. 2. 종이 울리면 거미줄을 만드는 친구들 4명이 자연물이 이용하여 거미줄을 만들어 준다. 3. 거미가 된 친구들은 거미줄을 밟아 도착점까지 이동한다. 4. 빨리 도착한 팀이 이긴다. 3. 게임을 할 때 지켜야할 약속에 대해 이야기 나눈다. - 게임을 하면서 우리가 지켜야할 약속이 있을까요? C: 거미줄이 이어지게 만들어요.		

활동 방법	C: 거미줄 위에서만 움직여요. C: 거미들이 떨어지지 않도록 조심해요. - 동영상에서 본 거미들처럼 거미줄 위를 밟아 움직여보도록 해요. - 거미가 된 4명의 친구들은 거미줄 위를 밟도록 조심하고, 거미줄을 만드는 4명의 친구들은 거미줄이 끊어지지 않도록 거미줄을 만들어보도록 해요. **4. 두 팀으로 나누어 거미줄 게임을 해본다.** - 두 팀으로 나누어서 게임을 해보도록 해요. - 어떤 팀이 먼저 들어왔나요? OO팀이 이겼지만 거미줄이 잘 이어지게 침착했던 OO팀 거미줄 친구들과 8개의 다리를 잘 표현해준 거미 친구들에게도 수고했다고 박수쳐주도록 해요. **5. 활동을 평가하며 마무리한다.** - 오늘 어떤 활동을 했나요? - 어떤 것이 가장 재미있었나요? - 아쉬웠거나 어려운 점이 있었나요? - 더 재미있게 게임을 하기 위해서 어떤 것들을 바꾸면 좋을까요? - 그럼 다음시간에는 훌라후프가 아닌 발을 묶어서 하나의 거미가 되어 게임을 해보도록 해요.
활동사진	  사진출처: 00기관 숲 체험 활동사진
유의점	• 거미줄 위를 움직이는 거미의 움직임이 잘 드러나는 영상을 준비한다. • 유아들이 게임 시 지켜야할 약속들을 생각해 볼 수 있도록 한다. • 게임을 하며 각자의 역할에서 지켜야할 약속에 대해 강조한다. • 게임의 승패보다 각자의 역할에 성실하게 임했음을 칭찬해준다.

활동 45 베토벤의 합창 교향곡 감상하기

놀이주제	친구와 유치원	대상연령	만 5세
활 동 명	베토벤의 합창 교향곡 감상하기	관련 인성	인권-반편견
활동목표	1. 장애에 대한 올바른 인식을 가진다. 2. 장애인은 도움이 필요한 존재라는 편견에 비판적 사고를 한다. 3. 음악을 듣고 자신의 느낌을 자유롭게 표현한다.		
개정누리과정 관련요소	• 예술경험〉예술 감상하기〉다양한 예술을 감상하고 상상하기를 즐긴다. • 의사소통〉 듣기와 말하기〉 나의 경험, 느낌, 생각을 말한다.		
활동자료	베토벤의 합창 교향곡 음원, 장애인 합창 연주 동영상		
활동과정	내 용		
활동 방법	1. '아름다운 세상' 동요를 부른다. 2. 장애인에 관해 이야기를 나눈다. - 장애인은 어떤 사람을 말할까요? - 맞아요. OO이가 말한 것처럼 몸이 조금 불편한 사람들을 말하지요. - 몸이 불편한 장애인에게 도움을 준 적이 있나요? - 장애인은 항상 도움이 필요할까요? - OO말처럼 장애인들에게 도움을 주기 위해서는 도움이 필요한지 먼저 물어보는 것이 예의입니다. - 장애인들이 우리보다 더 뛰어난 부분이 있을까요? - 그림을 뛰어나게 잘 그리는 사람도 있고, 앞은 보이지 않지만, 손재주가 뛰어난 사람도 있어요. 3. 베토벤의 '합창 교향곡'을 감상한다. - 오늘은 친구들이 장애인에 대해 관심이 많아 보여 아주 멋진 음악을 준비했어요. - 이 곡이 왜 장애인과 관련이 있는 곡인지 집중해서 들어보도록 해요. - 음악을 듣고 나니 어떤 느낌이 들었나요? - 왜 장애인과 관련된 음악이라고 생각하나요? 4. 장애인이 연주하는 베토벤의 '합창 교향곡'을 동영상으로 시청한다. - 친구들이 이야기한 것처럼 장애인들이 연주한 곡이었어요. - 그럼 영상으로 다시 한번 들어볼까요?		

<table>
<tr><td>활동
방법</td><td>- 느낌이 어땠나요?
- 장애를 가진 연주자들도 이렇게 아름다운 하모니 만들 수 있어요.

5. 베토벤에 관해 이야기를 나눈다.
- 그런데, 이 곡과 관련된 장애인에 관한 내용이 하나 더 있어요.
- 무엇일까요?
- 이 곡을 작곡한 베토벤은 귀가 들리지 않은 상태에서 이 곡을 만들었다고 해요.
- 귀가 들리지 않고 어떻게 음악을 만들 수 있었을까요?
- 00이 말처럼 장애를 가지고 있든 장애를 가지고 있지 않든 모두 노력하면 꿈을 이룰 수 있어요.

6. 활동을 마무리한 후, 평가한다.
- 베토벤의 '합창 교향곡'을 들어보았는데, 어땠나요?
- 어떤 부분을 새롭게 알게 되었나요?
- 장애인에 대해 생각이 변화한 부분 있나요?
- 앞으로 장애인을 만나면 어떤 마음이 들 것 같아요?</td></tr>
<tr><td>활동사진</td><td></td></tr>
<tr><td>유의점</td><td>• 음악 감상을 통해 자신의 느낌을 표현하는 것과 장애인에 대한 인식이 변화하는 과정을 중점으로 활동을 진행한다.
• 장애에 대해 유아들이 혐오감이나 동정심이 들지 않도록 교사의 언어 사용에 신중한 선택을 한다.</td></tr>
</table>

활동 46 짧은 귀 토끼

놀이주제	나와 가족	대상연령	만 3세
활 동 명	짧은 귀 토끼	관련 인성	인권-존중
활동목표	1. 나는 소중하고 특별한 존재임을 안다. 2. 나의 생각을 자유롭게 표현한다.		
개정누리과정 관련요소	• 의사소통 〉 책과 이야기 즐기기 〉 책에 관심을 가지고 상상하기를 즐긴다. • 사회관계 〉 나를 알고 존중하기 〉 나를 알고 소중히 여긴다. • 사회관계 〉 더불어 생활하기 〉 서로 다른 감정, 느낌, 행동을 존중한다.		
활동자료	'짧은 귀 토끼' TV 동화		
활동과정	내 용		
활동 방법	**1. 바깥놀이터로 이동하여 활동을 소개한다.** - 바깥놀이터 휴식 공간에 모두 앉았나요? - 오늘은 특별히 바깥놀이터에서 선생님이 동화 하나를 읽어줄 거에요. - 동화를 듣고 친구들이 느낀 점을 바깥놀이터에서 자유롭게 표현하면 돼요. **2. TV 동화를 소개한다.** - 오늘은 TV 동화를 준비했어요. - (부직포로 TV 동화 화면을 가리고) 이게 무엇일까요? - TV 속에 무엇이 보이나요? - 이 책의 주인공은 누구일까요? - 어떤 이야기일까? **3. 동화를 들을 때의 자세에 관해 이야기를 나눈다.** - 선생님이 동화책을 읽어주는 동안 친구들은 어떤 자세로 들으면 좋을까요? - 친구들이 자연을 느끼며 듣고 싶은 자유로운 자세로 들어도 돼요. **4. 동화를 감상한다.** - 토끼는 다른 친구들과 무엇이 다를까요? - 토끼는 자신의 짧은 귀를 왜 좋아하지 않았을까요? - 토끼의 짧은 귀를 다시 사랑하게 된 이유는 무엇이었죠? - 혹시 나도 토끼처럼 나의 숨기고 싶은 부분이 있나요? - 나의 숨기고 싶은 부분을 다시 사랑하는 방법에는 어떤 것이 있을까요?		

<table>
<tr><td>활동
방법</td><td>5. 토끼 머리띠를 착용하고 자유롭게 바깥놀이를 한다.
- 짧은 귀 토끼가 되었다고 상상하며 자유롭게 바깥놀이를 해보아요.
- 긴 귀가 있는 토끼보다 짧은 귀 토끼가 더 잘할 수 있는 부분은 어떤 것이 있을까요?
- 내가 잘할 수 있는 것을 모래 위에 그림으로 자유롭게 그려보아요.
- 친구의 모든 부분을 사랑하는 마음을 모래로 자유롭게 표현해보아요.
- 나를 사랑하는 만큼 나뭇잎을 모아보아요.

6. 바깥놀이를 마무리하고 모여 앉아 이야기를 나눈다.
- 바깥에서 동화를 읽어보았는데 어땠나요?
- 동화를 읽고 토끼가 되어 즐겁게 바깥놀이를 해보았나요?
- 짧은 귀 토끼가 되어보니 주인공 동동이에게 하고 싶은 말이 있나요?
- 나의 소중함을 알 수 있는 시간이 되었나요?
- 나의 소중함을 표현한 것을 친구들에게 보여줄 수 있는 친구 있나요?
- 친구를 소중히 여기는 마음을 자연물을 이용해 표현해줄 친구 있나요?

7. TV동화 구연 시 주의 사항에 관해 이야기 나눈다.
- TV 동화는 언어영역에 놓을 테니 자유롭게 읽어보아도 좋아요.
- 막대를 너무 세게 돌리면 종이가 찢어져요.</td></tr>
<tr><td>활동사진</td><td></td></tr>
<tr><td>유의점</td><td>• 토끼 머리띠를 제공하여 유아가 자유롭게 바깥놀이를 하는 가운데, 동화의 내용이 회상되도록 한다.
• 자신의 소중함을 모래 놀이, 자연물을 이용한 놀이 등 다양한 방식으로 표현되도록 격려한다.</td></tr>
</table>

활동 47 우리 반의 텃밭을 가꾸어요.

생활놀이주제	알록달록 가을	대상연령	만4세
활 동 명	우리 반의 텃밭을 가꾸어요.	관련 실천 인성 덕목	존중, 참여, 배려
활동목표	1. 텃밭에 작물을 함께 기르는 경험을 한다. 2. 식물을 기를 때는 사랑과 정성이 있어야 함을 안다. 3. 텃밭을 가꿔주며 소중히 여기는 마음을 갖는다.		
개정누리과정 관련요소	• 신체운동 · 건강 〉 신체활동 즐기기 〉 신체 움직임을 조절한다. • 사회관계 〉 더불어 생활하기 〉 친구와 서로 도우며 사이좋게 지낸다. • 자연탐구 〉 자연과 더불어 살기 〉 날씨와 계절의 변화를 생활과 관련짓는다. • 자연탐구 〉 자연과 더불어 살기 〉 주변의 동식물에 관심을 가진다.		
활동자료	텃밭을 보호하는 방법 사진자료, 모종삽, 물조리개(물 호스)		
활동과정	내 용		
활동 방법	1. 텃밭에 가본 경험을 이야기 나눈다. - 텃밭에서 보았던 식물에 대해 회상해 본다. 2. 텃밭을 가꿀 때 필요한 재료들을 알아본다. 3. 우리 반 텃밭으로 이동하여 텃밭이 식물을 가꾸는 방법에 대해 알아본 후 친구와 함께 우리 반 텃밭의 식물을 가꾸어 준다. - 모종삽을 이용하여 텃밭의 흙을 고르게 해준다. - 텃밭에서 나오는 낙엽 잎을 빼서 한곳에 모은다. - 배추, 무의 시든 잎을 정리해 준다. - 활동을 마친 후 모종삽에 묻어있는 흙을 털어낸다. - 텃밭 작물이 잘 자라도록 물조리개 또는 물 호스를 이용하여 흙에 물을 뿌려준다. 4. 텃밭을 가꾸어 본 소감을 나누고 평가해 본다.		
활동사진	  		
유의점	• 자연을 존중하고 보호하는 마음 가질 수 있도록 한다. 텃밭이 없는 경우에는 화분에 식물을 길러보며 관찰할 수 있다.		

활동 48 Bread town(제과점)-"제빵사가 되어 보아요"

생활놀이주제	우리동네		대상연령	만3세~5
활 동 명	Bread town(제과점) -제빵사가 되어 보아요-		관련 실천 인성 덕목	협력, 나눔, 존중, 배려, 소통
활동목표	1. 제빵사가 하는 일에 대해 관심을 갖고 제빵사 직업을 경험해 본다. 2. 제과점에서 하는 다양한 일을 경험해본다. 3. 부드러운 빵이 갖는 촉감을 느낀다. 4. 다양한 빵을 만드는 상상놀이를 하며 즐거움을 느낀다.			
개정누리과정 관련요소	• 의사소통 〉 듣기와 말하기 〉 나의 경험, 느낌, 생각을 말한다. • 사회관계 〉 더불어 생활하기 〉 친구와 서로 도우며 사이좋게 지낸다. • 사회관계 〉 더불어 생활하기 〉 서로 다른 감정, 생각, 행동을 존중한다. • 자연탐구 〉 탐구과정 즐기기 〉 궁금한 것을 탐구하는 과정에 즐겁게 참여한다.			
활동자료	유아	요리사 모자, 앞치마, 말랑이 만득이, 집게, 빵 바구니		
	단체	오븐, 쿠키맨 에어슈트, 대형 3단 케이크 틀, 대형 피자 풍선, 피자 토핑용 콩 주머니, 빵 모형, 빵 바구니, 케이크 장식용 마카롱과 조각 케이크, 옷 정리 박스		
	교사	성인 요리사 옷, 마술 주머니, 밀가루, 양푼, 밀 모형, 전화기 모형, 빵 모형		
활동과정	내 용			
활동 방법	1. 요리사 복장을 하고 제빵사가 되어 본다. 2. 빵이 만들어지는 원리를 알아본다. - 빵이 어떻게 만들어 질까? - 텃밭에서 나오는 낙엽 잎을 빼서 한곳에 모은다. 3. 말랑이 만득이로 반죽 체험을 해 본다.(빵 만들기) - "말랑말랑 반죽으로 빵을 만들어요."			

<table>
<tr><td>활동
방법</td><td>〈젤리송〉
말랑 말랑 말랑말랑 말랑 말랑 말랑 말랑말랑 말랑 (조물조물 하기)
쭈욱~ 쭈욱~ 쭈욱~ 쭈욱~ 쭈욱~ (쭉~ 늘리기)
쫀득 쫀득 쫀득 쫀득 쫀득 쫀득 쫀득 쫀득 (조물조물 하기)
쭈욱~ (쭉~ 늘리기) 아이 쫀득해!
흔들흔들 흔들흔들 (반죽을 잡고 흔들기)
쭉~ 쭉~ (쭉~ 늘리기)
흔들흔들 흔들흔들 (흔들기)
쭉~ 쭉~ (쭉~ 늘리기)
말랑 쭉 쫀득 쭉 흔들흔들 쭉
(조물조물 하다가 손바닥 위에 올려놓기)
팡! (손바닥 위에 올려놓은 반죽을 다른 쪽 손바닥으로 팡! 치기)

4. 피자를 구워보아요.
- 대형 피자판으로 게임을 하며 피자를 만드는 체험을 해요
- “대형 피자판으로 게임하며 피자를 만들어요.”

5. 쿠키맨이 오븐에 구운 빵을 전달해 주어요.
- 쿠키맨~ 나와라!
- 쿠키맨이 우리가 만든 빵을 미리 오븐에서 꺼내서 쿠키맨이 빵 바구니에 담긴 빵을 전달해 주었어요. 맛있는 빵을 전달해 준 쿠키맨에게 감사의 인사를 해요.

6. 빵을 진열해 보아요.
- 쿠키맨이 전달해 주는 빵을 진열하며 베이커리 체험을 해요.

7. 케이크를 만들어요.
- 여러 가지 빵으로 대형 3단 케이크를 만들어 본다.</td></tr>
<tr><td>활동사진</td><td> </td></tr>
</table>

활동사진

활동사진	

활동 49 건강한 음식으로 만들어요.

<table>
<tr><td>놀이주제</td><td>건강과 안전</td><td>대상연령</td><td>만 4세</td></tr>
<tr><td>활 동 명</td><td>건강한 음식으로 만들어요.
(푸드아트테라피활동)</td><td>관련 인성</td><td>협력, 소통,
책임, 경청,
질서, 존중, 청결</td></tr>
<tr><td>활동목표</td><td colspan="3">1. 우리 몸을 건강하게 해주는 음식이 있음을 안다.
2. 몸에 좋지 않은 음식이 건강에 미치는 영향에 관심을 갖는다.
3. 몸에 좋은 음식과 몸에 좋지 않은 음식을 구별해 본다.
4. 음식을 골고루 먹어야 함을 알고 건강한 식습관을 생활화하는 태도를 갖는다.
5. 여러 가지 음식 재료를 이용해서 자신의 생각을 자유롭게 표현한다.
6. 음식 재료와 요리도구를 알아보고 규칙을 지키며 활동에 적극적으로 참여한다.</td></tr>
<tr><td>개정누리과정
관련요소</td><td colspan="3">• 신체운동·건강 〉 건강하게 생활하기 〉 몸에 좋은 음식에 관심을 가지고 바른 태도로 즐겁게 먹는다.
• 신체운동·건강 〉 건강하게 생활하기 〉 자신의 몸과 주변을 깨끗이 한다.
• 의사소통 〉 듣기와 말하기 〉 말이나 이야기를 관심 있게 듣는다.
• 의사소통 〉 듣기와 말하기 〉 자신의 경험, 느낌, 생각을 말한다.
• 예술경험 〉 창의적으로 표현하기 〉 다양한 음식 재료로 자신의 생각과 느낌을 표현한다.
• 자연탐구 〉 생활 속에서 탐구하기 〉 일상에서 모은 자료를 기준에 따라 분류한다.
• 자연탐구 〉 자연과 더불어 살기 〉 주변의 동식물에 관심을 가진다.</td></tr>
<tr><td>활동자료</td><td colspan="3">• 융판
• 몸을 건강하게 해주는 음식과 몸에 좋지 않은 음식 그림 카드
• 건강한 음식 몸에 나쁜 음식 넣는 바구니 2개(남자 아이 그림바구니, 여자 아이 그림 바구니)
• 음식 재료(다양한 과일과 채소, 곡류가 들어간 음식), 요리도구(접시), 위생장갑, 앞치마, 두건
• 푸드아트 활동방법 PPT자료</td></tr>
<tr><td>활동 교구사진
(제작교구)</td><td colspan="3"> </td></tr>
</table>

활동과정	내 용
활동 방법	1. 유아들이 좋아하는 음식에 대한 경험을 이야기 나누어 본다. - 00반 친구들이 가장 좋아하는 음식은 무엇이 있었나요? - 사과를 먹었을 때 맛이 어땠나요? 2. 채소나 과일을 먹어보았던 경험에 대해 이야기를 나눈다.(소통) - 00반 친구들이 좋아하는 채소나 과일은 무엇인가요? - 우리 친구들이 좋아하는 채소나 과일은 무슨 색인가요? - OO색으로 된 채소와 과일은 어떤 것이 있을까요? 3. 우리 몸을 건강하게 해주는 음식에 대해 이야기 나눈다.(경청) - 우리 몸을 건강하게 해주는 음식은 무엇일까요? - 왜 우리 몸을 건강하게 해 준다고 생각하나요? - 우리 몸이 건강하다는 것은 어떤 것일까요?? - 집에서나 유치원에서 먹어 본 음식 중에 우리 몸을 건강하게 해주는 음식은 무엇이었나요? - 그 음식을 먹어보았나요? 4. 몸에 좋은 음식과 좋지 않은 음식을 분류해본다.(협력) - 몸에 좋은 음식과 좋지 않은 음식에 대해 좀 더 자세히 알아보아요. - 몸에 좋은 음식과 몸에 좋지 않은 음식카드를 보여준다. - 몸에 좋은 음식과 몸에 좋지 않은 음식을 분류해 넣을 바구니를 소개한다. - 우리 몸에 좋은 음식은 무엇일까요? - 당근은 우리 몸에 왜 좋을까요?? - 우리 몸에 좋지 않은 음식은 어떤 것일까요? - 사탕은 우리 몸에 좋지 않은 이유는 무엇일까요? - 몸에 좋은 음식도 너무 많이 먹으면 어떻게 될까요? - 몸에 좋은 음식과 좋지 않은 음식을 분류해보고 각 음식을 클릭하여 몸에 좋은 이유와 좋지 않은 이유를 들어본다. 5. 몸에 좋은 음식과 좋지 않은 음식들에 대해 그림카드를 보며 회상해 보고 수조작 영역에서 이 활동 교구를 사용할 수 있음을 안내해 준다. - 몸에 좋은 음식과 좋지 않은 음식에는 무엇이 있었나요? - 몸을 건강하게 지키기 위해서는 어떻게 해야 할까요? 6. 몸을 건강하게 해주는 음식을 이용한 푸드아트 활동을 소개한다. - 우리 몸을 건강하게 해주는 음식재료를 이용해 푸드아트 활동을 해보 면 어떨까요?

활동 방법

- 00반 친구들은 어떤 재료를 사용해서 만들고 싶나요?

7. 준비한 푸드아트 음식재료와 도구를 살펴본다.

- (음식재료를 보여주며) 이 재료의 이름은 무엇일까요?
  이 음식은 어떤 맛이 날까요?
- (도구를 보여주며) 이 도구의 이름은 무엇일까요?
  이 도구는 어떻게 사용하는 걸까요?

8. 활동을 하기 전 지켜야 할 규칙에 대해 이야기 나눈다.(질서)

- 활동을 할 때 우리가 지켜야 할 규칙은 무엇이 있을까요?
  1) 도구를 조심해서 사용해요.
  2) 자리에 바르게 앉아서 해요.
  3) 음식으로 장난치지 않아요.
  4) 음식을 욕심내지 않고 내가 사용할 만큼만 사용해요.
  5) 친구들과 음식을 사이좋게 사용해요.
  6) 음식을 남기지 않고 골고루 먹어요
  7) 내가 사용한 자리는 스스로 깨끗이 정리해요.

9. (푸드아트 PPT를 보며)활동 방법을 알아본다.

- 사용하고 싶은 음식 종류는 유아가 선택 할 수 있도록 한다.(존중)
  1) 음식재료(과일 혹은 채소, 곡류)를 적당히 잘라 준비한다.
  2) 접시를 준비한다.
  3) 내가 사용하고 싶은 음식 재료를 나누어 가진다.
  4) 음식 재료를 이용하여 자신이 꾸미고 싶은 모양으로 자유롭게 표현한다.
  5) 자신이 만든 작품을 소개하고 골고루 맛있게 먹는다.
  6) 자신의 자리와 활동 도구를 제자리에 정리한다.(책임)

활동 방법	10. 규칙을 지키며 즐겁게 푸드아트 활동을 한다. - 음식을 얼마만큼 가져가면 좋을까요? - 음식을 사용할 때 어떤 점을 조심해야 할까요? - 활동에 어려움이 있거나 도움이 필요로 하는 유아는 교사가 도움을 주고 격려해 준다. 11. 유아들이 만든 푸드아트 작품을 소개하고 맛있게 먹는다. 12. 활동을 회상하고 평가한다. - 우리 몸을 건강하게 해주는 음식은 무엇이었나요? - 어떤 음식 재료를 이용하여 만들어 보았나요? - 오늘 활동을 하면서 기분이 어땠나요? - 활동을 하며 어려웠던 점이 있었나요? - 아쉬운 점은 무엇이었나요? - 친구들이 직접 만들어서 먹어보니 맛이 어땠나요? - 몸에 좋은 음식을 우리가 골고루 먹으면 어떨까요? 13. 활동을 마무리 하고 정리한다.(청결) - 우리 몸에 좋지 않은 음식은 많이 먹지 안도록 하고 건강에 좋은 음식을 골고루 먹는 습관을 가질수 있도록 한다.
활동사진	 

사후활동	• 푸드아트 활동 후 자신이 만든 것을 그림으로 표현해 본다.[미술] • 유아이 화분이나 텃밭에 직접 채소 모종을 심어서 가꾸어 본다.[텃밭활동] • 음식과 관련된 새노래를 배워본다.[음악] • 내가 가장 좋아하는 음식을 그려본다.[미술영역] • 텃밭에 자라고 있는 채소들을 관찰하고 채소를 수확해 본다.[바깥놀이-텃밭활동] • 우리 몸을 건강하게 해주는 음식에게 고마움의 편지를 적어본다.[언어] • 점심시간 및 간식시간에 편식하지 않고, 음식을 골고루 먹어본다.[기본생활습관] • 음식을 골고루 먹는 식습관을 생활화한다.[기본생활습관] • 점심시간에 어떤 영양소가 들어있는 음식이 반찬으로 나왔는지 찾아본다.[이야기 나누기] • 친구들과 역할을 정하여 영양사 놀이 또는 건강한 밥상 차리기를 한다.[역할] • 몸에 좋은 음식 옮기기[게임 또는 수조작] • 영양소가 풍부한 음식 이름을 따라 적어본다.[언어]
확장활동	• 5색 음식 색깔과 그 음식에 대한 영양소를 알아본다.[이야기 나누기] • 영양소별 음식 분류하기 활동 및 영양소 그래프 활동을 해본다.[수조작] • 유아들이 직접 수확한 채소를 이용하여 요리활동을 해본다.[요리] • 내가 가장 좋아하는 음식 수수께끼를 내본다. [언어] • 식품구성 자전거에 대해 알아본다.[이야기 나누기] • 식품구성 자전거의 식품군에 알맞은 음식 그림을 그려본다. [미술] • 다양한 글자 카드를 이용하여 음식 단어를 만들어본다. [언어] • 영양소가 골고루 갖춰진 건강한 식단을 만들어본다. [미술활동] • 몸에 좋은 음식을 색종이로 접어 활동지에 붙여 꾸며본다. [미술] • 영양이 가득한 음식 먹어보기[신체*게임활동] • 음식 영양탑을 만들어 본다.[과학]
가정연계 활동	• 불량식품 먹지 않기 캠페인을 해본다. [가정연계] • 골고루 먹기 칭찬활동 자료를 만들어 가정으로 보내 올바른 식습관을 가질 수 있도록 돕는다. [가정연계] • 가정에서도 유아들과 다양한 음식 재료를 이용하여 푸드아트 활동을 해 볼 수 있는 연계자료를 안내드린다.
유의점	• 유아들이 적극적으로 발표할 수 있는 기회를 주고 칭찬과 격려를 해준다. • 몸에 해로운 음식들에 대해 그 이유를 충분히 이해할 수 있도록 이야기 나눈다. • 음식이 우리 몸에 좋은 영양분을 준다는 것과 음식을 소중히 여기는 알 수 있는 태도를 가질 수 있도록 한다. • 교사는 요리활동을 하기 전 주변의 위생 상태를 반드시 점검하고, 깨끗한 환경에서 요리할 수 있도록 준비한다. • 음식을 이용하는 활동 시에는 자신의 몸과 주변을 청결히 해야 함을 알려준다. • 음식을 소중하게 여기는 태도를 가질 수 있도록 지도한다.

유의점	• 푸드아트 활동방법 PPT자료를 보며 활동방법에 대한 소개와 활동 규칙에 대해 알려준다. • 음식을 사용 할 때 자신이 먹을 수 있는 양 만큼만 사용하도록 한다. 음식을 남기면 남겨지게 되는 양만큼 자연환경에 좋지 않은 영향을 준다는 것도 알림을 준다. • 활동 시 유아들을 관찰하며 교사는 유아가 지원이 필요로 한 것을 도와준다. • 음식을 골고루 먹는 건강한 식습관을 가져야 하는 중요성에 대해 알려 준다. • 활동에 대한 유아들의 생각을 들어보며 다음 활동 시 유아들에게 필요로 한 지원이 무엇인지 알아보는 시간을 갖도록 한다.

활동 50 포인세티아 캔들을 만들어요.

<table>
<tr><td>놀이주제</td><td>겨울</td><td>대상연령</td><td>만 4세~5세</td></tr>
<tr><td>활 동 명</td><td>포인세티아 캔들을 만들어요.</td><td>관련 인성</td><td>경청, 생명존중
공감, 책임, 배려</td></tr>
<tr><td>활동목표</td><td colspan="3">1. 겨울을 맞아 변화하는 식물들의 특징을 알아본다.
2. 자신의 경험과 생각을 이야기로 표현한다.
3. 식물들이 겨울을 나는 다양한 방법에 대해 알아본다.
4. 식물들이 겨울을 나는 모습을 표현해본다.
5. 원예 활동을 통해 배려하고 존중하는 마음 생명의 소중함과 생명과 소통하는 법을 안다.
6. 겨울을 지내는 식물들을 보호하는 방법을 안다.
7. 겨울 식물을 보호하는 방법을 실천한다.
8. 즐거운 마음으로 활동에 참여한다.</td></tr>
<tr><td>개정누리과정
관련요소</td><td colspan="3">• 의사소통 〉 듣기와 말하기 〉 자신의 경험, 느낌, 생각을 말한다.
• 자연탐구 〉 탐구과정 즐기기 〉주변의 세계와 자연에 대해 지속적으로 호기심을 가진다.
• 자연탐구〉 자연과 더불어 살아가기〉 생명과 자연환경을 소중히 여긴다.
• 예술경험 〉 창의적으로 표현하기 〉 다양한 미술 재료와 도구로 자신의 생각과 느낌을 표현한다.
• 사회관계 〉 더불어 생활하기 〉 서로 다른 감정, 생각, 행동을 존중한다.</td></tr>
<tr><td>활동자료</td><td colspan="3">• 이야기 나누기- 겨울철 식물과 식물의 겨울나기 PPT 자료
• 원예활동-플로랄폼(오아시스), 포인세티아 조화, 겨울철 식물 조화, 방울, 초, 리본</td></tr>
<tr><td>활동 교재교구
자료
(자체제작자료)</td><td colspan="3">〈이야기 나누기 및 원예활동 수업자료〉
</td></tr>
</table>

<table>
<tr><th>활동과정</th><th>내 용</th></tr>
<tr><td>활동
방법</td><td>1. 유치원에서 만난 식물들에 대해 이야기 나눈다.
- 유치원에 있는 식물을 본 친구 있니?
- 어떻게 생겼었니?
- 왜 나뭇잎이 하나도 없었을까?
- 잎이 있는 나무를 본 친구 있니?
- 잎이 어떻게 생겼었니?
- 식물들이 겨울은 나는 여러 가지 방법에 대해 알아볼까?

2. 식물(나무)들이 겨울을 어떻게 보내는지 이야기 나눈다.
- 잎이 다 떨어지는 나무들은 어떤 방법으로 겨울을 날까?
- 식물들이 겨울을 지내는 방법에는 어떤 것들이 있을까?
- 어떻게 해야 식물들이 겨울을 잘 지낼 수 있을까?

3. 겨울을 나는 식물에 대해 이야기 나눈다.
- 잎이 사철 그대로 푸른 상록수는 어떤 것이 있을까?
- (사철나무, 소나무, 향나무, 잣나무, 전나무 등)
- 두꺼운 잎으로 겨울을 나는 식물은 어떤 것이 있을까?
- (동백나무, 사철나무)
- 바늘 모양의 잎으로 겨울을 나는 식물에는 어떤 것이 있을까?
- 소나무, 전나무, 잣나무, 향나무, 측백나무 등
- 추운겨울에도 꽃과 열매가 피는 식물에는 어떤 것이 있을까?
- (동백나무, 남천나무, 수선화, 포인세티아. 천리향 등)

4. 추운 겨울을 보내는 식물들을 보호하고 사랑하는 방법에 대해 이야기 나눈다.(책임)
- 식물들이 겨울을 잘 지내기 위해 우리가 도울 수 있는 방법은 무엇이 있을까?
- 식물을 보호해야 하는 이유는 무엇일까?
(나무 옷 입혀주기, 비닐하우스 씌우기 등)

5. 준비된 사진을 보며 이야기 나눈다.
- 사람들이 지금 무엇을 하고 있는 것 같니?
- 왜 나무에 옷을 입히고 있을까?
- 사람들이 이렇게 도와주지 않는다면 식물들은 어떻게 될까?

6. 내가 할 수 있는 식물 보호 방법에 대해 이야기 나눈다.(경청)
- 친구들 집에도 식물들이 있니?</td></tr>
</table>

활동 방법	- 우리 집에 있는 식물들이 겨울을 잘 지내기 위해 내가 할 수 있는 무엇일까? (햇볕이 잘 드는 곳에 놓기, 실내로 화분 옮기기 등) 7. 식물들도 보호 받아야 함을 알고, 내가 할 수 있는 실천 할 수 있도록 약속한다.(생명존중) 8. 이야기 나누기를 통해 새롭게 알게 된 점과 느낌을 이야기 나눈다. - 이야기 나누기를 하며 새롭게 알게 된 점이 있나요? 9. 포인세티아에 대해 알아본다. 10. 오늘 만들 포이세티아 캔들을 보여준다.(교사가 미리 만든 샘플) 11. 다양한 봄의 꽃 사진들을 보며 꽃의 특징과 꽃이 주는 즐거움에 대해 이야기 한다. 12. 활동방법을 알아본다. - 오늘 만들 포인세티아 캔들에 대해 소개한다. - 재료를 소개한다. - 포이세티아 캔들을 만드는 방법을 이야기 한다. 13. 활동 시 주의 할 점에 대해 알아본다.(배려) - 오아시스는 부드럽기 때문에 너무 힘을 줘서 만지지 않도록 한다. - 조화 꽃철사 끝부분으로 장난치지 않고 조심이 사용할 수 있도록 한다. - 친구들과 재료를 나누어 사용하며 즐거운 마음으로 활동 할 수 있도록 한다. - 플로랄폼(오아시스)은 교사 화분에 넣어 주도록 한다. 14. 재료를 배부한다. 15. 활동방법에 순서대로 활동을 시작한다. - 활동 후 자신의 자리를 정리한다. 16. 활동과정에서 느꼈던 감정에 대해 이야기 나눈다.(공감) (활동하면서 유아들과 상호작용) - 활동을 하며 어려웠던 점이 있었나요? - 아쉬운 점은 무엇이었나요? - 오늘 활동을 하며 새롭게 알게 된 점이 있었나요?

활동 방법

17. 활동을 평가한다.
- 친구들이 직접 활동을 해보며 기분이 어땠나요?
- 활동을 하면서 어떤 점이 좋았나요?
- 겨울을 보내는 식물들에게 어떤 마음을 가지면 좋을까요?

18. 활동을 마무리한다.
- 식물들이 겨울을 나는 모습을 관찰해보니 기분이 어땠나요?
- 추운 겨울이지만 서로 따뜻한 마음을 전하며 행복한 겨울을 보내도록 해요.

활동사진

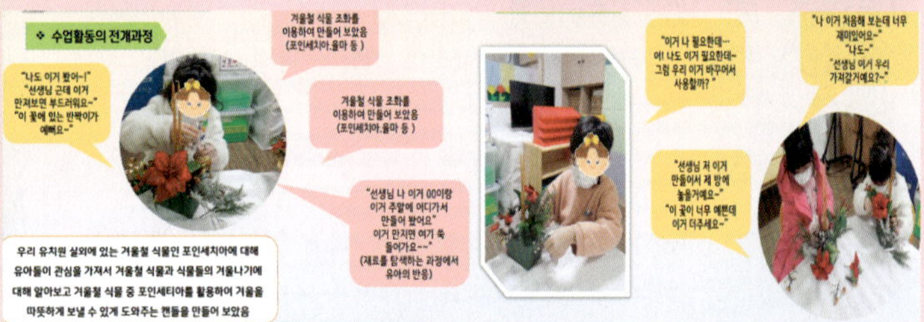

사후활동

- 겨울을 보내는 식물에게 하고 싶은 마음을 편지로 써보는 활동을 하며 식물을 사랑하는 마음을 가질 수 있도록 한다.
- 바깥놀이터에 있는 나무에게 옷(다양한 천 조각을 이용하여) 만들어 주기 활동을 해본다.
- 겨울나무로 크리스마스 트리 꾸미기 활동을 해본다.

확장활동

- 바깥놀이와 연계하여 주변의 공원 또는 산에서 식물의 겨울나기를 관찰해 볼 수 있다.
- 미술영역과 연계하여 버드나무의 겨울눈, 목련의 겨울눈, 플라타너스의 겨울눈 등을 관찰하여 그려볼 수 있다.
- 유치원에 있는 화분의 식물들에 이름을 지어주고 하고싶은 이야기를 글과 그림으로 표현하여 환경구성을 해 볼 수 있다.
- 크리스마스 리스 만들기 활동을 해 볼 수 있다.

유의점	• 유치원에 자라고 있는 식물들에 대한 경험을 회상하며 유아들이 보았던 식물들의 모습에 대해 자유롭게 이야기 할 수 있는 기회를 제공해 준다. • 식물도 우리와 같이 살아있는 생명이기에 소중히 여기는 마음을 가져야 함을 알게 해준다. • 겨울철 식물 조화를 이용하여 만든 캔들을 보여주며 유아들이 활동에 흥미를 가지고 참여할 수 있도록 동기를 유발한다. • 재료 사용 시 주의 할 점에 대해 알려준다. • 활동 참여에 어려워 하는 유아들은 교사가 함께 도와준다. • 재료를 사용할 때 친구들과 나누고 양보하는 마음을 가지고 활동에 참여 할 수 있도록 한다.

활동 51 배려하며 인내하는 마음을 가져요.

놀이주제	새해	대상연령	만 3세~5세
활 동 명	배려하며 인내하는 마음을 가져요. (다례교육을 통한 인성교육)	관련 인성	인내, 배려
활동목표	1. 상대와 상황에 맞는 올바른 인사법을 실행한다. 2. 우리나라의 절은 자신을 낮추고 상대방에게 공경하는 마음을 나타내는 정중한 인사예절에 대해 안다. 3. 한복을 알고 바르게 입을 수 있게 한다. 4. 우리 고유의 명절인 설날에 대해 알아본다.		
개정누리과정 관련요소	• 의사소통 〉 듣기와 말하기 〉 자신의 경험, 느낌, 생각을 말한다. • 의사소통 〉 듣기와 말하기 〉 말이나 이야기를 관심 있게 듣는다. • 사회관계 〉 나를 알고 존중하기 〉 내가 할 수 있는 것을 스스로 한다. • 사회관계 〉 더불어 생활하기 〉 서로 다른 감정, 생각, 행동을 존중한다.		
활동자료	다례도구(찻상, 찻탁, 차받침, 황차, 차호, 다관, 다과, 방석,세심호), 예절이 인형, 예절노래음원자료, 남자 여자 절하는 방법 순서도 자료, 한복		
활동과정	내 용		
활동 방법	1. 예절실에 들어온다. - 교사는 안녕하세요 반갑습니다 라고 유아들을 반기며 인사를 나눈다. 2. 세심호에 손을 담군다. 3. 천천히 국악음악에 맞추어 들어와 자리에 앉는다. 4. 유아들과 인사를 나눈다. 5. 인사는 왜 하는지 알아본다. 6. 마음가다듬기 약속을 한다. 7. 차를 마신다. - 차마시는 예절에 대해 알아본 후 유아들과 함께 우리나라 전통차를 마셔보고 차의 마셔본 느낌에 대해 이야기 나눈다. 8. 다식을 먹는다.		

활동 방법	9. 한복을 입어본 경험에 대해이야기 나눈다. 10. 한복을 입을 때 지켜야 할 약속에 대해 이야기한다. 11. 예절이란 무엇인가? 알아본다. 12. 예절이를 뽑는다. - 남자,여자 예절이를 1명씩 뽑는다. 13. 다례절 (설날 절하는 방법)을 한다. - 설날에 절하는 방법에 대해 알아본다. - 교사가 먼저 절하는 방법을 보여준다. - 유아들과 함께 남자,여자 절하는 방법을 직접 해본다. 14. 국악 음악에 맞추어 천천히 걸어나간다. 15. 예절선생님과 예절이와 마무리 인사를 나눈다.
활동사진	   

활동 52 동물은 어떻게 깨끗해질까?

놀이주제	동식물과 자연	대상연령	만 4세
활 동 명	동물은 어떻게 깨끗해질까?	관련 인성	청결
활동목표	1. 동물들마다 다른 방법으로 청결을 유지 한다는 것을 안다. 2. 동물들의 청결 사진을 보고 신체 표현을 해본다. 3. 스스로 청결에 관심을 갖는 태도를 기른다.		
개정누리과정 관련요소	• 자연탐구 〉 자연과 더불어 살기 〉 주변의 동식물에 관심을 가진다. • 의사소통 〉 듣기와 말하기 〉 말이나 이야기를 관심 있게 듣는다. • 예술경험 〉 창의적으로 표현하기 〉 신체나 도구를 활용하여 움직임과 춤으로 자유롭게 표현한다.		
활동자료	꼬비(어항포함), 동물 사진(고양이, 코끼리, 백조, 원숭이),'작은 동물원'노래 배경음악    		
활동과정	내 용		
활동 방법	**1. ○○반에 있는 꼬비에 대해 이야기를 나눈다.** - ○○반에는 우리 말고도 소중한 친구가 있지요. 누가 있나요? - 그래요. 여기에 거북이인 꼬비가 있어요. - (꼬비의 사진을 보며) 놀이 시간마다 꼬비를 관찰해본적 있나요? - 어떤 모습이었나요? - 그래요. 헤엄을 치기도 하고, 먹이를 먹기도 했어요. - 그런데 오늘은 꼬비에게 우리가 도와준 일이 있었어요 - 어떤 일일까요? - 그래요, 우리가 더러워진 꼬비의 물을 갈아주었어요. - 꼬비는 우리가 도와주었지만, 다른 동물 친구들도 깨끗해지기 위해 노력을 한다고 해요. - 우리가 오늘 꼬비 말고도 다른 동물 친구들은 깨끗해지기 위해 어떤 일을 하는지 알아보도록 해요. **2. 동물들의 사진을 보며 이야기 나눈다.** - 우리 주변에 볼 수 있는 동물들은 무엇이 있을까요? - oo이가 말한 동물은 깨끗해지기 위해 어떤 행동을 할까요? - 우리가 깨끗해야하는 이유는 무엇이 있을까요?		

<table>
<tr><td>활동
방법</td><td>- 그래요 그러면 선생님과 함께 동물들이 어떻게 세수하는지, 몸을 씻는지 알아보도록 해요. 이게 누굴까요?
- 그래요, 고양이에요. 고양이가 무엇을 하고있는 것 같나요?
- 고양이는 손에 침을 묻히고 얼굴과 몸을 구석구석 열심히 닦아요.
- 이 사진은 누구일까요?
- 그래요, 코끼리에요. 코끼리는 무엇을 하고 있는 것 같나요?
- 코끼리는 시원한 물을 긴 코를 사용해 몸을 씻는다고 해요.
- 이 사진은 누구일까요?
- 여기 있는 사진은 백조에요. 백조와 같은 새들은 부리를 사용해 자기 몸에 있는 깃털들을 다듬는다고 해요.
- 이 사진에는 누가 있을까요?
- 원숭이들이네요. 원숭이가 무엇을 하고 있나요?
- 원숭이들은 서로의 털을 보면서 정돈해주고 있어요.
- 마지막으로 우리들은 어떻게 몸을 깨끗하게 할 수 있을까요?
- 그래요. 손을 씻기도 하고 엄마와 같이 목욕을 하기도 하죠.
- 동물친구, 우리들 모두가 다른 방법으로 깨끗하게 하려고 노력하네요. 우리가 이야기 해보았는데 왜 우리가 깨끗해져야 할까요?
- 잘 씻지 않으면 우리는 병에 걸릴 수도 있고 냄새가 날 수 있어요. 동물친구들도 마찬가지에요.

3. 동물들의 사진을 보며 몸으로 표현해본다.
- 우리가 이번에는 우리가 살펴보았던 동물들이 어떻게 세수하는지, 깨끗해지는지 몸으로 표현해 볼 거예요.
- 고양이, 코끼리, 백조, 원숭이들이 깨끗해지기 위해서 어떻게 표현할 수 있을까요?
- 우리가 씻는 모습은 어떻게 표현할 수 있을까요?
- 그래요. 노래가 나오면 같이 표현해보도록 해요.

4. 활동을 회상하며 마무리한다.
- 오늘 활동 즐거웠나요?
- 오늘 무슨 활동을 했나요?
- 제일 기억나는 활동은 무엇인가요?
- 친구들도 우리와 같이 깨끗해지기 위해 노력을 하는 모습을 보았어요. 동물친구들 뿐만아니라 우리들도 같이 항상 손을 씻고, 몸도 잘 씻는 친구들이 될 수 있나요?</td></tr>
<tr><td>유의점</td><td>• 유아들이 관심있어하는 이야기를 나누며 집중할 수 있도록 한다.
• 공간을 확보한 후유아들이 신체표현을 자유롭게 할 수 있도록 한다.</td></tr>
</table>

활동 53 나무가 사라진 나라

<table>
<tr><td>놀이주제</td><td>환경과 생활</td><td>대상연령</td><td>만 5세</td></tr>
<tr><td>활 동 명</td><td>나무가 사라진 나라</td><td>관련 인성</td><td>존중</td></tr>
<tr><td>활동목표</td><td colspan="3">1. 동화의 내용을 이해하며 바른 자세로 동화를 감상할 수 있다.
2. 나무의 가치와 이로움에 대해 이야기할 수 있다.
3. 나무에게 감사한 마음과 나무를 존중하는 태도를 가진다.</td></tr>
<tr><td>개정누리과정 관련요소</td><td colspan="3">• 의사소통 〉 듣기와 말하기 〉 자신의 경험, 느낌, 생각을 말한다.
• 의사소통 〉 읽기와 쓰기에 관심 가지기 〉 자신의 생각을 글자와 비슷한 형태로 표현한다.
• 의사소통 〉 책과 이야기 즐기기 〉 책에 관심을 가지고 상상하기를 즐긴다.
• 자연탐구 〉 자연과 더불어 살기 〉 생명과 자연환경을 소중히 여긴다.</td></tr>
<tr><td>활동자료</td><td colspan="3">숲 체험 활동 사진, ‘나무가 사라진 나라’ 동화책, 나무 감사장 양식, 색연필, 사인펜, 펀치, 노끈

〈 ‘나무가 사라진 나라’ 동화책 〉

〈 감사장 양식 〉

〈 색연필 〉

〈 사인펜 〉

〈 노끈 〉
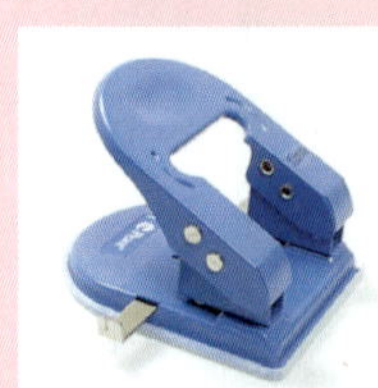
〈 펀치 〉</td></tr>
</table>

활동과정	내　　용
활동 방법	1. 체험 활동 사진을 보며 나무를 탐색한 것에 대해 회상한다. - 어제 숲에 가서 나무를 탐색한 것을 기억하나요? - 나무는 어떤 특징을 가지고 있었나요? 2. 동화책의 앞 그리고 뒤표지의 그림을 탐색한다. - 선생님이 나무와 관련된 동화를 가져왔어요. - 표지에 무엇이 보이나요? 3. 동화의 내용을 예측 해본다. - 이 동화는 어떤 내용일 것 같나요? 4. ‘나무가 사라진 나라’ 동화를 감상한다. 5. 동화 내용을 회상한다. - 동화 속에 누가 나왔나요? - 나무를 다 베어버린 쭈욱 나라에 어떤 일이 일어났나요? - 나무 할머니 신이 나타나 뭐라고 했나요? - 숲이 사라진 모습은 어땠나요? - 쫌더 사장은 미래 모습을 보고 어떻게 행동했나요? 6. 나무가 사라진다면 어떨지 상상해본다. - 동화 속의 내용처럼 우리 주변의 나무가 모두 사라진다면 어떨지 상상해볼까요? 7. 나무의 가치와 이로움에 대해 이야기 나눈다. - 나무는 우리에게 어떤 도움을 줄까요? - 이렇게 고맙고 소중한 나무를 어떻게 대해야 할까요? 8. 나무에게 고마움을 표현하는 방법에 대해 이야기 나눈다. - 고마운 나무에게 어떻게 마음을 표현하는 것이 좋을까요? 9. 나무 감사장을 만든다. - 나무 감사장을 만들어 나무에게 달아주는 것으로 할까요? - 감사장에는 어떤 내용이 들어가면 좋을까요? - 글을 쓰기 어려운 친구들은 그림을 그려도 좋아요. - 책상 자리에 앉으면 선생님이 재료를 나누어주도록 할게요.

활동 방법	10. 자신의 나무 감사장을 친구들에게 소개해본다. - 자신의 나무 감사장을 친구들에게 소개해보고 싶은 친구 있나요? 11. 유치원 나무에 감사장을 달아본다. - 우리 유치원 나무에 감사장을 달아볼까요? 12. 활동을 평가한다. - 오늘 활동 어땠나요? - 무엇이 가장 재미있었나요? - 앞으로 나무를 보면 어떤 마음을 가지고 어떤 말을 해주면 좋을까요?
활동사진	 〈 유아와 나무 〉  〈 동화를 감상하는 유아들의 모습 〉 * 사진출처: 구글 이미지
유의점	• 동화책 표지의 그림을 탐색해볼 수 있는 충분한 시간을 제공한다. • 바른 자세로 동화를 감상할 수 있도록 격려한다. • 이야기를 나누며 유아들이 나무의 가치에 대해 생각해보고 나무를 존중하는 마음을 갖도록 한다. • 유아가 이야기할 수 있는 기회를 공평하게 제공한다. • 글을 쓰는 것이 어려운 유아는 그림을 그리도록 격려하고 모르는 글자가 있으면 알려주도록 한다. • 자신의 감사장을 자신감 있게 소개할 수 있도록 도와준다. • 다른 유아의 말을 경청하도록 지도한다. • 펀치 사용과 노끈 묶기는 도움을 준다.

REFERENCE

참고문헌

강문희, 신현옥, 정옥환, 정정옥(2004). **아동발달.** 서울: 교문사.

강보규(1993). **발달심리학**. 서울: 정훈 출판사.

강선보, 박의수, 김귀성, 송순재, 정윤경, 김영래, 고미숙(2008). 21세기 인성교육의 방향설정을 위한 이론적 기초 연구. **교육문제연구, 30**, 1-38.

고정곤, 김규수(2005). **유아사회교육.** 경기: 양서원.

곽노의, 최민수, 김규수, 김경철, 유규종(1997). 유아 기본생활습관 평가도구 개발. **열린유아교육연구**, 2(2), 139-166.

곽진희(1991). 어린이의 텔레비전 충족 우구유형과 선호 프로그램의 상관관계에 관한 연구, 경남대학교 대학원 석사학위논문.

곽혜경, 조복희(1991).유아의 기질, 어머니의 통제전략과 유아의 자기 통제행동과 의 관계. **아동학회지,** 23(1), 165-176.

교육과학기술부(2010). 유아의 창의·인성 함양을 위한 영상 매체 활용 프로그램.

교육과학기술부(2011). 유치원기본과정 내실화를 위한 인성교육프로그램.

교육과학기술부(2012). 유아 인성교육을 위한 부모훈련 프로그램 및 연수 자료집.

교육부(1998). 유아 기본생활습관 교육 활동자료. 서울: 서울특별시인쇄공업협동조합.

교육부(1998). **유치원 교육과정 해설**. 서울: 대한 교과서 주식회사.

교육부(2000). **유치원 교육활동 지도 자료**. 서울: 대한교과서 주식회사.

교육부(2015). 2015 개정 교육과정 질의응답 자료.

교육부(2018). 2019년 인성교육 시행계획.

교육부, 보건복지부(2019). 2019 개정 누리과정 해설서. 세종: 교육부·보건복지부.

구광현, 이경희(2002). 유아사회교육. 서울: 동문사.

국립교육평가원, 유치원교육평가, 국립교육평가원(1996).

권순미(2006). 인터넷 미디어 동화를 활용한 수업이 유아의 조망수용능력에 미치는 효과. 숙명여자대학교 대학원 석사학위논문.

김 정(1986). **미술교육총론**. 서울: 학연사.

김경희(1986). **아동심리학**. 서울: 박영사.

김관웅(1994). **아동발달**. 서울: 형성출판사.

김관웅(1997). **유아생활지도**. 경기: 교육과학사.

김광수, 정종진, 공윤정, 송재홍, 하요상, 조봉환, 홍종관, 안태용, 오익수, 김혜숙, 허승희(2017). **아동과 청소년의 인성교육의 실제**. 서울: 학지사.

김광웅(1983). **유아생활지도**. 서울: 학문사.

김광웅, 이인수(1998). 아버지의 양육참여도와 유아의 사회 정서적 능력. **아동학회지**, 19(2), 65-75.

김금락(2001). 협동 활동이 유아의 의사소통기술 및 친사회적 행동에 미치는 효과. 중앙대학교 교육대학원 석사학위논문.

김명희(2000). 전래동화에 나타난 도덕적 갈등상황의 토의활동이 유아의 대인문제 해결사고에 미치는 영향. 전남대학교 교육대학원 석사학위논문.

김봉제(2014). 초월성의 도덕교육적 특성에 관한 연구. 서울대학교 대학원 박사학위논문.

김성태(1967). **발달심리학**. 경기: 법문사.

김수영(2000). 유아의 또래 수용도, 놀이 상호작용 및 놀이형태와의 관계, **유아교육연구**, 20(3), 47-65.

김신일, 김창대, 남상인, 한승희(2001). 인성교육의 확대와 정착에 관한 연구. **한국교원대학교 부설교과교육공동연구소, 교육개혁 및 교육정책 추진 과제**, 179-610.

김신자(1993). **아동발달학**. 서울: 수학사.

김애순, 윤진(1997). **청년기의 갈등과 자기이해**. 서울: 중앙적성출판사.

김언주(1987). **신교육심리학**. 서울: 문음사.

김연희(2015). **순환적 공감 모형에 기초한 유아 인성교육 프로그램 구성 및 적용 효과.** 성신여자대학교 대학원 박사학위논문.

김영옥(2014). **유아 인성교육의 이론과 실제.** 경기: 공동체.

김영옥, 송혜린, 이현미(2007). **21C 변화에 적합한 영유아 인성교육프로그램.** 서울: 다음세대.

김영옥, 장명림, 유희정(2009). 유아 인성교육 프로그램 개발 및 효과. **열린유아교육연구**, 14(5), 297-324.

김윤식, 제석봉(1993). **아동발달심리학**. 서울:학문사.

김은실, 손현동(2010). **아이들의 자존감을 높여주는 셀프업**. 서울: 마음샘.

김재현(2002). 바람직한 의사소통은 무엇이며 왜 필요한가? **교육이론과 실천, 12**(1), 7-20.

김정신, 정해은, 조희진(2004). **유아예절교육**. 경기: 교문사.

김정원, 민희숙, 방승연(2014). 누리과정에 근거한 그림책을 활용한 인성교육활동이 유아의 리더십과 정서지능에 미치는 영향. **유아교육연구, 34**(1), 227-249.

김지희(2014). 유아 생태교육 프로그램이 자연 친화적 태도와 인성에 미치는 영향. 국민대학교 교육대학원 석사학위논문.

김창대, 이정윤, 이영선, 남상인(1994). 청소년문제 유형분류체계 연구Ⅰ. 서울: 청소년 대화의 광장.

남억우 외(1963). **아동발달과 지도**. 서울: 교우사.

남억우(1966). **아동심리학**. 서울: 왕문사.

대통령자문 교육개혁위원회(1995). **신교육체제 수립을 위한 교육개혁 방안.** 서울: 교육부.

류송미(2001). **유아의 친밀도 및 성과 연령에 따른 또래간 의사소통전략에 관한 연구.** 건국대학교 교육대학원 석사학위논문.

문용린(1997). **EQ가 높으면 성공이 보인다**. 서울: 글이랑.

박성수(1986). **아동생활지도**. 서울: 학국방송통신대학.

박성수, 김혜숙, 이숙영, 김창대, 유성경(1997). **청소년상담원리**. 서울: 청소년 대화의 광장.

박성연 역(1991). **인간발달 I: 아동발달**. 서울: 교육과학사.

박성연, 이은경, 배주희(2011). 유아의 까다로운 기질 및 유아의 부정적 정서표현에 대한 어머니의 반응유형과 유아의 정서조절전략 간의 관계. **한국가정**

관리학회, 29(6), 55-69.

박유미(2007). 친사회적 동화를 활용한 통합적 문학 활동의 적용효과. 원광대학교 대학원 박사학위논문.

박찬옥, 김영중, 황혜경, 엄정례, 조경서(2001). **유아사회교육**. 경기: 정민사.

박찬옥, 서동미, 엄은나(2010). **유아사회교육 2판 개정판.** 경기: 정민사.

백선미(2015). 교사용 유아 인성 평가척도 개발 및 타당화. 숙명여자대학교 교육대학원 석사학위논문.

변정원(2016). 동화를 활용한 실천중심 인성교육프로그램이 유아의 정서지능 및 친사회적 행동에 미치는 영향. 인제대학교 교육대학원 석사학위논문.

보건복지부(2020). 제4차 어린이집 표준보육과정. 세종: 보건복지부.

서봉연, 송명숙(공역)(1982). **인간발달**. 서울: 중앙적성출판사.

서봉연, 유안진. **인간발달**. 서울: 서울대학교 출판부.

서봉연, 유영분, 강길례(2001). **효과적인 대인관계 노하우 프로그램집.** 서울: 한국가이던스.

서봉연, 이순형(1983). **발달심리학**. 서울: 중앙적성출판사.

서봉연, 이순형(1996). **발달심리학: 아동발달.** 서울: 중앙적성출판사.

서은주(2014). 유아 인성교육을 위한 유아다례교육 프로그램 개발 및 적용 효과. **열린유아교육연구, 19**(6), 341-365.

송길연, 장유경, 이지연, 정윤경(2005). **발달심리학.** 서울: 시그마프레스.

안영진(1997). **유아교육전공자를 위한 新 영 · 유아발달 총서**. 서울: 정일.

안영진(1998). **유치원 교육과정에 따른 유아생활지도**. 경기: 삼광출판사.

안영진(2002). **유아 및 아동 교육기관 중심 21세기 신세대 바람직한 자녀교육을 위한 지침서 새 아동발달 연구**. 서울: 꾸벅.

안영진(2006). **21c 교사양성을 위한 아동발달**. 경기: 공동체.

안영진(2007). **세계화와 민주시민 양성을 위한 유아생활지도**. 서울: 창지사.

안영진(2010). **유아인성교육**. 서울: 창지사.

안영진, 이숙정(2008). **새로운 유아교육과정에 따른 유아사회교육**. 경기: 양서원.

엄은나(2006). 유아의 의사소통능력 향상을 위한 프로그램 구성 및 적용효과. 중앙대학교 일반대학원 박사학위논문.

우영효(2003), **영유아 인성교육의 이론과 실제**. 경기: 양서원.

우영효(2004). 유아 인성교육의 방향. **아동교육, 13**(1), 147-158.

유경숙(2009). 유아의 정서지능과 유아교육기관적응과의 관계: 교사-유아관계. 또래 관계 및 일과적응을 중심으로. **아동교육, 18**(4), 35-45.

유병열(2008). **도덕교육론**. 경기: 양서원.

육아정책연구소(2012). **인성교육 우수 유치원 및 어린이집 심사 매뉴얼.** 서울: 육아정책연구소.

윤영돈(2009). 효과적인 학교 인성교육의 방향: 범교과 학습과 도덕과 학습의 관계를 중심으로. **도덕윤리과교육, 29**, 127-150.

이경미(2014). 개념학습 상황모형에 기초한 전래동화활용 조부모 참여 프로그램이 유아의 친사회적 행동에 미치는 영향과 양상. 강릉원주대학교 일반대학원 박사학위논문.

이계학(1996). 인성교육, 어떻게 할 것인가? 한국초등교육학회. 초등학교 인성교육 어떻게 할 것인가. **한국초등교육학회 학술 세미나 보고서,** 9-22.

이명준, 진의남, 서민철(2011). 교과교육과 창의적 체험활동을 통한 인성교육 활성화방안. **한국교육과정평가원,** 1-48.

이미숙, 양정실, 김현미, 황인표(2012). **인성교육 실현을 위한 교육과정 개정 시안 공청회 자료집**. ORM 2012-46.

이병석, 이찬숙, 김경윤(2010). **영유아 인성교육.** 경기: 양서원.

이석재, 장유경, 이헌남, 박광엽(2003). **생애능력 측정도구 개발연구: 의사소통능력, 문제해결 능력, 자기 주도적 학습능력을 중심으로.** 서울: 한국교육개발원.

이순원, 문정숙, 김영희(2012). 어머니의 언어통제 유형과 유아의 정서조절 능력의 유아의 사회적 유능성에 미치는 영향. **미래유아교육학회지, 19**(1), 283-305.

이영자, 유효순, 이정욱(2001). **주제중심의 통합적 접근방법에 의한 유아사회교육**. 경기: 교문사.

이영자, 이종숙, 신은수, 양승희, 안경숙, 유윤영, 연선영(2000). **유아의 정서지능 향상을 위한 프로그램**. 서울: 창지사

이영자, 주영희, 홍순정(1995). **언어 발달과 지도**. 서울: 한국방송통신대학교출판부.

이주희(2018). 1 · 3세대 연계 유아 인성교육 프로그램 개발 및 효과. 협성대학교 대학원 박사학위논문.

이지호(2020). 유아 그림책에 나타난 인성교육 덕목 분석: 인성교육진흥법을 중심으로. 한국외국어대학교 교육대학원 석사학위논문.

이창우, 김재홍, 강상진(2006). **니코마코스 윤리학**. 서울: 이제이북스.

이희영, 최영미, 김문정, 윤미숙(2016). **유아 인성교육의 이론과 실제**. 서울: 학지사.

임갑빈, 김순녀, 박영란, 이진수(2002) 자연친화 생태유아교육 프로그램. 경기: 양서원.

임원신, 방은정(2017). 베스트셀러 그림책에 나타난 유아 인성교육 덕목 분석. **한국영유아보육학, 103**, 1-22.

임혜숙(2012). 창의적 인성개발. **내일을 여는 지식**, 127.

장재경(2013). 인성교육에 대한 유아교사의 인식과 실태. 경남대학교 대학원 석사학위논문.

전예화, 최미현, 천외영, 서현아, 황해익(2003). **유아사회교육**. 경기: 양서원.

정옥분(2007). **영유아발달의 이해**. 서울: 학지사.

정인석(1988). **신교육심리학**. 서울: 대왕사.

정종진, 이형선(2013). **자신감과 자존감 키우기**. 경기: 공동체.

정창우(2010). 인성교육에 대한 성찰과 도덕과 교육의 지향. **윤리연구, 77**, 1-3.

조강모(2010). 인성교육과 도덕과 교육의 관계 설정. **초등도덕교육, 33**, 5-32.

조난심(1995). 인성교육과 도덕 교과서. **철학과 현실**, 70-84.

조세핀 김(2014). **교실 속 자존감**. 서울: 비전과 리더십.

조순옥, 이경화, 배인자, 이정숙, 김정원, 민혜영(2002). **유아사회교육.** 서울: 창지사.

주영희(2000). 유아 언어발달의 사회적 기초. **인천교육대학교 교육논총, 17**, 37-59.

지성애, Bronson, M., & Sherwood, N.(1997). **유아사회생활교육**. 서울: 서울특별시 교육청. 유치원 장학자료62.

지성애, 김미경(2003). **유아 사회교육의 이론과 실제**. 서울: 학지사.

지성애(2006). **보육현장에서 활용하는 영유아 사회활동의 이론과 실제**. 경기: 양서원.

최미선(2017). 조부모와 함께 하는 그림책 읽기 활동이 영아의 정서 지능에 미치는 영향. 총신대학교 교육대학원 석사학위논문.

최민수(2011). 유아교육현장에서의 영유아 인성교육 방안 모색. **유아보육 · 보육복지연구, 15**(4), 143-168.

최신일(2008). 인간, 인격 그리고 인격교육. **초등도덕교육, 27**, 185-206.

추병완(1995). 미국의 도덕교육. **도덕윤리과교육연구, 6**, 158-202.

추석호(1987). 동료집단상담 장면에서 의사소통 훈련의 효과. 경북대학교 교육대학원 석사학위논문.

한국교육학회(1998). **인성교육**. 서울: 문음사.

한국유아교육학회(2003). **유아교육사전: 용어편.** 서울: 한국사전연구사.

한국청소년연맹(2001). **인간관계 훈련의 이론과 실제.** 경기: 양서원.

한미양(2013). 미술활동을 활용한 유아 인성교육 프로그램 개발. 강남대학교 대학원 박사학위논문.

한상철, 기영애(2004). 또래상담자 훈련이 또래상담자의 자아존중감과 의사소통능력에 미치는 효과. **교육학논집, 25**(2), 85-99.

홍경자(2004). 청소년의 인성교육-나는 누구인가. 서울: 학지사

홍성후(2017). 도덕딜레마접근의 이론과 실제. 2017 푸른나무 청예단 인성교육 강의자료집.

홍용희(1999). 유아의 조망수용과 교사의 비계설정: 도덕적 문제 상황에 대한 토의를 중심으로. **유아교육연구, 19**(2), 205-226.

황미희(2015). 인성교육을 위한 협력적 신체활동이 유아의 인성발달에 미치는 효과. 총신대학교 교육대학원 석사학위논문.

Ainsworth, M. D., Bellhar, M., Waters, E.,& Wall, S (1978). *Patterns of attachment*. Hillsdale, NJ: Erlbaum.

Aron, A. R., Poldrack, R. A., & Wise, S. P. (2009). Cognition: basal ganglia role. *Encyclopedia of Neuroscience, 2*, 1069-1077.

Ashby, F. G., Isen, A. M., & Turken, A. U. (1999). A neuro-psychological theory of positive affect and its influence on cognition. *Psychological Review, 106*, 529-550

Astington, J. W. (1991). Theoretical explanations of children's understanding of the mind. *Developmental Psychology, 9*(1), 7-31.

Blasi, A. (2005), Moral Character: A Psychological Approach, in D. Lapsley and C. Power (ed.) *Character Psychology and Character Education.* Notre Dame: University of Notre Dame Press.

Denham, S. A. (1998). *Emotional development in young children.* NY: Guilford Press.

Denham, S. A., Blair, K. A., DeMulder, E., Levitas, J., Sawyer, K., Auerbach-Major, S., & Queenan, P. (2003). Preschool emotional competence: Pathway to social competence?, *Child Development, 74*(1), 238-256.

Drenams and Imitation in Childhood, N. Y.: Norton, 1962.

Eliot, L. (2001). *What's going on in there?* 우리 아이 머리에선 무슨 일이 일어나고 있을까? 안승철 역(2004). 서울: 궁리출판사.

Fernandez-Duque, D., Baird, J. A., & Posner, M. I. (2000). Executive attention and metacognitive regulation. *Consciousness and Cognition, 9*, 288-307.

Flavell, J. H., Beach, D. R., & Chinsky, J. M. (1966). Spontaneous verbal rehearsal in a memory task as a function of age. *Child Development, 37*, 283-299.

Gopnik, A., Meltzoff, A. N., & Kuhl, P. K. (2001). *Scientist in the crib: What early learning tells us about the mind.* NY: Harper Perennial.

Gordon, M. (2010). 공감의 뿌리. 문희경(역). 서울: 샨티.

Gunning, T. G. (2000). *Creating literacy instruction for all children*(4th ed.). Boston: Allyn and Bacon.

Higard. E., Theories of Learning(Applention Century Crofts 1986).

Hinde, B. A., (1989) "Enthological ad relationships approaches." In R. Vasta(Ed.), Annals of Child Development(Vol.6, pp, 251,~285), Greenwich, CT: JAI Press.

Hunt, J. M., (1961). *Intelligence and ezperience*. New York: Ronald.

Hurlock, E. E., (1980). *Child development*. New York: McGaw Hill Book Co.,

Iacoboni, M., & Dapretto, M. (2006). The mirror neuron system and the consequences of its dysfunction. *Nature Reviews Neuroscience, 7*(12), 942-951.

Jersild, A. T., (1960). *Child psychology*. New York: prentice hall, Inc,.

Kagan, J., Kearsley, R.B. & Zelazo, P.R., (1978). *Infancy: It's place in human development*. Cambride, MA: Harvard University press.

Kohlberg, L., "stages and sequence: The cognitive-developmnetal approach to socialination" in D.A

Leslie, A. M. (1984). Spatiotemporal continuity and the perception of causality in infants. *Perception, 13*, 287-305.

Leslie, A. M. (1994). Pretending and believing: issues in the theory of ToMM. *Cognition, 50*, 211-238.

Levine, J. (1983). Materialism and Quakia: The Explanatory Gap. *In Pacific Philosophical Quarterly*, 64, 354-361.

Lillard, A. S. (1996). Body or mind: children's categorizing of pretense. *Child Development, 67*(4), 1717-1734.

M. C. 미리온 저 · 조회숙 역(1992). 유아생활지도. 경기: 창지사.

Merrell, K. W., & Gueldner, B. A. (2011). Social and emotional learning in the classroom: Promoting mental health and academic success. 사회정서학습: 정신건강과 학업적 성공의 증진. 신현숙 역. 경기: 교육과학사(원저는 2010년 출판).

Michelson, L., Sugai, D., Wood, R. & Kazdin, A. (1983). *Social skills assessment and training with children*. New York: Plenum.

Mntessori, M. (1987). *The discovery of the child*. N. Y.: Ballantine Bookd.

Nelson, C. A. (2001). The neurobjological bases of intervention. In J. P. Shonkoff & S. J. Meisels (Eds), *Handbook of early childhood intervention*(2nd ed, 204-227). Cambridge, UK: Cambridge University Press.

Nodding, N. (1992). *The challenge to care in school: An alternative approach to education.* NY: Teachers College Press.

OECD (2008). OECD environmental outlook to 2030. Paris: OECD.

Phillips, E. (1978). *The social skills basis of psychopathlogy*. New York: Grune & Stratton.

piaget, J., (1980). *Judgment and Reasoning in the Child.* N. Y.: Penguin Book, Play.

Schurger, A., Pereira, F., Treisman, A., & Cohen, J. D. (2010). Brain activity to rely on? *SCIENCE, 327*(5961), 43-44.

Seefeldt, C. (2004). The power of language. *Scholastic Parent & Child, 12*, 36-41.

Selman, R. L. (1980). *The growth of interpersonal understanding.* NY: Academic Press.

shaefer, E. S., (1959). "A Circemplex Model for Maternal Behavior", J. of abnor. & Soc. Payschol, pp. 226~235.

Sheffer, D. R. (2005). *Social and Personality development*(6th ed). Belmont. CA: Thomson/Wadworth.

Small, G., & Vorgan, G. (2008). *iBrain.* 조창연 역(2010). 아이브레인. 서울: 지와 사랑.

Susan, L. A., Tomada, A., Vincow, E. S., Valente, E., Polcari, A., & Teicher, M. H. (2010). Preliminary evidence for sensitive periods in the effect of childhood sexual abuse on regional brain development. *Neuropsychiatry Cline Neurosci, 20*(3), 292-301.

Thomton, T. P. (1991). Regional organizations in conflict management. *The ANNALS of the American Academy of Political and Social Science, 518*(1), 132-142.

Wattenberg, W. W. & Cjifford, C., (1964). "Relation of self-concepts to beginning achievenment" in Reading Child Development, 35.

WEF, (2009). New vision for education: Fostering social and emotional learning through technology. WEF. 8p

Wimmer, H., & Perner, J. (1983). Beliefs about beliefs: representation and constraining function of wrong beliefs in young children's understanding of deception. *Cognition, 13*(1), 103-28.

저자 소개

안영진

전 한양여자대학교 유아교육과 교수
교육학 박사(유아교육 전공)
한양여자대학교 유아교육과 초대 학과장
한양여자대학교 아동심리 교육센터 초대 교육 센터장
교육부 연구(프로젝트 스펙트럼 - 유아의 사회적 능력 발달 교육활동 자료)
건국대학교 박사 우수 논문상 수상
한양여자대학교 우수 저술상
전문대학협의회 "교수 - 학습 프로그램" 연구 - 개발: 한국 직업능력 원장상 수상
교육부장관상 수상
(AP)부모교육 전문가
한국 영유아보육행정학회 부회장 역임
서울대학교, 숙명여자대학교, 경희대학교 등 대학원 강의
한국몬테소리연구학회 이사
한국 영유아보육행정학회 이사, 여성심리학회 이사, 한국심리학회 회원
서울·경기 스펙트럼 연구회 수십 기관 교육 자문위원
한국 프로젝트 스펙트럼 연구회 회장
몬테소리·미술 치료사 전문가
북부 유치원 장학지도 역임
광진구 보육정보센터 자문위원, 성동구 보육정보센터 자문위원
아동심리전문가·청소년 상담 연구원(교육부 산하 한국교육연수원)
우리들은 1학년 교과부 심의위원 및 정책자문
한국 프로젝트 스펙트럼 제2저작권 소유(다중지능에 의한 아동 연구교육 프로그램 I, II, III): 〈하버드 대학연구〉
Building on Children's Strengths: Project Spectrum(1)
(다중지능에 의한 아동의 다양한 능력 개발 프로젝트, 창지사)
Project Spectrum: Early Learning Activities(Project Spectrum 2)
(다중지능에 의한 아동의 다양한 능력 개발을 위한 프로그램, 창지사)
Project Spectrum: Preschool Assessment Handbook(Project Spectrum 3)
(다중지능에 의한 아동의 다양한 능력 개발을 위한 평가, 창지사)

• 저서
영유아발달. 동문사. 2019
영유아 생활지도 및 상담. 동문사. 2019
부모교육. 동문사. 2019
교육심리학. 동문사. 2018

교육학개론. 동문사. 2018
유아발달. 정민사. 2015
정신건강론. 양서원. 2015
부모교육. 나경. 2014
영아발달. 나경. 2014
누리과정에 따른 새 유아 사회교육. 교육과학사. 2013
누리과정에 따른 생활 지도 및 상담. 창지사. 2013
교육학개론. 창지사. 2012
다중지능에 의한 유아교육프로그램 평가: 한국적 스펙트럼 프로젝트의 활동과 평가 2. 창지사. 2011
다중지능에 의한 유아교육프로그램 평가: 한국적 스펙트럼 프로젝트의 이론과 활동편. 창지사. 2010
인성교육. 창지사. 2010
신 교육심리학. 정민사. 2010
가치로운 삶을 위한 리더십. 정민사. 2009
교육심리. 정민사. 2009
21세기 적응하는 부모교육. 양서원. 2008
새로운 유아교육과정에 따른 유아사회교육. 2008
세계화와 민주시민 양성을 위한 유아생활지도. 창지사. 2007
현대인의 정신건강. 창지사. 2007
아동발달. 공동체. 2006
아동상담. 동문사. 2006
다중지능에 의한 아동의 다양한 능력 개발을 위한 평가. 창지사. 2005
다중지능에 의한 아동의 다양한 능력개발 프로젝트. 창지사 2004
아동심리와 부모교육. 꾸벅. 2002
새 아동발달 연구. 꾸벅. 2002
다중지능에 의한 아동의 다양한 능력 개발을 위한 프로그램. 창지사. 2001
교육심리학. 창지사. 2001
아동상담. 동문사. 2001
유아의 사회적 능력 발달 교육활동자료. 교육인적자원부. 2000
유아생활지도. 삼광출판사. 1998
아동 심리의 발달과 이해. 정일. 1997
특수 아동 교육. 정일. 1997
新 영유아 발달 총서. 정일. 1997
부모교육 총론. 정일. 1996
특수아동지도. 길안사. 1996

• 논문

유아교사 다문화신념도 인식분석. 열린보육연구 제24권 제5호. 한국유아교육학회. 2019
예비교사의 미디어리터러시, 교사효능감이 인공지능 활용 학습인식에 미치는 영향-학습자중심.

교과교육학회 제19권 제18회. 2019
행복의 통합 교육 프로그램 수강과 실행을 통한 영유아교사의 인식 질적 연구. 한국영유아보육학회. 2017
누리과정에 기초한 인성교육활동을 통한 유아 인성 행동변화와 친사회성 행동변화와의 관계. 2015
유보통합에 대비한 사립유치원의 바람직한 운영 모델안 연구. 2015
유보통합에 대비한 사립유치원의 정보공시 방법론적 제안. 2015
사례분석활동이 유아교사의 지식변화에 미치는 영향: '유아생활지도' 개념도를 중심으로. 한국영유아교원교육학회. 2011
다중지능 강점영역과 유아의 정서지능과의 상관관계분석. PECERA. 2010
프로젝트 스펙트럼 사회적 이해활동이 유아의 자아효능감과 친사회성에 미치는 영향. 2009전문대학 혁신 프로그램: 교수-학습 개선지원 사업 자료집. 2008
다중지능에 기초한 프로젝트 스펙트럼에 따른 유아의 강점 확인과 과정 고찰. 2007
다중지능에 기초한 프로젝트 스펙트럼에 따른 유아의 강점 구체화와 부모인식 변화과정 고찰. 한국유아교육보육정보학회. 2007
A Study on the day care program to enhance the social and emotional development of Children. PECERA. 2006
종일제 유아교육 프로그램 모형개발-프로젝트 스펙트럼 프로그램을 중심으로. 한국유아교육보육행정학회. 2006
다중지능에 의한 프로젝트 스펙트럼 바람 활동을 통한 유아의 자연탐구과정 조망. 한양여대 논문집. 2006
다중지능에 의한 스펙트럼 연구-'그림자'프로젝트&'거북선'프로젝트. 서울초등다중지능교육연구회. 2005
Multiple Intelligence by Project Spectrum Activities: Prospect of assembly activities process. PECERA. 2005
다중지능 적용수업의 이론과 실제. 한국영유아보육행정학회. 2004
유아교육의 새로운 방향제시 및 평가 방법 모색. 한국영유아보육행정학회. 2004
한일 예비교사의 다중지능과 친사회적 행동의 관계연구. 한국영유아보육행정학회. 2004
프로젝트 스펙트럼에 의한 영역별 교육 연구 프로그램. 한국 영유아보육행정학회. 2003
프로젝트 스펙트럼에 의한 사회성 능력발달 프로그램이 유아의 정서지능에 미치는 효과. 한양여대 논문집. 2002
프로젝트 스펙트럼에 의한 유아의 사회적 능력 발달 프로그램. 교육인적자원부. 2001
다중지능이론에 의한 프로젝트 스펙트럼 활동 유아의 사회적 능력발달 교육활동자료. 교육인적자원부. 2000
유아의 사회적 능력발달 프로그램 연구. 교육부. 2000
다중지능 이론에 의한 프로젝트 스펙트럼 활동 유아의 사회적 능력발달 교육활동자료. 교육인적자원부. 2000
갈등상황 토론학습이 아동의 추론 능력과 조망수용능력에 미치는 효과. 1998
청소년의 도덕성 발달 수준과 내외 통제성 측정에 관한 연구. 1987

양수영

중앙대학교 사범대학 유아교육과 학사
중앙대학교 일반대학원 유아교육과 석사
중앙대학교 일반대학원 유아교육과 박사
현 한양여자대학교 유아교육과 교수

장희선

서울대학교 사범대학 대학원 교육학과 석사
서울대학교 사범대학 대학원 교육학과 박사
시드니대학교 Faculty of Education & Social work, Post Doctoral Research fellow (박사후과정)
전 한국교육개발원 연구원
현 혜전대학교 유아교육과 교수

이옥자

현 한양여자대학교 유아교육과 겸임교수
대한민국 클린콘텐츠운동본부 클린유아교육 위원장
한국유아교육발전재단 이사

교육학 석사(유아교육 전공)
유치원 원장 및 원감, 교사 38년 경력
서울시 및 경기도 유치원 평가위원-컨설팅 장학 요원
교육부장관상 및 표창장 수상-UCC 공모전 수상(유아교육부분)
유아 법 교육 인성부분 현장연구 법무부 장관상 수상
교육과학기술부 장관상 수상
서울시 기본생활습관지도 금상 수상
교구전시회 우수 교육장상 및 교육감상 수상, 우수교원 모범표창 교육감상 수상 및 공개수업모범표창 외 다수 수상
Neuro-Linguistic Progamming Practitioner

영유아 인성교육

초판 1쇄 인쇄 / 2021년 2월 20일
초판 1쇄 발행 / 2021년 2월 28일

•

공저자 / 안영진 · 양수영 · 장희선 · 이옥자
발행인 / 이 중 수
발행처 / **동 문 사**

•

서울특별시 서대문구 홍제원 1길 12
(홍제동 137-8)
Tel: 02)736-3718(대), 736-3710, 3720
Fax: 02)736-3719
등록번호: 1974.4.27. 제9-17호
가격: 20,000원

•

ISBN: 979-11-6328-285-3 (93370)
E-mail: dong736@naver.com
www.dongmunsa.com